Absolutismus

Ludwig XIV.

„L 'état c'est moi" (Der Staat bin ich). Diese angebliche Äußerung des französischen Königs ▶ Ludwig XIV. prägte im 17./18. Jahrhundert das politische Denken in Europa, mit Ausnahme Englands, wo sich das ▶ Parlament gegen absolutistische Tendenzen der Krone durchsetzen konnte.

Staatsform
Der Absolutismus war die Staatsform, in der die Regierungsgewalt weitgehend uneingeschränkt beim König lag. Er besaß seinen Untertanen gegenüber „absolute" Macht, d.h. er vereinigte in sich alle Staatsgewalten: Gesetzgebung, Verwaltung, Rechtsprechung und militärische Macht. Auch wenn der absolute Monarch sich nicht vom Gesetz kontrollieren ließ, so ordnete er doch seine Herrschaft – im Gegensatz zu einem Tyrannen – dem göttlichen Gesetz und der Natur unter.

Wirtschaftsform
Charakteristisch für den Absolutismus ist auch die Wirtschaftspolitik, der ▶ Merkantilismus. Oberstes Ziel war es, den Staat zu stärken, indem er durch erfolgreichen Handel dringend benötigtes Geld für die Staatskasse beschaffte, besonders für den Unterhalt der Söldnerheere und des Beamtentums. Die dafür erforderlichen Güter sollten im eigenen Land hergestellt werden, um dadurch von außen weitgehend unabhängig zu sein.

Vorbild Versailles
Viel Geld kostete auch die äußerst prunkvolle Hofhaltung, die sich z.B. der „Sonnenkönig" Ludwig XIV. in den Schlossanlagen von Versailles auf Kosten des Volkes leistete. Dieses Prunkschloss und das höfische Treiben dort wurde von vielen Herrschern Europas in dieser Zeit nachgeahmt.

Aufgeklärter Absolutismus
Man unterscheidet vor allem zwischen dem klassischen Absolutismus des 17. Jahrhunderts, wie ihn Ludwig XIV. in Frankreich verkörperte, und dem aufgeklärten Absolutismus des 18. Jahrhunderts. Hier waren die typischen Vertreter ▶ Friedrich II. von Preußen („Ich bin der erste Diener des Staates.") und Joseph II. von Österreich. Beide Monarchen fühlten sich stärker dem Allgemeinwohl verpflichtet und unternahmen mit dem „Allgemeinen Landrecht" in Preußen und dem „Bürgerlichen Gesetzbuch" in Österreich die ersten Schritte hin zur Rechtsstaatlichkeit.

Ausklang
Beseitigt wurde der Absolutismus in der ▶ Französischen Revolution von 1789 und in den Verfassungskämpfen des 19. Jahrhunderts.

Achsenmächte, bezeichnet das enge Verhältnis zwischen dem ▶ Deutschen Reich und Italien. Im ▶ Zweiten Weltkrieg wurden alle Bündnispartner Deutschlands (z. B. Japan) als Achsenmächte bezeichnet.

Acht, vor allem im Mittelalter gebräuchliche Art der schweren Bestrafung eines Missetäters, durch die dieser für rechtlos und vogelfrei erklärt wurde. Ein Geächteter durfte von jedermann ohne Strafe getötet werden (▶ Bann, Kirchenbann).

Ackerbau, Nutzung des landwirtschaftlichen Grund und Bodens (Garten, Wiesen und Weideland) als Ackerland. Hierzu gehören der Anbau von Kulturpflanzen, die ▶ Grünlandwirtschaft und die ▶ Viehwirtschaft.

Gemüseanbau

Adel, Stand, der aufgrund von Abstammung und Besitz über Vorrechte verfügte. Bei den Germanen gab es vornehme Familien, deren Mitglieder Edelinge genannt wurden. Daraus entwickelte sich die Bezeichnung Adel. Aus den Reihen dieses Adels wählten die Germanen ihre Könige und Heerführer. Im Mittelalter unterschied man den Reichsadel, der alle führenden Positionen in Heer, Verwaltung und Kirche innehatte, von den so genannten Ministerialen, die durch Kriegsdienste und ▶ Lehen in den Adelsstand aufstiegen. Die Vorrechte des Adels wurden im Laufe des 19. Jahrhunderts mehr und mehr beseitigt. In Deutschland ist ein Adelstitel seit 1919 nur noch Bestandteil des Namens.

Afrika ist mit 30 Mio. km² der zweitgrößte Kontinent und damit dreimal so groß wie Europa, von dem es durch die Straße von Gibraltar getrennt wird. Es hat eine Nord-Süd-Ausdehnung von 8 000 km, eine West-Ost-Ausdehnung von 7 600 km. Afrika hat von allen Erdteilen die am wenigsten gegliederte Küste und kaum Halbinseln. Die Verbindung zu Asien wird durch die Landenge von Sues hergestellt. Die Oberfläche Afrikas ist gegliedert in Tafelländer, große Becken, Inselberge, Hochländer und Steilküsten. Durch die Lage beiderseits des Äquators sind der tropische und subtropische Klimabereich stark ausgeprägt. Das größte Trockengebiet der Erde, die Sahara, und andere Wüsten wie die Kalahari oder die Namib machen Afrika insgesamt eher zu einem sehr trockenen Kontinent. Eine vielfältige natürliche Vegetation mit entsprechender Pflanzen- und Tierwelt (v. a. Großtiere) prägt diesen Kontinent. Er wird wegen der vorwiegend negriden Bevölkerung auch der „Schwarze Erdteil" genannt. In Ostafrika wurden die ältesten Zeugnisse für menschliches Leben gefunden, die ein geschätztes Alter von 2 Mio. Jahren haben.

Agenda 2000 (lateinisch: Merkbuch Terminkalender, Tagesordnung), ein Programm der Europäischen Union (▶ EU) für eine gemeinsame Agrarpolitik. Sie soll die Versorgung der Bevölkerung mit hochwertigen Nahrungsmitteln garantieren sowie die Erhaltung einer umweltverträglichen Landwirtschaft und die Stärkung strukturschwacher Regionen in allen Mitgliedstaaten fördern.

Protest gegen die Abholzung des Regenwaldes auf dem Umweltgipfel in Rio de Janeiro 1992

Agenda 21, ein internationales Aktionsprogramm für das 21. Jahrhundert, das 1992 von 179 Staaten auf der UN-Konferenz für Umwelt und Entwicklung in Rio de Janeiro unterzeichnet wurde. Das Programm enthält z.B. Richtlinien zum ▶ Umweltschutz, zur Armutsbekämpfung, zur Bevölkerungspolitik sowie zu finanzieller und technischer Zusammenarbeit von ▶ Industrie- und Entwicklungsländern.

Agrarpolitik, die Gesamtheit aller Maßnahmen, Einrichtungen und Bemühungen eines Staates, die darauf abzielen, die Gestaltung und Entwicklung der wirtschaftlichen, sozialen und rechtlichen Verhältnisse in der Land- und Forstwirtschaft zu beeinflussen. Die Aufgaben und Ziele der Agrarpolitik sind unter anderem die Einkommen der Landwirte zu sichern, Marktgleichheit herzustellen und die Versorgung der Bevölklerung mit qualitativ hochwertigen Nahrungsmitteln zu angemessenen Preisen zu gewährleisten.

Agrarreform, eine von allen Staaten der Europäischen Union (▶ EU) angestrebte Reform, die verbesserte Produktionsgrundlagen ermöglichen und landwirtschaftliche Überschüsse vermeiden soll. Maßnahmen dazu waren ab 1984 die so genannte „Milchquotenregelung" und die „Flächenstilllegung". Die EU-Agrarreform von 1992 hat die Preise an Weltmarktniveau angepasst.

Agrarstruktur, die Gesamtheit aller Bedingungen, unter denen landwirtschaftliche Produktion und Vermarktung von Produkten stattfindet. Hierzu gehören unter anderem Siedlungs- und Flurformen, Eigentumsverhältnisse, Betriebsgrößen, Absatzmärkte, Genossenschaften, Neben- und Vollerwerb, Arbeitskräfte.

Agribusiness (englisch: Agrargeschäft). Mit dem Begriff werden neben ▶ Ackerbau und ▶ Viehwirtschaft alle Wirtschaftsbereiche zusammengefasst, die mit der ▶ Landwirtschaft in Verbindung stehen und für die Volkswirtschaft von Bedeutung sind. Dazu gehören die Landmaschinen-, Futtermittel-, Düngemittel-, Pflanzenschutz- und Ernährungsindustrie sowie der Lebensmittelhandel und Teile des Gastgewerbes.

Aktie, Wertpapier, mit dem der Käufer (Aktionär) Miteigentümer einer ▶ Aktiengesellschaft (AG) wird. Der Nennwert einer Aktie besagt, mit welchem Anteil ein Aktionär an der AG beteiligt ist. Gehandelt werden Aktien an der Börse zum jeweiligen Kurswert. Dies ist der Preis einer Aktie, der sich aus Angebot und Nachfrage ergibt. Aktionäre sind am Gewinn der Aktiengesellschaft beteiligt: Sie erhalten für jede Aktie eine Dividende.

Aktiengesellschaft (AG), Kapitalgesellschaft, deren Miteigentümer (Aktionäre) durch den Besitz von ▶ Aktien an der AG beteiligt sind. Geleitet wird eine AG von ihrem Vorstand, der vom Aufsichtsrat kontrolliert wird. In der Hauptversammlung, zu der alle Aktionäre eingeladen werden, muss der Vorstand Rechenschaft über das abgelaufene Geschäftsjahr ablegen.

Alaska, nordwestliche Halbinsel von Nordamerika und gleichzeitig nördlichster und größter Bundesstaat der USA mit einer Fläche von 1,53 Mio. km². In Alaska leben 480 000 Einwohner, davon 44 000 ▶ Indianer und ▶ Inuit. Die Verkehrserschließung erfolgt überwiegend durch den Luftverkehr. Die Wirtschaft basiert einerseits auf der Verarbeitung von Holz und Fisch, andererseits auf der Ausbeutung von Bodenschätzen. Die Erdölförderung an der Nordostküste in der Prudhoe Bay nimmt seit der Fertigstellung der Alaska-Pipeline 1977 eine wichtige Rolle ein. Das Erdöl wird über 1 258 km an die Südküste am Pazifik transportiert. Im Jahr 1867 wurde Alaska für 7,2 Mio. US-Dollar von Russland an die USA verkauft.

Alliierte sind Verbündete. Im ▶ Zweiten Weltkrieg waren die USA, Großbritannien, die ▶ Sowjetunion und Frankreich verbündete Staaten, die gegen das ▶ Deutsche Reich und die ▶ Achsenmächte kämpften.

Allmende. Im Mittelalter bezeichnete der Begriff die Gebiete, die zu einem Dorf gehörten und von allen Dorfbewohnern gemeinsam genutzt wurden, wie z.B. Wald, Wasser und Weide (▶ Dreifelderwirtschaft).

Alaska-Pipeline

Alpen, höchstes europäisches Gebirge mit Höhen bis zu 4807 m (Mont Blanc). Die Alpen erstrecken sich auf einer Länge von ca. 1200 km vom Golf von Genua im Westen bis zur ungarischen Tiefebene im Osten. Ihre Nord-Süd-Ausdehnung beträgt bis zu 240 km. Anteil an der Fläche von 240000 km² haben Frankreich, die Schweiz, Liechtenstein, Österreich, Italien, Slowenien und Deutschland. In den Alpen liegt auch die Zugspitze, mit 2963 m die höchste Erhebung Deutschlands.

alpidische Faltung, Gebirgsbildung, die nach den Alpen benannt ist. Während dieser Faltungsphase vor rund 50 Mio. Jahren entstanden neben den Alpen weitere Gebirge wie z. B. die Pyrenäen, der Kaukasus, die Rocky Mountains oder der ▶ Himalaja.

alternative Energie. Gemeint sind jene in der Natur vorkommenden nutzbaren Energiequellen, die nicht zur Wärmeerzeugung verbrannt werden wie die Sonnenenergie, die Wasserenergie, die Biomasse, die ▶ Windenergie, die ▶ Erdwärme, die ▶ Gezeitenkraft und die Energie der Meereswogen.

Altertum, Bezeichnung für den Zeitraum von den ersten schriftlichen Quellen bis zum Untergang des Weströmischen Reiches im Jahre 476 n. Chr. Den Zeitraum von ungefähr 800 v. Chr. bis 500 n. Chr. bezeichnet man als ▶ Antike.

Altlasten. Nach der Stilllegung von Industriebetrieben und Fabrikgeländen sowie der Umwandlung von Deponieflächen sind der Boden und die bestehenden Gebäude häufig mit Schadstoffen belastet. Diese für Mensch und Umwelt gefährlichen Stoffe werden als Altlasten bezeichnet und müssen, um das Gelände wieder nutzen zu können, kostenintensiv entfernt und entsorgt werden. Von den Altlasten ist neben dem Boden besonders das Grundwasser betroffen.

Altsteinzeit, früheste und längste Epoche der ▶ Steinzeit. Sie begann mit den ersten Menschen vor mehr als einer Million Jahren und dauerte bis 8000 v. Chr. Benannt ist die Altsteinzeit nach dem Stein als dem Hauptmaterial zur Herstellung von Waffen und Werkzeugen. Die Menschen hatten in der Altsteinzeit keinen festen Wohnsitz. Sie lebten in Horden zusammen in Höhlen, unter Felsvorsprüngen und in Zelten. Um Nahrung zu beschaffen, gingen die Menschen auf Jagd und sammelten Beeren und Pilze.

Altsteinzeitmenschen in Sibirien

Amazonas, wasserreichster (120000 m³/s im fast 50 km breiten Mündungsbereich) und zweitlängster (6516 km) Strom der Erde. Der Amazonas durch-

Amazonien

fließt in Südamerika im Bereich des Äquators weite Gebiete des südamerikanischen ▶ tropischen Regenwaldes. Sein Einzugsgebiet beträgt mehr als 7 Mio. km². Über 200 Nebenflüsse, von denen 17 länger als der Rhein sind, führen ihm Wasser zu.

Amazonien, vom Amazonas durchflossene Landschaft in Südamerika, die rund 5 Mio. km² groß und überwiegend vom ▶ tropischen Regenwald bedeckt ist. Der größte Teil Amazoniens gehört zu Brasilien. Zur Erschließung des rohstoffreichen Gebietes dienen der Amazonas mit seinen schiffbaren Nebenflüssen und ein Straßennetz mit der bekannten Transamazonica (5 600 km lang). Durch Holzraubbau, ▶ Rodung, Rinderhaltung, Stauseen und den Abbau von ▶ Bodenschätzen (Erdöl, Eisenerz, Bauxit, Zinn, Gold und Diamanten) wird der tropische Regenwald in Amazonien immer mehr zerstört und der Lebensraum der Urwaldindianer immer stärker eingeschränkt.

Amerika (nach Amerigo Vespucci benannt), umfasst die beiden Erdteile Nordamerika mit 25 Mio. km² und Südamerika mit 18 Mio. km². Als Entdecker gilt Christoph ▶ Kolumbus, der 1492 auf der Suche eines Seeweges nach Ostindien auf den Bahamas (Westindische Inseln) landete. Die „Neue Welt" reicht im Nordwesten Nordamerikas an der Beringstraße bis auf 35 km an Asien heran und ist mit der Spitze Südamerikas der Kontinent, der der Antarktis am nächsten liegt. Seine Nord-Süd-Ausdehnung beträgt etwa 15 000 km, seine Ost-West-Ausdehnung etwa 5 000 km. Im Westen des Kontinents zieht sich von Nord nach Süd das Faltengebirge der Rocky Mountains und der Anden. Nach Osten schließen sich große Tafelländer, Tiefländer mit großen Strömen und alte Rumpfgebirge an. Die natürlichen Verhältnisse und Lebensbedingungen sind in Nord- und Südamerika sehr unterschiedlich. Von großer Bedeutung ist das größte zusammenhängende tropische Regenwaldgebiet der Erde am Amazonas.

Analphabeten. Menschen, die nicht lesen und schreiben können, nennt man Analphabeten. Ungefähr ein Sechstel der Menschheit gehört heute zu den Analphabeten, die meisten von ihnen leben in der ▶ Dritten Welt. In der Bundesrepublik Deutschland schätzt man den Anteil der Analphabeten an der Bevölkerung auf etwa acht Prozent.

Anden, ein rund 8 000 km langes Faltengebirge längs der Westküste Südamerikas von Venezuela bis Feuerland. Merkmale der Anden sind zahlreiche, zum Teil noch aktive Vulkane und weite Hochebenen zwischen einzelnen Gebirgsketten (▶ Plattentektonik).

Angeln, germanischer Stamm, der in der Römerzeit auf dem Gebiet des heutigen Schleswig-Holsteins lebte (▶ Germanen).

Antarktis, im weiteren Sinne alle um den Südpol liegenden Landgebiete, Inseln und Meere, im engeren Sinne die Bezeichnung des Südpolarkontinents mit einer Fläche von ca. 13 Mio. km². Die Antarktis ist von einer fast geschlossenen Eisdecke überzogen, die höchsten Erhebungen betragen über 5 000 m, wobei die Mächtigkeit der Inlandeisdecke mehr als 3 000 m erreicht. Auf dem nicht von Menschen besiedelten Kontinent unterhalten viele Nationen Forschungsstationen. Man vermutet hier reiche Vorkommen von Bodenschätzen. Nachgewiesen werden konnten Erdöl, Erdgas, Eisen, Kohle, Uran und andere Metalle.

Antarktis

Anti-Hitler-Koalition, Bündnis, das 1941 die verbündeten Staaten USA, Großbritannien und die ▶ Sowjetunion schlossen, um die nationalsozialistische Herrschaft zu überwinden und die ▶ Achsenmächte zu besiegen. Von 1942 an hatte die Anti-Hitler-Koalition die Überlegenheit im ▶ Zweiten Weltkrieg.

Antike, Zeitraum von etwa 800 v. Chr. bis 500 n. Chr. In der Antike erlebten die griechische und römische Kultur ihre Blütezeit. Ferner hat das Christentum in der Antike seine Wurzeln.

Griechische Vase aus der Antike

Antisemitismus, negative Einstellung gegenüber ▶ Juden, die sich in Diskriminierung und Verfolgung niederschlägt. Danach wurden die Juden geistig, charakterlich und kulturell als minderwertig hingestellt. Im 20. Jahrhundert erreichte der Antisemitismus in Deutschland unter der Herrschaft der Nationalsozialisten seinen Höhepunkt und führte beinahe zur Ausrottung der europäischen Juden (▶ Nationalsozialismus).

Äoler. Ursprünglich waren sie im Nordosten Griechenlands ansässig, wanderten aber unter dem Druck der ▶ Dorier ab dem 11. Jahrhundert v. Chr. in den nordwestlichen Teil Kleinasiens aus. Dort gelangten sie seit dem 6. Jahrhundert v. Chr. mehrmals in Abhängigkeit zu den Persern. Sie traten zwischenzeitlich dem ▶ Attischen Bund bei und standen schließlich unter syrischer Herrschaft. Später gehörten die Äoler zur ▶ römischen Provinz Asien.

APO, Abkürzung für die „**au**ßer**p**arlamentarische **O**pposition" in der ▶ Bundesrepublik Deutschland Ende der 60er-Jahre. Sie setzte sich zusammen aus verschiedenen Gruppierungen der politischen Linken, insbesondere Studentenverbänden, und verstand sich als antiautoritäre Protestbewegung, unter anderem gegen das wirtschaftliche und politische System der Bundesrepublik Deutschland und den Vietnamkrieg der USA. Einzelne militante Splittergruppierungen wie die ▶ RAF versuchten in den folgenden Jahren, ihre Ziele mit terroristischen Mitteln durchzusetzen.

Apostel (griechisch: Gesandter), Begriff aus dem frühen ▶ Christentum. Als Apostel werden in der ▶ Bibel die zwölf Jünger bezeichnet, die ▶ Jesus aussandte, um das Evangelium, die „frohe Botschaft" Gottes, zu verkünden und zu verbreiten.

Aquafarming, planmäßige Bewirtschaftung von Wasserflächen. In schwimmenden, von Meerwasser durchfluteten Gehegen werden Fische, Muscheln, Austern und andere Meeresfrüchte gezüchtet und gemästet. Dies geschieht vollautomatisiert und computergesteuert. Ein bedeutender Wirtschaftsfaktor sind die Fischfarmen in Norwegen und Schottland sowie die Austerngärten in Frankreich und Japan.

Äquator, eine gedachte Linie auf der Erdoberfläche, die vom Nordpol und vom Südpol gleich weit entfernt ist. Der 40 077 km lange Äquator ist der längste ▶ Breitenkreis und teilt die Erde in eine nördliche und eine südliche Halbkugel. Alle Punkte auf dem Äquator haben die geografische Breite Null Grad (0°). Die ▶ Längenkreise schneiden den Äquator im rechten Winkel.

Aralsee, liegt im Zentrum des Beckens von Turan in Zentralasien. Der flache See reagiert stark auf Schwankungen des Wasserspiegels. Durch seine Lage in einem Trockenraum und wegen seiner großen Verdunstungsfläche ist er auf die Wasserzufuhr der Flüsse Syr Darja und Amu Darja angewiesen. Zwischen 1960 und 1986 nutzte die ▶ Sowjetunion die Wassermengen der beiden Flüsse für die künstliche Bewässerung der Baumwollplantagen. So gelangte kaum mehr Wasser in den Aralsee. Sein Wasserspiegel sank um mehr als 14 m, 2,6 Mio. ha Seeboden fielen trocken, der Salzgehalt stieg rapide an, Fische starben und die Fischereiindustrie brach zusammen. Ehemalige Hafenstädte liegen heute kilometerweit vom Ufer entfernt.

Arbeiterbewegung, Zusammenschluss der Industriearbeiter (▶ Proletarier) im 19. Jahrhundert, sowohl national als auch international. Ihr Ziel war es, die schweren sozialen Missstände der ▶ Industrialisierung zu beseitigen und die damit verbundenen wirtschaftlichen und politischen Verhältnisse zu verändern. Beeinflusst wurde die Arbeiterbewegung vor allem durch die Theorien des ▶ Kommunismus und des ▶ Sozialismus, aber auch durch die sozialen Lehren des Christentums. In dieser Zeit kam es zur Gründung von ▶ Gewerkschaften und Arbeiterparteien wie der ▶ SPD und der ▶ KPD.

Arbeitgeberverband, Zusammenschluss der Arbeitgeber in verschiedenen Organisationen auf Bundes- und Landesebene. Arbeitgeberverbände vertreten die Interessen der ▶ Unternehmer, besonders als ▶ Tarifparteien gegenüber den Gewerkschaften in Tarifverhandlungen. Bekannte Arbeitgeberverbände sind z. B. der Bundesverband der Deutschen Industrie (BDI) oder die Bundesvereinigung der Deutschen Arbeitgeber (BDA).

Trockengefallener Seeboden des Aralsees

Arbeitslosengeld, Geld, das vom Arbeitsamt gezahlt wird, wenn jemand arbeitslos geworden ist. Das Arbeitslosengeld wird aus den Beträgen der Arbeitslosenversicherung für höchstens 32 Monate gezahlt. Die Höhe des Arbeitslosengeldes richtet sich nach dem letzten Arbeitsverdienst und beträgt bis zu 67 % des Nettolohnes (▶ Arbeitslosenhilfe).

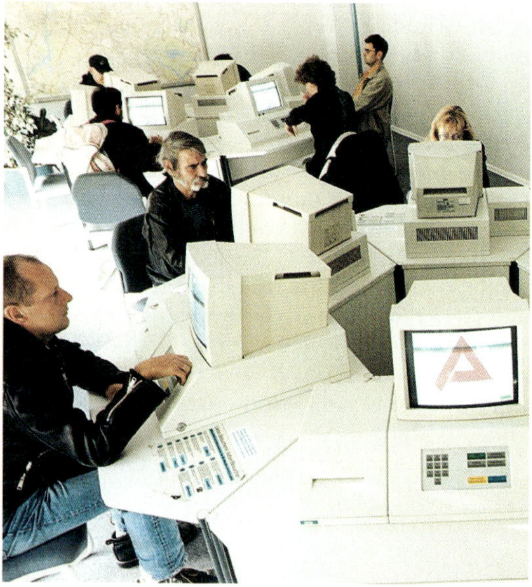

Jobsuche am Computer

Arbeitslosenhilfe, Geld, das gezahlt wird, wenn der Anspruch auf ▶ Arbeitslosengeld ausläuft. Die Arbeitslosenhilfe wird aus Steuergeldern bezahlt und beträgt höchstens 57 % des Nettolohnes. Bei der Berechnung der Arbeitslosenhilfe wird vorhandenes Vermögen und das Einkommen des Ehepartners berücksichtigt (▶ Sozialpolitik).

Arbeitslosigkeit, ▶ Exkurs (S. 13)

Archonten (griechisch: Gebieter), so hießen in Athen die leitenden adeligen Staatsbeamten. Ehemalige Archonten gehörten dem ▶ Areopag an. Ursprünglich wurden sie auf Lebenszeit, im 8. Jahrhundert v. Chr. auf zehn Jahre, später aber nur auf ein Jahr gewählt.

Areopag, Name für den obersten Regierungsrat und Gerichtshof im antiken Athen. Er lag auf einem Hügel, der nach dem Kriegsgott Ares bezeichnet wurde, nahe den Burg- und Tempelanlagen der Akropolis. Mitglieder waren ehemalige ▶ Archonten.

arid (lateinisch: trocken), Bezeichnung für geografische Räume oder Klimate, in denen die mittlere jährliche Verdunstung größer ist als der mittlere jährliche Niederschlag. Bei so genannten vollariden Gebieten (▶ Wüste) herrschen dauernd trockene Klimabedingungen mit weniger als 100 mm Jahresniederschlag vor. Als semiarid bezeichnet man Klimate mit längeren Trockenzeiten (7 bis 9 Monate). Der Gegensatz zu arid ist ▶ humid.

Aristokratie (griechisch: Herrschaft der Besten), Staats- und Regierungsform, bei der ein bevorzugter Stand, meist der ▶ Adel, die oberste Macht ausübt. Gegensätze dazu sind die ▶ Monarchie, die Regierungsverantwortung einer Einzelperson, und die ▶ Demokratie, die Volksherrschaft.

Arktis, Land- und Meergebiete rund um den Nordpol. Ein größeres Festlandgebiet wie bei der Antarktis fehlt. Die natürliche Vegetation der arktischen Inseln besteht im Wesentlichen aus Moosen und Flechten (▶ Tundra).

Asien (assyrisch: Osten), mit 44 Mio. km^2 der größte Kontinent. Er umfasst etwa 30 % der Landfläche der Erde und bildet mit Europa eine zusammenhängende Landfläche (▶ Eurasien). Die Grenze bildet das Uralgebirge. Im Norden wird

Arbeitslosigkeit

Mit diesem Begriff wird die Beschäftigungslosigkeit von Menschen bezeichnet, die als unselbstständig Beschäftigte ihren Lebensunterhalt verdient haben. Arbeitslosigkeit ist ein Problem der freien und sozialen Marktwirtschaft. Man kann sie nach folgenden Gründen unterscheiden:

Saisonale Arbeitslosigkeit bezeichnet die beschäftigungslose Zeit aufgrund von Witterungseinflüssen wie z.B. im Baugewerbe oder saisonal schwankenden Auslastungszeiten, wie sie z.B. im Fremdenverkehr (Hotelbranche usw.) kennzeichnend sind.

Saisonale Arbeitslosigkeit

Konjunkturelle Arbeitslosigkeit meint die Abhängigkeit von den Schwankungen des Wirtschaftsgeschehens. Sinkt in wirtschaftlich schwierigen Zeiten die Nachfrage nach einem Produkt, muss die Produktion dieses Produktes verringert werden. Das Untermehmen kann mit weniger Arbeitskräften die gesunkene Nachfrage befriedigen und entlässt die übrig gebliebenen Arbeitskräfte, wenn es sie nicht anderweitig beschäftigen kann.

Konjunkturelle Arbeitslosigkeit

Strukturelle Arbeitslosigkeit hat ihren Grund im Wandel der Wirtschaft. Arbeitsplätze gehen z.B. verloren durch verlorene Wettbewerbsfähigkeit, durch den Verlust von Standortvorteilen, durch Rationalisierung und Automation sowie durch Verlagerung von Produktionsstätten ins Ausland, wo das Lohnniveau günstiger ist und die Stückkosten gesenkt werden können.

Strukturelle Arbeitslosigkeit

Kurzarbeit vermeidet zwar die Entlassung von Arbeitnehmern, ist aber als Form der Arbeitslosigkeit zu bezeichnen. Durch eine verstärkte Nachfrage kann die Kurzarbeit wieder aufgehoben werden; die Arbeitnehmer sind dann wieder voll beschäftigt.

Himalaja (Nepal)

Asien durch das Nordpolarmeer, im Osten durch den Pazifischen Ozean und im Süden durch den Indischen Ozean begrenzt. Der Kontinent hat die ausgedehntesten Hochländer der Erde mit fast 4000 m Höhe und im Süden Zentralasiens die höchsten Gebirge der Erde (▶ Himalaja mit 8848 m). In Asien leben fast vier Fünftel der gesamten Menschheit, in China allein 1,3 Mrd. Menschen.

Assoziationsverträge regeln den Anschluss eines Landes an eine Gruppe von Staaten, die sich in wirtschaftlicher oder politischer Hinsicht zusammengeschlossen haben. Assoziierte Länder haben keinen Mitgliederstatus, sie genießen aber bestimmte Vorteile, die durch den Vertrag eingeräumt werden (z. B. Zollfreiheit).

Assuan-Staudamm, Staudamm am Nil nahe der Stadt Assuan. Ein erster Staudamm entstand Ende des 19. Jahrhunderts, der neue Hochdamm wurde zwischen 1960 und 1971 errichtet. Dieser ist 3,6 km lang und 121 m hoch. Mit seiner Hilfe können etwa 80 000 ha Land bewässert und ca. 70 % der Elektrizität Ägyptens erzeugt werden. Bedeutende antike Tempelanlagen, die in den Fluten des Stausees versunken wären, wurden abgebaut, ausgelagert oder umgesetzt wie z. B. die Felsentempel von ▶ Abu Simbel.

Asyl bedeutet Schutz für Verfolgte vor Auslieferung und Ausweisung aus einem Land. In der Bundesrepublik Deutschland ist das Asylrecht in Artikel 16 des Grundgesetzes verankert. Es gilt für Menschen, die aus ihrem Heimatland flüchten mussten, weil sie dort wegen ihrer politischen Überzeugung, ihrer Rasse, Religion, Nationalität oder Zugehörigkeit zu einer bestimmten Gruppe verfolgt werden.

Atmosphäre, die Gashülle der Erde. Sie ist geschichtet und erreicht insgesamt eine Mächtigkeit von mehreren 100 km. Die Atmosphäre besteht aus einem Gemisch verschiedener gasförmiger Elemente und Gase. Hauptbestandteile sind Stickstoff (77 %), Sauerstoff (20,7 %), Wasserdampf (1,3 %) und Argon (0,9 %). Für das Klima der Erde sind vor allem die unteren beiden Schichten der Atmosphäre, die Troposphäre und die Stratosphäre, von Bedeutung.

Atommüllverklappung. Bei der Atommüllverklappung werden radioaktive Stoffe ins Meer eingeleitet oder mit Radioaktivität verseuchte Maschinenteile (z.B. von verschrotteten Atomunterseebooten) in den Tiefen des Meeres versenkt. Mit dieser Art der Entsorgung sollen radioaktiv verseuchte Stoffe verdünnt und somit für die Umwelt ungefährlicher gemacht werden und außer Reichweite des Menschen gelagert werden. Die daraus resultierenden Gefahren sind noch nicht geklärt (▶ Verklappung).

Attischer Bund nannte sich das Seebündnis verschiedener griechischer Städte an der Küste und auf den Inseln des Ägäischen Meeres unter der Führung Athens. Im 5. und 4. Jahrhundert v. Chr. gab es zwei aufeinander folgende Bündnisse, um gemeinsam gegen die Perser Krieg zu führen.

Auen, Überschwemmungsgebiete entlang von Flüssen und Strömen, die in unregelmäßigen Abständen überflutet werden. In Auen, die bis zu 300 Tage im Jahr überflutet sind, herrschen Weichhölzer wie Silberweiden, Pappeln und Erlen vor. Dauern die Überflutungen nur bis zu 60 Tagen im Jahr entwickeln sich die Hartholzauen. Hier wachsen neben Eichen, Ulmen und Eschen auch Sträucher. Lianen geben diesem Auenwald ein urwaldähnliches Aussehen.

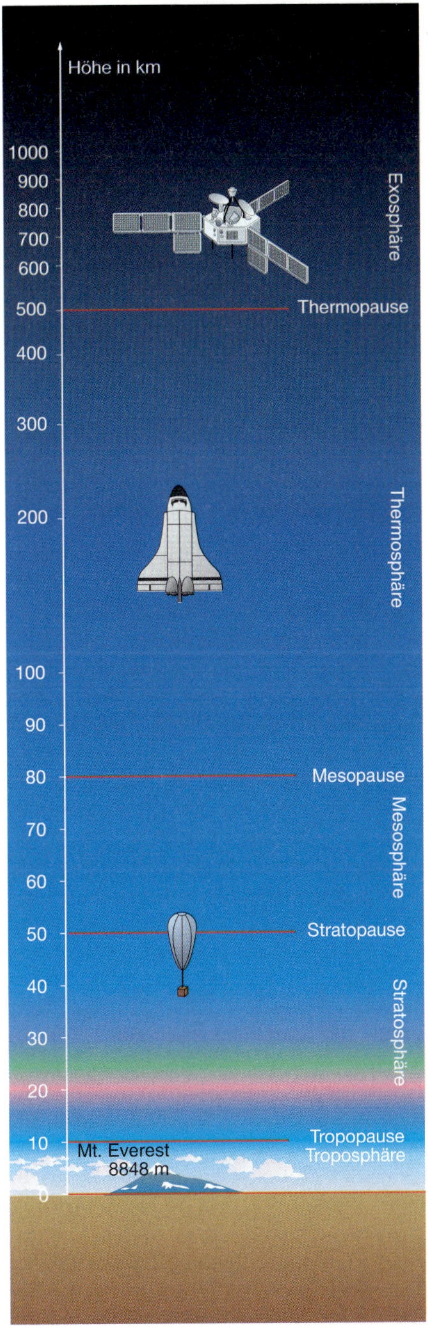

Aufbau der Atmosphäre

„Arbeit macht frei"– Eingangstor zum Stammlager Auschwitz I

Aufklärung. Im Mittelpunkt dieser geistigen europäischen Bewegung des 18. Jahrhunderts stand das Vertrauen auf die Kraft des Verstandes. Man hoffte, das Dunkel der Vorurteile und Unwissenheit „aufklären" zu können. Bisher gültige Ansichten über Religion, Staat und Gesellschaft wurden kritisch beleuchtet. Forderungen wie Gleichheit der Menschen, Toleranz für Andersdenkende oder ▶ Gewaltenteilung im Staat rückten in den Vordergrund des Denkens. Einige ihrer bekanntesten Vertreter waren John Locke (England), Jean-Jacques Rousseau (Frankreich) und Immanuel Kant (Deutschland).

Augsburger Religionsfrieden. Auf dem Reichstag von Augsburg wurde im Jahr 1555 ein Reichsgesetz zur Beendigung der Religionskämpfe in Deutschland beschlossen. In diesem Vertrag einigten sich Katholiken und Protestanten, sich künftig gegenseitig zu dulden. Eine der wichtigsten Bestimmungen dieses Vertrages war, dass die Fürsten ihr religiöses Bekenntnis wählen durften, während ihre Untertanen das Bekenntnis des Fürsten übernehmen oder auswandern mussten.

Augustiner, Bezeichnung für zahlreiche, im 13. Jahrhundert entstandene Ordensgemeinschaften, die nach der Regel des heiligen Augustinus leben. Die beiden Hauptzweige bilden die Augustiner-Eremiten und die Augustiner-Chorherren. Der Reformator Martin ▶ Luther war Augustiner-Eremit.

Auschwitz, das größte Vernichtungslager der Nationalsozialisten im ▶ Zweiten Weltkrieg. Es wurde 1941 errichtet und bestand aus dem Stammlager, dem Vernichtungslager Birkenau und weiteren 39 Neben- und Außenlagern. In Auschwitz-Birkenau begannen im Januar 1942 die Massenvergasungen. Insgesamt wurden mehr als 1,5 Mio. Menschen (davon 90 % Juden) in den Gaskammern umgebracht. 1945 wurde Auschwitz von sowjetischen Soldaten befreit. Heute steht der Name „Auschwitz" für die Gräueltaten der Nationalsozialisten.

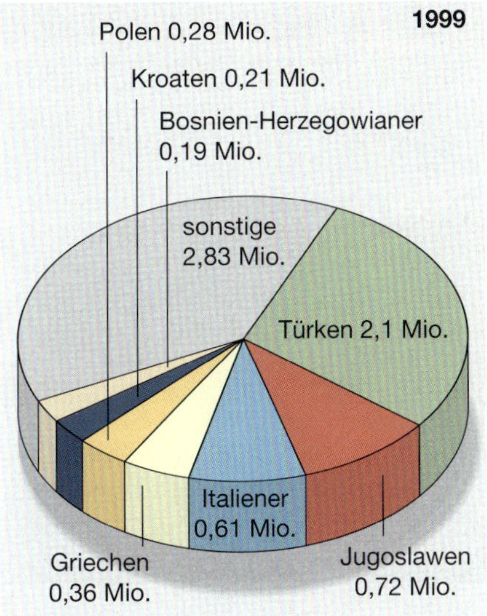

Ausländer in Deutschland

Ausländer, Menschen, die in einem Staat leben, dessen Staatsangehörigkeit sie nicht besitzen. In der Bundesrepublik Deutschland leben 7,3 Mio. Ausländer (1999). Die größte Gruppe stellen mit 2,1 Mio. die Türken, gefolgt von den Jugoslawen (720 000), den Italienern (610 000) und den Griechen (360 000).

Aussiedler haben deutsche Vorfahren und wohnen seit Generationen in osteuropäischen Ländern. Während die Älteren von ihnen häufig noch Deutsch sprechen, sind die Jüngeren der deutschen Sprache kaum mehr mächtig. Seit einigen Jahren haben Aussiedler die Möglichkeit, nach Deutschland zurückzukehren.

Australien (lateinisch: Südland), mit rund 7,7 Mio. km^2 der kleinste der sieben Kontinente. Australien liegt auf der Südhalbkugel der Erde („down under") beiderseits des südlichen Wendekreises zwischen Indischem und Pazifischem Ozean. Es hat eine Nord-Süd-Ausdehnung von 3200 km und eine Ost-West-Ausdehnung von 4100 km. Zur Zeit der Entstehung der Erde bildete Australien zusammen mit Südamerika, Afrika, Indien und der Antarktis eine große Landmasse. Aufgrund der erdgeschichtlichen langen Isolierung von der großen asiatischen Landmasse weisen Flora und Fauna viele fremdartige Formen auf.

Auswanderer, Menschen, die freiwillig oder zwangsweise ihre Heimat verlassen mit dem Ziel, sich in einem anderen Land niederzulassen. Bis heute sind die Hauptursachen dafür wirtschaftliche, politische und religiöse Unzufriedenheit. Haupteinwanderungsländer sind die USA, Kanada und Australien und seit einigen Jahren auch die Bundesrepublik Deutschland.

Autobahn, kreuzungsfreie, ausschließlich für den Kraftfahrzeugverkehr bestimmte, mehrspurige Straße. Bereits 1913 gab es in Berlin eine 9,8 km lange Automobil-Verkehrs- und Übungsstraße (AVUS) als Versuchsstrecke. Die erste Autobahn in Deutschland wurde von 1929 bis 1932 zwischen Köln und Bonn gebaut.

Auf einem Auswandererschiff (19. Jh.)

Ayers Rock, ein Wahrzeichen Australiens

autonomes Gebiet, Gebiet, das seine Angelegenheiten durch eigene Gesetze regeln kann, ohne ein selbstständiger Staat zu sein. Im Gaza-Jericho-Abkommen von 1994 wurden z.B. den Palästinensern im ▶ Gazastreifen und in Jericho Autonomierechte zugesichert.

Ayers Rock, ein in Australien in den Nord-Territorien gelegener 863 m hoher und 348 m aus der Erde ragender „Inselberg" mit einem Umfang von 9,4 km. Durch seine Farbe (rot) und seine Form (Schildkrötenpanzer) wurde er zum berühmtesten Wahrzeichen des australischen Kontinentes. Seit Jahrtausenden ist der Ayers Rock eine heilige Stätte (Höhlen mit Felsmalereien) der ▶ Aborigines.

Azteken, hoch entwickeltes Indianervolk im heutigen Mexiko, dessen Herrschaftsgebiet im 15. Jahrhundert seine größte Ausdehnung besaß. Hauptstadt des Reiches war Tenochtitlan (Mexiko-Stadt). Die Azteken schufen Tempelanlagen und Pyramiden, sie waren Spezialisten im Kunsthandwerk und entwickelten eine Bilderschrift sowie einen Kalender, der auf astronomischen Beobachtungen basierte. Anfang des 16. Jahrhunderts eroberten die Spanier das aztekische Reich.

Tenochtitlan, Hauptstadt der Azteken

B

Babylonisches Reich, Bezeichnung für das Reich an Euphrat und Tigris, wo sich im fruchtbaren Tiefland Menschen ansiedelten und eine frühe ▶ Hochkultur entstand. Seit dem 3. Jahrtausend v. Chr. herrschten hier die Sumerer, um 1700 v. Chr. errichtete Hammurabi das Altbabylonische Großreich in ▶ Mesopotamien.

Baden-Württemberg gehört mit einer Fläche von 35751 km² und einer Bevölkerung von 10,4 Mio. (1999) zu den größeren Bundesländer Deutschlands. Landeshauptstadt ist Stuttgart. Das Land grenzt im Süden an die Schweiz, im Westen an Frankreich, im Osten und Norden an die Bundesländer Bayern und Hessen. Landschaftliche Besonderheiten sind der Schwarzwald, die Schwäbische Alb und der Bodensee. Der Feldberg ist mit 1492 m die höchste Erhebung des Landes. Das Bundesland Baden-Württemberg entstand nach dem Zweiten Weltkrieg 1952 durch den Zusammenschluss der Länder Baden und Württemberg-Hohenzollern.

Balfour-Deklaration, Zusicherung des britischen Außenministers Arthur Balfour an den Führer der Zionisten Lord Rothschild, dass Großbritannien Hilfe bei der „Errichtung einer nationalen Heimstätte" für das jüdische Volk in Palästina geben wolle. Die Balfour-Deklaration vom 3. November 1917 widersprach aber britischen Zusagen vom Oktober 1915 an die Araber, sich für deren Unabhängigkeit einzusetzen (▶ Zionismus).

Balkankrieg(e), Konflikte um die türkischen Gebiete auf dem Balkan: Im ersten Balkankrieg 1912 besiegten Serbien, Bulgarien, Griechenland und Montenegro, die sich zum Balkanbund zusammengeschlossen hatten, die Türkei. Im zweiten Balkankrieg 1913 gerieten die Sieger wegen der Aufteilung der türkischen Balkangebiete in Streit. Bulgarien kämpfte gegen das von Rumänien, Griechenland, Montenegro und der Türkei unterstützte Serbien. Im Frieden von Bukarest verlor Bulgarien Mazedonien und die Dobrudscha. Albanien wurde selbstständiges Fürstentum.

Der Balkan 1914

Ballungsraum (Verdichtungsraum). Von einem Ballungsraum spricht man, wenn die Gesamtbevölkerung eines Gebietes mindestens 500000 Einwohner und die Bevölkerungsdichte mindestens 1000 Einwohner pro km² beträgt. In einem Ballungsraum konzentrieren sich Wohnhäuser und Industrie- und Dienstleistungsbetriebe genauso wie Autobahnen, Straßen und Eisenbahnlinien. Typische Ballungsräume in der Bundesrepublik Deutschland sind z. B. das Ruhrgebiet, das Rhein-Main-Gebiet oder das Gebiet des Mittleren Neckars.

Ballungsraum Frankfurt

BAM (**B**aikal-**A**mur-**M**agistrale), Eisenbahnstrecke zur Erschließung von Rohstoffgebieten im asiatischen Teil der früheren ▶ Sowjetunion und zur Entlastung der ▶ Transibirischen Eisenbahn. Die in den 70er- und 80er-Jahren gebaute, über 4200 km lange Eisenbahnlinie wurde, obwohl sie noch nicht durchgehend befahrbar ist, 1989 offiziell eingeweiht.

Banane (arabisch: Finger), eine der ältesten Kulturpflanzen der Welt, die in subtropischen und tropischen Gebieten angebaut wird. Die bis zu 10 m hohe Staude besteht aus vielen ineinander geschachtelten Blättern. Aus dem Blütenstand in der Krone bilden sich die Bananenfinger. Ein Büschel wiegt bei der Ernte ca. 40 kg und enthält ungefähr 200 Bananen.

Bann. Damit ist meist die Reichsacht (Ächtung in einem bestimmten Gebiet) und das mit ihr verbundene Verbot der Teilnahme an den heiligen Sakramenten gemeint. Ansonsten ist Bann gleichbedeutend mit ▶ Acht.

Bannwald, Waldgebiete, die im Interesse der Allgemeinheit oder zur Abwendung von Gefahren unter besonderen rechtlichen Schutz gestellt sind. Solche Waldungen dürfen nicht gerodet und nur in eingeschränktem Maß waldwirtschaftlich genutzt werden. In den ▶ Alpen dienen die Bannwälder vor allem dem Schutz vor Lawinen, Überschwemmungen und Bergrutschen.

Bastille, eine im 14. Jahrhundert in Paris errichtete Festungsanlage. Die Bastille diente seit 1397 als Staatsgefängnis, in dem politische Gefangene inhaftiert wurden. Sie galt als Symbol staatlicher Willkür. Am 14. Juli 1789 wurde die Bastille von Revolutionären gestürmt und später zerstört. Mit dem Sturm auf die Bastille begann die ▶ Französische Revolution. Der 14. Juli ist noch heute der Nationalfeiertag der Franzosen.

Baumgrenze, Grenze, an der noch einzelne Bäume wachsen können. Darüber hinaus sind die Bedingungen des ▶ Ökosystems so extrem, dass ein dauerhaftes Wachstum von Bäumen nicht mehr möglich ist.

Baumwolle, Textilrohstoff, der aus der bis zu 2,5 m hohen Baumwollstaude gewonnen wird. Die einjährigen Pflanzen gedeihen in den Subtropen und Tropen. In ihren eiförmigen, walnussgroßen Früchten befinden sich Samenhaare, deren Fasern nach vierwöchiger Trocknung vom Samen getrennt und in Ballen gepresst werden. Wichtigste Produzenten von Baumwolle sind heute unter anderem die USA, Mexiko und Brasilien.

Sturm auf die Bastille am 14. Juli 1789

Bauxit, Gestein, das unterschiedliche Aluminiumminerale enthält und durch Eisenbestandteile intensiv rot gefärbt ist. Es entsteht unter wechselfeuchten tropischen Bedingungen. Ein Zwischenstadium der Entstehung ist ▶ Laterit. Bauxit ist Ausgangsgestein für die Aluminiumherstellung und wird meist im Tagebau gewonnen. Größte Produzenten von Bauxit sind Australien, Guinea, Jamaika und Brasilien.

Bayern, mit einer Fläche von 70548 km² das größte Bundesland Deutschlands. In Bayern leben 12,1 Mio. Menschen (1999), seine Hauptstadt ist München. Das Land grenzt im Süden und Südosten an Österreich, im Osten an Tschechien. Im Norden hat Bayern mit den Bundesländern Sachsen und Thüringen und im Westen mit Hessen und Baden-Württemberg eine gemeinsame Grenze. Bayern ist landschaftlich abwechslungsreich wobei besonders die nördlichen Alpen und das Alpenvorland mit seinen zahlreichen Seen herausragen. Die Zugspitze ist mit 2963 Metern die höchste Erhebung Deutschlands und damit auch Bayerns. Nach dem Zweiten Weltkrieg wurde Bayern, das von 1806 bis 1918 Königreich war, ein Bundesland (Freistaat) der Bundesrepublik Deutschland.

Beckenlandschaft, Landschaft mit einer größeren Eintiefung der Oberfläche. Man unterscheidet nach ihrer Form in Kessel, Wanne und Graben.

Belt (englisch: Gürtel), ein Begriff für Industrieregionen und landwirtschaftliche Anbaugebiete in den USA, deren ursprünglich klare Gliederung sich aufgrund von Strukturwandel in Industrie und Landwirtschaft verändert hat

Napoleons Große Armee erleidet hohe Verluste beim Überqueren der Beresina.

(Wheat Belt, Dairy Belt) oder ganz verschwunden sind (Cotton Belt). Heute kommen außer den Produkten (Mixed Belt, Corn Belt, ▶ Manufacturing Belt) noch andere Eigenschaften, die für Industrie und Landwirtschaft wichtig geworden sind, hinzu (Job Belt, ▶ Sun Belt, Boom Belt).

Benediktiner, Mitglieder eines von Benedikt von Nursia um 529 gegründeten Mönchsordens. Benedikt verpflichtete seine Mönche zu Gebet und Arbeit („Ora et labora"). Der Orden hatte mit seinen zahlreichen Niederlassungen im gesamten Abendland wesentlichen Anteil an der kulturellen Entfaltung Europas. Heute ist der Benediktinerorden einer der einflussreichsten Orden der katholischen Kirche.

Beresina, Nebenfluss des Dnjepr in Weißrussland. Beim Rückzug der Großen Armee ▶ Napoleons von Moskau kam es während des ▶ Russlandfeldzugs im November 1812 beim Übergang über die Beresina zu großen Verlusten unter den Soldaten.

Bergbau, Gewinnung von ▶ Bodenschätzen im Tagebau (in Oberflächennähe) oder im Untertagebau (in Schächten und Stollen). So wird z. B. Steinkohle im Ruhrgebiet im Untertagebau, in Nordamerika dagegen im Tagebau gefördert. Braunkohle wird im Rheinischen Braunkohlenrevier, in der Niederlausitz und im Mitteldeutschen Revier im Tagebau abgebaut.

Kohlenabbau unter Tage

Berlin, neben Hamburg und Bremen einer der drei Stadtstaaten der Bundesrepublik Deutschland. Auf einer Fläche von 890 km² leben 3,4 Mio. Einwohner (1999). Berlin ist umgeben vom Bundesland Brandenburg. Mit der Gründung des Deutschen Reiches im Jahr 1871 wurde Berlin Reichshauptstadt und blieb es bis zum Ende des Zweiten Weltkrieges. Die Siegermächte teilten 1945 die Stadt in vier ▶ Besatzungszonen ein. Während der Blockade Westberlins 1948 wurden die Einwohner über eine Luftbrücke versorgt (▶ Berliner Blockade). Der Bau der Mauer 1961 führte zur Spaltung der Stadt in West- und Ostberlin. Erst nach dem Fall der Mauer 1989 und nach der Wiedervereinigung Deutschlands 1990 wuchsen die beiden Teile wieder zusammen. Im Jahr 1991 stimmte die Mehrheit der Abgeordneten im Bundestag für Berlin als Hauptstadt.

Berliner Blockade. Als 1948 in den Westsektoren Berlins die Deutsche Mark alleiniges Zahlungsmittel wurde, verhängte die ▶ Sowjetunion eine Wirtschaftsblockade über den freien Teil der Stadt. Sie sperrte alle Zufahrtswege nach Berlin, die durch die sowjetische ▶ Besatzungszone führten. Amerikaner und Engländer versorgten die Menschen in Berlin zehn Monate lang durch Flugzeugtransporte über eine „Luftbrücke" mit Lebensmitteln, Kohle, Rohstoffen und Maschinenteilen. Im Mai 1949 gab die Sowjetunion die Blockade auf.

Berliner Mauer. Am 13. August 1961 riegelten Soldaten auf Anordnung der Regierung der ▶ DDR Ostberlin mit Stacheldraht von den drei Westsektoren ab. Nach und nach bauten sie diese Absperrung zu einer unüberwindlichen Mauer aus. Sie sollte verhindern, dass Menschen aus der DDR nach Westberlin flüchteten. 1989 wurde die Mauer geöffnet und abgebaut (▶ Wende).

Besatzungszonen. Nach dem Ende des ▶ Zweiten Weltkrieges besetzten die Siegermächte Deutschland und teilten es in vier Besatzungszonen. Großbritannien besetzte den Norden, Frankreich den Südwesten, die USA den Süden und die Sowjetunion den Osten Deutschlands. Die Hauptstadt ▶ Berlin wurde in vier Sektoren eingeteilt.

Landung eines „Rosinenbombers" in Berlin (Berliner Blockade)

Bau der Berliner Mauer 1961

Dicht besiedeltes Hongkong

Betrieb. In einem Betrieb werden durch den geplanten Einsatz von ▶ Produktionsfaktoren Güter hergestellt oder ▶ Dienstleistungen erbracht. Ein Unternehmer leitet ihn und stellt entweder allein oder mithilfe von Arbeitskräften Waren her oder bietet Dienstleistungen an. Mit den Einnahmen, die durch den Verkauf dieser Waren und Dienstleistungen erzielt werden, wird die Existenz des Betriebes gesichert. Betriebe können Einzelunternehmen, Personengesellschaften (z.B. Kommmanditgesellschaft) oder Kapitalgesellschaften (z.B. ▶ Aktiengesellschaft) sein.

Betriebsrat, Interessenvertretung der Arbeitnehmer in einem Betrieb. Der Betriebsrat wird von der Belegschaft gewählt, um für ihre Belange (z.B. bei der Einführung neuer Arbeitszeiten oder bei Fragen der Betriebsordung) gegenüber der Unternehmensleitung einzutreten. Die Zahl der Betriebsratsmitglieder ist von der Anzahl der Beschäftigten abhängig. Die Rechte und Pflichten des Betriebsrates sind im Betriebsverfassungsgesetz geregelt.

Bevölkerungsdichte, durchschnittliche Zahl der Einwohner auf einem Quadratkilometer. Die höchsten Bevölkerungsdichten gibt es in Großstädten und ▶ Ballungsräumen. In Hongkong z.B. leben über 10000 Einwohner auf einem Quadratkilometer. In ländlichen Räumen dagegen wohnen zum Teil weit weniger als 100 Personen auf derselben Fläche.

Bevölkerungsentwicklung, die Veränderung der Bevölkerungszahl eines Gebietes in einem bestimmten Zeitraum. Sie ist abhängig von der ▶ Geburtenrate, der Sterblichkeit und von Wanderungsbewegungen (▶ Migration). Die Bevölkerungsentwicklung bezieht sich häufig auf die Veränderung der Bevölkerungszahl eines Landes in einem Jahr.

Bevölkerungsexplosion ist die bildhafte Bezeichnung für das starke Bevölkerungswachstum in bestimmten Teilen der Erde, vor allem in den ▶ Entwicklungsländern wie z.B. Indien.

Bewässerung. Um Pflanzen in heißen und trockenen Gebieten der Erde über den natürlichen Niederschlag hinaus mit Wasser zu versorgen, wird die Anbaufläche künstlich bewässert. Hierfür wird Grundwasser oder in Kanälen herangeleitetes Wasser aus Flüssen oder Seen verwendet. Bei unsachgemäßer Bewässerung besteht die Gefahr der ▶ Versalzung.

Bibel (griechisch: Bücher). Als „Buch der Bücher“ oder „Heilige Schrift“ bildet sie die zentrale Grundlage des christlichen Glaubens. Im ▶ Christentum gilt sie als Überlieferung göttlicher Offenbarung, d.h. als Wort Gottes. Bestimmte Teile sind auch für die jüdische Religion verbindlich. Die Bibel besteht aus einem hebräischen Alten Testament und einem griechischen Neuen Testament.

Rhein-Ruhr-Hafen in Duisburg

Binnenhafen, Anker- und Anlegeplatz für Schiffe an Flüssen und Kanälen. Ein Binnenhafen ist mit allen Anlagen für den Umschlag und den Verkehr mit Gütern ausgestattet ebenso mit Einrichtungen für die Ausrüstung und Reparatur von Schiffen. Binnenhäfen liegen oft in Industriegebieten wie z.B. der Hafen von Mannheim oder der Rhein-Ruhr-Hafen in Duisburg, der größte Binnenhafen der Welt.

Binnenmarkt, Gebiet, in dem sich das wirtschaftliche Geschehen nach weitgehend einheitlichen Regelungen, Gesetzen und unter gleichen Bedingungen abspielt. Dies ist in jedem selbstständigen Staat gegeben. Möchte man einen Binnenmarkt, der mehrere Staaten umfasst, schaffen wie z.B. den Europäischen Binnenmarkt, müssen Vorschriften und Steuern innerhalb dieser Staaten angeglichen und Zollschranken abgebaut werden.

Binnenschifffahrt umfasst die Beförderung von Gütern und Personen auf Flüssen und Kanälen. Der Transport von Massengütern und Containern ist auf dem Schiff billiger, aber auch zeitaufwendiger als mit der Bahn oder dem LKW. Die Beförderung von Personen umfasst hauptsächlich den Urlaubs- und Fährverkehr.

Biomasse zählt als Energieträger zu den ▶ alternativen Energien. Aus ihren pflanzlichen oder tierischen Bestandteilen kann durch Verbrennung oder Zersetzung Energie erzeugt werden.

Biotop (griechisch: Lebensraum). Der Begriff wird meistens im Zusammenhang mit schützenswerten Lebensräumen verwendet. Bekannt sind besonders Feucht- oder Trockenbiotope, die vor allem spezialisierten tierischen und pflanzlichen Lebensgemeinschaften einen artgemäßen Lebensraum bieten.

Blauhelme der UN im Einsatz

Bischof (griechisch: Aufsichtsperson), in frühester Zeit geistlicher Leiter einer größeren Gemeinde. Später betrachteten sich die Bischöfe als unmittelbare Nachfolger der Apostel. Im Mittelalter wurden sie häufig mit weltlichen Herrschaftsrechten belehnt. Heute sind sie in der katholischen Kirche Träger der höchsten kirchlichen Gewalten. Im Unterschied zur katholischen Kirche verstehen sich die Bischöfe der evangelischen Kirche nicht als Nachfolger der Apostel.

Bismarck, Otto Fürst von (1815–1898), war seit 1847 preußischer Abgeordneter und seit 1851 Gesandter Preußens im Frankfurter Bundestag. Seit 1862 übte er das Amt des preußischen Ministerpräsidenten aus. Dabei waren seine wesentlichen politischen Prinzipien die Gewinnung und Ausweitung der preußischen Vormachtstellung in Deutschland. Nach dem erfolgreichen Krieg gegen Frankreich (1870/71) gelang es Bismarck, die deutschen Fürsten zur Gründung eines deutschen Kaiserreiches mit dem preußischen König als deutschen Kaiser an der Spitze zu bewegen. Bismarck wurde Reichskanzler. Er führte unter anderem innenpolitisch die Sozialgesetzgebung ein und erreichte außenpolitisch durch ein ausgeklügeltes europäisches Bündnissystem ein mächtepolitisches Gleichgewicht. Bismarck wurde 1890 nach Streitigkeiten mit Kaiser Wilhelm II. entlassen.

Blauhelme, Bezeichnung für die Soldaten der Vereinten Nationen (▶ UN). Sie gehören unterschiedlichen Nationen an, sorgen in Krisengebieten für die Einhaltung des Waffenstillstandes und versorgen Flüchtlinge. Sie erhielten ihren Namen von dem blauen Soldatenhelm.

Blitzkrieg, schnelle militärische Siege wie z. B. der deutschen Wehrmacht 1940 über die Niederlande, Belgien und Frankreich.

Blizzard, schwerer Eis- und Schneesturm in den gemäßigten Breiten Nordamerikas. Blizzards treten als Folge von plötzlichen arktischen Kaltlufteinbrüchen auf.

Boden, ▶ Exkurs (S. 27)

Bodenermüdung, Rückgang der Ertragsfähigkeit des Bodens. Diese Erschöpfung tritt auf bei wiederholtem Anbau der gleichen Nutzpflanzen auf derselben Bodenfläche durch einen einseitigen Nährstoffentzug.

Bodenerosion, Abtragung des Bodens durch Wasser und Wind, wenn die schützende Pflanzendecke zerstört ist. Sie wird häufig vom Menschen durch unsachgemäße Behandlung der Böden, z. B. durch Rodung von Wäldern, das Umpflügen von Grassteppen oder Überweidung, ausgelöst. Mit verschiedenen Maßnahmen zum Bodenschutz wird versucht, die Bodenerosion einzudämmen. Hierzu gehören das Anpflanzen von Windschutzhecken und das der Landschaftsform angepasste Pflügen (Konturpflügen).

Boden

Boden ist ein feinkörniges Material an der Erdoberfläche, das mit Luft, Wasser und Lebewesen durchmischt ist.

Bodenentstehung
Die ursprünglich aus Fels bestehende Erdkruste (▶ Erdaufbau) verwittert an der Oberfläche. Das anstehende Gestein wird dadurch zerkleinert. Unter dem Einfluss des Klimas, der Vegetation, der Tierwelt und anderer Umweltfaktoren finden chemische und physikalische Prozesse statt, die letztlich zur Veränderung des Oberflächenmaterials führen. Während dieser Entwicklung gelangen Stoffe mit dem Sickerwasser in die Tiefe und bilden unterschiedliche Schichten heraus, die so genannten Horizonte.

Bodenprofil
Zum Studium des Bodens und seines Aufbaus wird ein Bodenprofil (siehe Abbildung) vertikal angelegt. Es reicht von der Erdoberfläche bis zum Ausgangsmaterial des Bodens. In unseren gemäßigten Breiten können wir am Bodenprofil meist drei unterschiedliche Horizonte erkennen:

a) Der Oberboden ist eine humushaltige, oft dunklere Bodenschicht an der Oberfläche von relativ geringer Mächtigkeit. Er wird auch A-Horizont genannt.
b) Darunter folgt ein hellerer Unterboden, der B-Horizont.
c) Die Basis bildet das Ausgangsgestein, aus dem der Boden entstanden ist. Es ist unverwittert und wird als C-Horizont bezeichnet.

Aus den Bodenprofilen lässt sich für unterschiedliche Böden eine ähnliche Abfolge der Bodenhorizonte im Bodenprofil feststellen. Vergleichbare Profile werden zu Bodentypen zusammengefasst wie z.B. Schwarzerde, Braunerde, Podsolboden, Gley oder Rendzina.

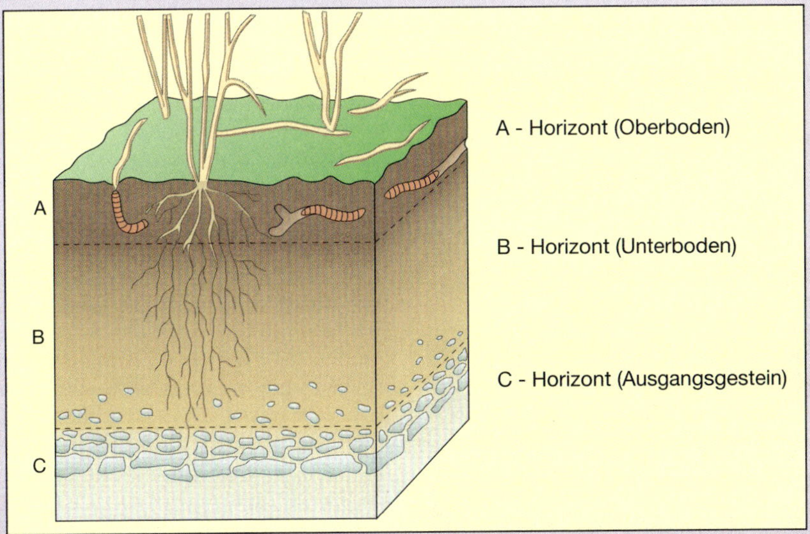

Bodenprofil

Bodenertrag ist der auf einer landwirtschaftlichen Nutzfläche geerntete Ertrag in Kilogramm oder Tonnen je Flächeneinheit. Der Bodenertrag wird meistens in Tonnen/Hektar angegeben und dient als Vergleichswert.

Bodenschätze, alle nutzbaren Rohstoffe, die sich in natürlichen Lagerstätten angereichert haben. Zu ihnen gehören z.B. ▶ Erdöl, ▶ Kohle, ▶ Erze und Erden (Kies, Ton, Sande usw.).

Bolschewiki (russisch: Mehrheitler). So bezeichneten sich die Anhänger Lenins seit dem II. Kongress der russischen Sozialdemokraten 1903, nachdem sie eine zufällige Mehrheit über die gemäßigteren Menschewiki (Minderheitler) hatten. Die Bolschewiki bereiteten mit allen Mitteln den Umsturz in Russland vor. Nach der erfolgreichen Oktoberrevolution 1917 wurden sie als Kommunistische Partei der ▶ Sowjetunion (KPdSU) die allein bestimmende politische Macht des Landes.

Börde, fruchtbare, überwiegend landwirtschaftlich genutzte Ebene in Norddeutschland. Sie besteht größtenteils aus steinlosem, feinkrümeligem ▶ Lössboden. Typische Anbauprodukte sind Weizen und ▶ Zuckerrüben. Bekannte Börden sind z.B. die Magdeburger Börde, die Hildesheimer Börde oder die Jülicher Börde.

Hildesheimer Börde

Frankfurter Börse

borealer Nadelwald, Waldgürtel auf der Nordhalbkugel, der sich südlich der arktischen ▶ Tundren von Skandinavien über Nordsibirien bis nach Nordamerika erstreckt. Mit einer Fläche von ca. 20 Mio. km^2 ist er die größte Vegetationszone der Erde. Der boreale Nadelwald wird durch ausgedehnte Fichten-. und Kieferwälder geprägt. Klimatisch zeichnet sich das Gebiet des borealen Nadelwaldes durch lange, kalte Winter und meist kühle bis z.T. warme Sommer aus. In Russland wird der Waldgürtel auch als ▶ Taiga bezeichnet.

Borodino, Ort an der Moskwa westlich von Moskau. Hier versuchten am 7. September 1812 russische Truppen in einer Abwehrschlacht vergeblich, die Große Armee ▶ Napoleons aufzuhalten. Napoleon gelang es anschließend, mit seinen Soldaten bis nach Moskau vorzudringen (▶ Russlandfeldzug).

Börse, Bezeichnung für einen Markt, an dem vor allem Wertpapiere wie z.B.

▶ Aktien gehandelt werden. Der Preis für eine Aktie ergibt sich aus Angebot und Nachfrage. Die größte deutsche Börse befindet sich in Frankfurt/Main.

Bosnien-Herzegowina wurde nach dem Verfall des ▶ Osmanischen Reiches 1908 von ▶ Österreich-Ungarn annektiert. Die Annektion führte zu politischen Spannungen zwischen Serbien und Österreich-Ungarn. Nach dem Ersten Weltkrieg gehörte Bosnien-Herzegowina zu dem neu gegründeten Staat Jugoslawien. Nach dem Zerfall Jugoslawiens in den 90er-Jahren gibt es heute wieder einen selbstständigen Staat Bosnien-Herzegowina mit der Hauptstadt Sarajevo.

Bourgeoisie (französisch: Bürgertum), Bezeichnung für das seit dem 17. Jahrhundert entstandene wohlhabende Bürgertum in Frankreich, das neben dem Adel verantwortlich für die Revolution von 1789 war. Im übrigen Europa gelangte das Bürgertum erst während des 19. Jahrhunderts zur politischen Herrschaft. Die Klassenkampftheorie des ▶ Kommunismus sah es deshalb abwertend als kapitalistischen Gegner des ▶ Proletariats an.

Brandrodung

Brache. Um eine Auslaugung des Ackers zu vermeiden, ließ man im Mittelalter im Rahmen der ▶ Dreifelderwirtschaft jeweils pro Jahr ein Drittel der Anbaufläche eines Dorfes ungenutzt liegen, während die anderen zwei Drittel Sommer- oder Wintergetreide trugen. Den unbebauten Teil der Anbaufläche nannte man Brache (▶ Allmende, Gewann).

Brandenburg, im östlichen Teil Deutschlands an der Grenze zu Polen gelegenes Bundesland mit einer Fläche von 29 476 km² und 2,6 Mio. (1999) Einwohnern. Landeshauptstadt ist Potsdam. Die Landschaft Brandenburgs ist durch die Eiszeit geprägt; zahlreiche Seen, Flüsse und Kanäle durchziehen das Land. Brandenburg war die Keimzelle des preußischen Staates. Nach 1945 gehörte das Gebiet Brandenburgs zur sowjetischen Besatzungszone, später war es ein Teil der DDR. Nach dem Zusammenbruch der DDR wurde Brandenburg ein Bundesland der Bundesrepublik Deutschland. Ein Länderzusammenschluss mit dem Bundesland Berlin wurde 1996 durch Volksabstimmung abgelehnt.

Brandrodung, Form der Nutzbarmachung großer Waldgebiete, die heute noch in den Gebieten der ▶ Subtropen und des ▶ tropischen Regenwaldes betrieben wird. Die Bäume werden abgebrannt, ihre Asche dient zur Düngung des Bodens. Bei der Brandrodung wird die oberflächennahe Humusschicht zerstört und der natürliche ▶ Nährstoffkreislauf unterbrochen. Da die tropischen Böden keinen Nachschub an Nährstoffen liefern, laugt der Boden sehr schnell aus, erodiert und wird auf Dauer landwirtschaftlich unbrauchbar. Seit 1950 hat durch Brandrodung die Fläche des tropischen Regenwaldes um mehr als die Hälfte abgenommen.

Gegenstände der Bronzezeit

Breitenkreise, gedachte Linien, die parallel zum Äquator um die Erde verlaufen. Die Breitenkreise haben alle den gleichen Abstand voneinander. Zu den ▶ Polen hin wird der Umfang der Breitenkreise immer kleiner, Nordpol und Südpol sind nur noch als Punkt zu sehen. Die nördliche und südliche Halbkugel der Erde sind jeweils in 90 Breitenkreise unterteilt. Sie werden vom Äquator aus zum Nordpol und zum Südpol von 0 bis 90 Grad gezählt. Zusammen mit den ▶ Meridianen bilden die Breitenkreise das ▶ Gradnetz der Erde.

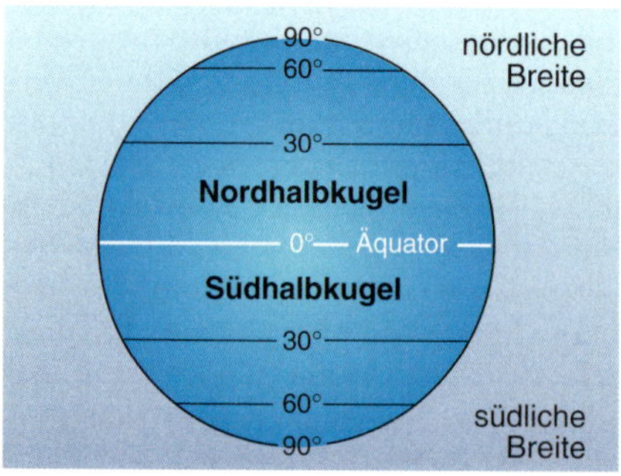

Bremen ist zusammen mit Bremerhaven das kleinste Bundesland. Auf insgesamt 404 km² leben 668 000 Einwohner (1999). Bremen liegt am Unterlauf, Bremerhaven am Mündungstrichter der Weser. Bereits 1260 gehörte die Stadt der Hanse an. Noch heute trägt sie den Namen „Hansestadt".

Bronzezeit. Sie dauerte von etwa 1800 bis 800 v. Chr. In dieser Zeit konnten die Menschen aus Kupfer und Zinn Bronze herstellen und daraus mit unterschiedlichen Gusstechniken Waffen, Werkzeuge sowie Schmuck fertigen. Stein und Ton blieben aber weiter in Gebrauch. In der Bronzezeit entstanden neue Berufe: Bronzegießer verarbeiteten das Metall, Bergleute bauten Kupfer und Zinn ab und Händler transportierten die Erze.

Bruttoinlandsprodukt, die Summe aller im Inland erwirtschafteten Werte von Gütern und ▶ Dienstleistungen, die

Buddhistischer Tempel in China

innerhalb eines Jahres erbracht werden. Auch die von ausländischen Firmen erbrachten Leistungen sind im Bruttoinlandsprodukt enthalten.

Bruttosozialprodukt. Das Bruttosozialprodukt setzt sich zusammen aus dem ▶ Bruttoinlandsprodukt und dem Einkommen, das einheimische Personen und Firmen im Ausland erwirtschaften. Dagegen wird das Einkommen der Ausländer, das diese im Inland beziehen, abgezogen.

Buddhismus, Bezeichnung für die von Buddha im 6. Jahrhundert v. Chr. gestiftete Religion, die heute ca. 300 Mio. Anhänger vor allem in Asien hat. Der Buddhismus hat seinen Ursprung in Nordindien. Im Mittelpunkt stehen die Lehren über das Leiden, die „Vier heiligen Wahrheiten", und das Gesetz des Wiedergeborenwerdens nach dem Tod.

Bulle (lateinisch: Kapsel), bei den Römern die Kapsel, die das Metallsiegel eines Schriftstücks enthielt. Seit dem 13. Jahrhundert wurden päpstliche Urkunden, die bis ins 16. Jahrhundert mit Blei gesiegelt wurden, als Bulle bezeichnet. Heute versteht man unter Bulle allgemein eine gesiegelte Urkunde.

Bundesgenossen (römische), von den Römern besiegte Völker Italiens. Sie blieben unabhängige Städte oder Stämme, wurden aber dazu verpflichtet, die Römer im Kriegsfall mit Truppen zu unterstützen. Zwischen 91 und 88 v. Chr. erstritten sich die Bundesgenossen im so genannten Bundesgenossenkrieg das römische Bürgerrecht.

Bundeskanzler, der Chef der ▶ Bundesregierung. Er wird durch den ▶ Bundestag gewählt und vom ▶ Bundespräsidenten ernannt. Der Bundeskanzler bestimmt die Richtlinien der Politik (Richtlinienkompetenz) und hat das Recht, die ▶ Bundesminister dem Bundespräsidenten zur Ernennung und zur Entlassung vorzuschlagen.

Bundesministerium, oberste Fachbehörde in der Bundesrepublik Deutschland. Ein Bundesministerium wird von einem Bundesminister geleitet. Die Anzahl der Bundesministerien wird von der ▶ Bundesregierung festgelegt. Wichtige Bundesministerien sind z. B. das Außenministerium (zuständig u. a. für die Außenpolitik), das Finanzministerium (zuständig u. a. für den Haushaltsetat) und das Innenministerium (zuständig u. a. für die innere Sicherheit).

Bundespräsident, Staatsoberhaupt der Bundesrepublik Deutschland. Der Bundespräsident vertritt die Bundesrepublik völkerrechtlich und repräsentiert sie nach innen und nach außen. Er prüft, unterzeichnet und verkündet die Bundesgesetze und ernennt und entlässt den Bundeskanzler und die Bundesminister. Die Wahl des Bundespräsidenten erfolgt in der Regel alle fünf Jahre durch ▶ die Bundesversammlung.

Bundesrat, oberstes Bundesorgan, durch das alle 16 Bundesländer bei der Gesetzgebung und Verwaltung des Bundes sowie in Angelegenheiten der ▶ EU mitwirken. Der Bundesrat besteht aus Mitgliedern der Länderregierungen. Jedes Bundesland hat – je nach Bevölkerungszahl – zwischen drei und sieben Stimmen. Der Präsident des Bundesrates ist Vertreter des ▶ Bundespräsidenten.

Bundesregierung, besteht aus dem ▶ Bundeskanzler und den Bundesministern (▶ Bundesministerium). Der Bundeskanzler bestimmt die Richtlinien der Politik. Innerhalb dieser Richtlinien verantwortet jeder Bundesminister seinen Geschäftsbereich in eigener Verantwortung.

Bundesrepublik Deutschland, ▶ Exkurs (S. 33)

Bundestag, Volksvertretung der Bundesrepublik Deutschland. Die Abgeordneten werden in unmittelbarer, freier, gleicher und geheimer Wahl auf vier Jahre gewählt. Der Bundestag wählt unter anderem den ▶ Bundeskanzler, beschließt die Bundesgesetze und übt die parlamentarische Kontrolle über die

Bundesregierung unter Bundeskanzler Gerhard Schröder (1999)

Bundesrepublik Deutschland

Mit der Verabschiedung des Grundgesetzes am 23. Mai 1949 war die Bundesrepublik Deutschland gegründet. Im September wählte die Bevölkerung den ersten Deutschen ▶ Bundestag.

Orientierung nach Westen
Noch immer litt der junge Staat an den Folgen des Zweiten Weltkrieges. Er orientierte sich an den westlichen Demokratien und trat 1955 der ▶ NATO, dem westlichen Verteidigungsbündnis, bei. Die 50er-Jahre brachten der Bundesrepublik einen schnellen wirtschaftlichen Aufschwung. Man sprach vom deutschen Wirtschaftswunder.

Politische Veränderungen
1966 erlebte die Bundesrepublik die erste Wirtschaftskrise. Eine große Koalition aus CDU/CSU und SPD regierte das Land. Auf den Straßen demonstrierten Studenten gegen den Krieg in Vietnam und für eine Auseinandersetzung mit dem ▶ Nationalsozialismus. Als die große Koalition 1969 endete, schlossen sich viele der Protestierenden der entstehenden Frauen-, Friedens- und alternativen Bewegung an. Einige versuchten mit Gewalt, die gewünschten gesellschaftlichen Verhältnisse herbeizuführen (▶ RAF).

Entspannung mit dem Osten
Mit der neuen sozial-liberalen Regierung, einer Koalition aus SPD und F.D.P., begann 1970 ein Neuanfang in der Außenpolitik der Bundesrepublik Deutschland und eine Aussöhnung mit dem Osten. Sie schloss Verträge mit der Sowjetunion, Polen und der DDR (▶ Ostverträge). 1973 wurden beide deutsche Staaten in die Vereinten Nationen aufgenommen.

Wirtschaftsprobleme
Mit der Ölkrise 1973 begann die ▶ Arbeitslosigkeit zu einem Dauerproblem in der Bundesrepublik zu werden. Viele Menschen demonstrierten gegen Umweltschäden, Atomkraftwerke und die atomare Nachrüstung im Westen.

Wiedervereinigung
1982 löste eine christlich-liberale Koalition aus CDU/CSU und F.D.P. die sozialliberale Regierung ab. In dieser Zeit kam es zur ▶ Wiedervereinigung Deutschlands. Seit 1998 regiert eine rot-grüne Koalition.

Symbol des Wirtschaftswunders: Der einmillionste „Käfer" verlässt das Werk (1955)

Blick in den Plenarsaal des Deutschen Bundestages in Berlin

Regierung aus. Von den 656 Abgeordneten (ab 2002 nur noch 598 Abgeordnete) werden 328 Abgeordnete direkt gewählt, die anderen 328 Abgeordnete gelangen über die Landesliste in den Bundestag (▶ Verhältniswahl, Wahlrecht).

Bundesversammlung. Einzige Aufgabe der Bundesversammlung ist die Wahl des ▶ Bundespräsidenten. Die Bundesversammlung setzt sich zusammen aus den Mitgliedern des ▶ Bundestages und aus der gleichen Anzahl von Volksvertretern der Länder. Diese müssen selbst nicht Mitglieder der Länderparlamente sein. Wie viele Mitglieder die Landtage für die Wahl zu bestimmen haben, richtet sich nach der Bevölkerungszahl des jeweiligen Bundeslandes.

Bundeswehr nennt sich die Armee der Bundesrepublik Deutschland. Sie wurde 1955 gegründet und ist seit 1955 auch Mitglied der ▶ NATO. Hauptaufgabe der Bundeswehr ist es, das Land zu verteidigen. Sie darf keinen Angriffskrieg führen. Die Befehlsgewalt im Frieden hat der Bundesminister der Verteidigung, im Verteidigungsfall der ▶ Bundeskanzler. Soldaten der Bundeswehr helfen auch bei Naturkatastrophen wie Hochwasser oder schweren Unglücksfällen.

Bündnis 90/Die Grünen, politische Partei, die in der Bundesrepublik Deutschland seit 1993 als Vereinigung der westdeutschen Grünen mit ostdeutschen Bürgerrechtsgruppen besteht. Die Grünen entwickelten sich vor allem aus Bürgerinitiativen der Umweltschutzbewegung und existieren seit 1980 als Bundespartei. Seit 1983 sind sie im ▶ Bundestag vertreten. 1998 gingen sie zum ersten Mal auf Bundesebene eine ▶ Koalition mit der SPD ein.

Buntmetalle, Bezeichnung für Schwermetalle (außer Eisen), die von ihrer Farbe her unterschiedlich sind. Zu ihnen gehören z.B. Kupfer, Blei, Zinn, Zink, Nickel und Quecksilber.

Burg, befestigter Herrschafts- und Wohnsitz des ▶ Adels im Mittelalter. Seit dem 9. Jahrhundert wurden Burgen zum Schutz vor Feinden gebaut. Nach Anlage und Standort unterschied man z.B. Höhenburgen und Wasserburgen.

Bürger. Im Mittelalter bezeichnete man befestigte Ansiedlungen mit dem Begriff „burgus", ihre Einwohner nannte man Bürger, die im Laufe des Mittelalters einen eigenen Stand neben ▶ Adel und Bauern bildeten. Seit der Neuzeit versteht man unter Bürger einen Angehörigen der sozialen Mittelschicht. Heute dagegen umfasst der Begriff jeden Einwohner eines Staates (▶ Stadt, Ständegesellschaft).

Bürgertum, historisch gewachsene Bezeichnung für eine Schicht der Bevölkerung, die sich ursprünglich aus selbstständigen Gewerbetreibenden (Fabrikanten, Kaufleute, Bankiers) zusammensetzte. Hinzu kamen im Lauf der Zeit alle akademischen Berufe, Beamte und höhere Angestellte. Die Zugehörigkeit zum Bürgertum wurde bestimmt von gemeinsamen politischen, sozialen und kulturellen Anschauungen.

Buße, im christlichen Verständnis der Versuch, begangenes Unrecht wieder gutzumachen. Durch die Buße soll das schuldhaft gestörte Verhältnis des Menschen zu Gott wieder in Ordnung gebracht, Strafen für die Übertretung der göttlichen Gebote abgewendet und die Wiederaufnahme in die Gemeinschaft der Gläubigen ermöglicht werden. Die katholische Kirche kennt ein Buß-Sakrament (die Beichte). Im strafrechtlichen Bereich gibt es den Begriff der Buße ebenfalls. So werden Ordnungswidrigkeiten (z.B. zu schnelles Fahren) mit einer Geldbuße geahndet.

Byzanz, griechische Kolonie am Bosporus, die 196 v.Chr. größtenteils zerstört wurde. Unter Konstantin dem Großen wurde Byzanz 330 n. Chr. Hauptstadt des ▶ Römischen Reiches und hieß fortan Konstantinopel. Seit 395 n. Chr. war Konstantinopel die Hauptstadt des ▶ Oströmischen Reiches, auch Byzantinisches Reich genannt.

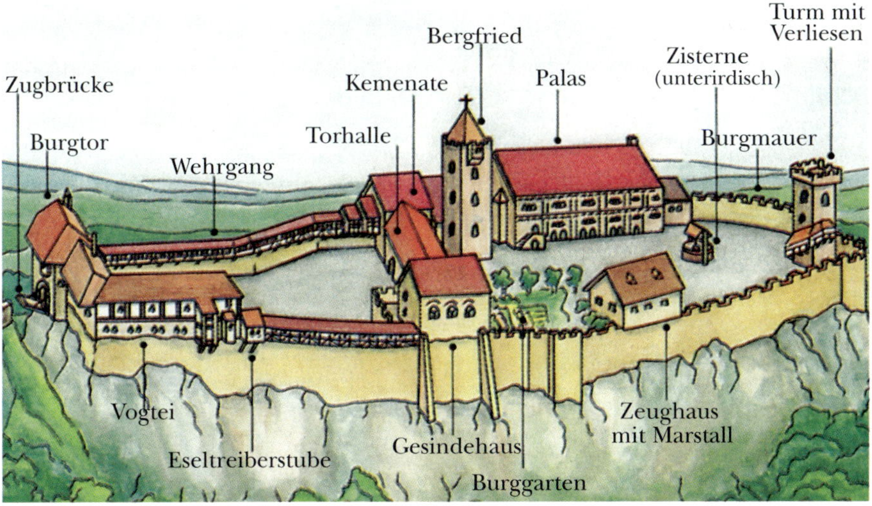

Mittelalterliche Burg

C

Canyon (spanisch: Röhre), steilwandiges, tief eingeschnittenes Tal, das sich häufig in Gebieten mit flachlagernden Gesteinen befindet. Canyons sind durch die Erosionskraft des Wassers entstanden. Das Wasser hat sich abwechselnd durch harte und weiche Gesteinsschichten eingeschnitten. Dadurch ergibt sich oftmals ein treppenförmiger Aufbau. Der berühmteste Canyon ist der ▶ Grand Canyon im Westen der USA.

Canyon im Westen Australiens

cash crop, landwirtschaftliches Anbauprodukt, das meist in Entwicklungsländern für den Verkauf (Export) bestimmt ist. Diese „Geldfrüchte" (cash crops) werden überwiegend in ▶ Plantagen angebaut und dienen nicht zur Selbstversorgung der Bauern. Beispiele für cash crops sind Erdnüsse, Kaffee, Kakao, Tee oder Baumwolle.

CDU (**C**hristlich-**D**emokratische **U**nion), konservative Volkspartei, die 1945 gegründet wurde mit dem Ziel, den Aufbau der Demokratie nach christlichen Ideen durchzusetzen. Die CDU war seit der ersten Bundestagswahl 1949 bis 1969 und von 1982 bis 1998 in der Regierungsverantwortung und stellte mit Konrad Adenauer (1949–1963), Ludwig Erhard (1963–1966), Kurt-Georg Kiesinger (1966–1969) und Helmut Kohl (1982–1998) den ▶ Bundeskanzler der Bundesrepublik Deutschland.

Cherusker, westgermanischer Stamm, der in der Römerzeit zwischen Weserbergland und Elbe lebte. Die Cherusker sollen unter Führung des Arminius (Hermann der Cherusker) im Jahre 9 n. Chr. im Teutoburger Wald drei römische ▶ Legionen unter Führung des Varus vernichtend geschlagen haben (▶ Germanen).

Christentum, die am weitesten verbreitete Religion auf der Welt. Das Christentum führt seine Glaubenslehre auf ▶ Jesus Christus zurück. Diese Lehre ist begründet in der ▶ Bibel. Heute ist das Christentum unterteilt in unterschiedliche Kirchen und Glaubensgemeinschaften. Die bekanntesten sind die römisch-katholische Kirche, die orthodoxen Kirchen und die protestantischen (evangelischen) Kirchen bzw. Glaubensgemeinschaften. Weltweit bekennen sich etwa 1,8 Mrd. Menschen zum Christentum.

Papst Johannes Paul II. mit dem georgischen Patriarchen der orthodoxen Kirche

City. Der Begriff kommt aus dem Englischen und bezeichnet das Gebiet einer Stadt mit eigener Verwaltung. Im englischen Sprachraum wird jede größere Stadt als City bezeichnet. Der Begriff City wird in unserem Sprachgebrauch für das innerstädtische Zentrum mit Dienstleistungsbetrieben, Einkaufs- und Freizeitmöglichkeiten, Behörden sowie kulturellen Einrichtungen verwendet.

CSU (**C**hristlich-**S**oziale **U**nion), konservative Volkspartei in ▶ Bayern, die 1945 gegründet wurde. Die CSU bekennt sich zum selben Programm wie die ▶ CDU und bildet mit ihr im ▶ Bundestag eine gemeinsame Fraktion (Vereinigung von Abgeordneten mit gleicher Parteizugehörigkeit). In Bayern ist die CSU seit Jahrzehnten die mit großem Abstand stärkste politische Kraft.

Fußgängerzone in der City

D

Dattelpalme, gehört seit dem 3. vorchristlichen Jahrtausend zu den Kulturpflanzen der arabisch-afrikanischen Trockenräume. Der Baum hat einen einzigen, unverzweigten Stamm, der bis zu 30 m hoch werden kann. Die 3–5 m langen gefiederten Blätter bilden einen üppigen Schopf, aus dem rispenartige Blütenstände heraustreiben. Die Wurzeln der Dattelpalme reichen bis zu 25 m in die Tiefe, sodass sie in Wasser führende Schichten gelangen können. Dattelpalmen sind im ▶ Stockwerkbau der Oasen als Schattenspender von besonderer Bedeutung. Außer der Dattelerzeugung gibt es noch eine Reihe anderer Nutzungsmöglichkeiten: Seil- und Besenherstellung, Flechtwerk für Dächer, Zäune und Körbe, Holz für den Hausbau, Viehfutter, Brennholz und Säcke.

Dattelpalmen

Datumsgrenze, international festgelegte Linie, die sich etwa mit dem 180 Längengrad deckt. Bei ihrer Überschreitung in westlicher Richtung wird das Datum um einen Tag vor, bei der Überschreitung in östlicher Richtung um einen Tag zurück gestellt.

Dauerfrostboden, das ganze Jahr über bis in große Tiefen gefrorener Boden, der nur im Sommer an der Oberfläche auftaut. Die gefrorenen Schichten stauen die Feuchtigkeit, sodass der Boden stark durchnässt ist. Gebiete mit Dauerfrostboden liegen vor allem in den subpolaren Regionen der Nordhalbkugel.

DDR (Deutsche Demokratische Republik), ▶ Exkurs (S. 41)

Delta, Flussmündung, die durch ständige Ablagerungen von Schwebstoffen in das Meer oder einen See hineinwächst. Durch Aufteilung des Flusslaufes in verschiedene Mündungsarme erhält ein Delta eine flache, meist dreieckige Form. Beispiele für Deltas sind die Flussmündung des ▶ Nils, des ▶ Amazonas, der Wolga oder der Donau.

Demokratie, ▶ Exkurs (S. 39)

Desertifikation, Vordringen der Wüste in Gebiete, die vom Menschen besiedelt und die durch Trockenheit besonders gefährdet sind. Von dieser Entwicklung betroffen sind besonders die Trocken- und ▶ Dornstrauchsavannen. Infolge des Bevölkerungszuwachses leben immer mehr Menschen in diesen Gebieten. Sie betreiben Ackerbau und Viehhaltung und nutzen die Bäume und Sträucher als Brennholz. Als Folge entsteht eine gelichtete Vegetationsdecke, die besonders gegen ▶ Erosion und Windabtragung anfällig ist. Das Vordringen der ▶ Sahara in der ▶ Sahelzone ist das bekannteste Beispiel.

D

Demokratie

Reichstag, Sitz des Deutschen Bundestages, mit neuer Kuppel

Merkmale der Demokratie
Der Name „Demokratie" entstammt der griechischen Sprache und bedeutet Volksherrschaft. Es ist eine Staats- und Regierungsform, in der die drei Forderungen der Französischen Revolution von 1789 Freiheit, Gleichheit und Brüderlichkeit verwirklicht werden sollen.

Eine Grundlage der Demokratie ist der ▶ Liberalismus, der die Freiheit der Menschen durch die Sicherung der Menschen- und Bürgerrechte garantiert. Weiterhin basiert die Demokratie auf der Selbstverwaltung, dem ▶ Rechtsstaat und der ▶ Gewaltenteilung, um einen Machtmissbrauch zu verhindern. Die Demokratie realisiert die Gleichheit der Menschen durch die Gleichheit vor dem Recht und die Brüderlichkeit durch den Sozialstaat.

Erste demokratische Ansätze
Zum ersten Mal verwirklichte das antike Griechenland um 500 v. Chr. die Demokratie. Alle Vollbürger nahmen an der Gesetzgebung teil. Eine gewählte, zum Teil ausgeloste Minderheit stellte die Regierung. Ausgeschlossen waren Frauen, Sklaven und Fremde.

Heutige Formen der Demokratie
Heutige Formen der Demokratie sind die ▶ parlamentarische Demokratie wie z. B. in der Bundesrepublik Deutschland und die präsidiale Demokratie wie z. B. in den Vereinigten Staaten von Amerika. Hier gibt es neben dem Parlament, das die Gesetzgebung ausübt, einen Präsidenten, der vom Volk auf fünf Jahre gewählt wird. Der Präsident repräsentiert den Staat und ist Inhaber der ausführenden Gewalt.

Marienburg, ehemaliger Sitz des Deutschen Ordens

Deutsche Demokratische Republik, ▶ Exkurs (S. 41)

Deutsch-Französischer Krieg (1870–1871), Krieg Frankreichs gegen Preußen und die süddeutschen Staaten. Nach dem deutschen Sieg bei Sedan ergab sich Kaiser Napoleon III. Im Frieden von Frankfurt musste das unterlegene Frankreich ▶ Elsass und Teile Lothringens an Deutschland abtreten und Kriegsentschädigung zahlen.

Deutscher Bund, Staatenbund, der auf dem Wiener Kongress 1815 als Gemeinschaft der souveränen deutschen Fürsten und Städte unter Einschluss von Österreich gegründet wurde. Die politisch wichtigste Einrichtung war der Bundestag in Frankfurt. 1866 erfolgte die Auflösung des Deutschen Bundes als Folge des Konfliktes zwischen ▶ Preußen und Österreich um die Vorherrschaft in Deutschland.

Deutscher Orden, wurde im Zeitalter der Kreuzzüge im Jahre 1190 als Bruderschaft zur Krankenpflege gegründet. 1198 wurde der Deutsche Orden Ritterorden. Er ließ sich in Preußen nieder und hatte seinen Sitz in der Marienburg (ab 1309). Der Deutsche Orden war an den Kreuzzügen gegen die Pruzzen beteiligt und eroberte bis 1283 Preußen. Heute konzentriert sich die Tätigkeit des Deutschen Ordens auf soziale Dienste.

Deutsches Reich, ▶ Exkurs (S. 42)

Diagramme, ▶ Exkurs (S. 43)

Dienstleistung, Leistung, die eine Person oder ein Unternehmen anbietet. Die Dienstleistung besteht nicht in der Erzeugung landwirtschaftlicher oder industrieller Waren, sondern dient meistens der Befriedigung menschlicher Bedürfnisse. Zu den Wirtschaftsbereichen, die Dienstleistungen erbringen, zählt man

Deutsche Demokratische Republik

Auf Anweisung der sowjetischen Besatzungsmacht entstand am 7. Oktober 1949 die Deutsche Demokratische Republik (DDR). Damit war nach dem Zweiten Weltkrieg ein zweiter deutscher Staat entstanden und die Teilung Deutschlands vollzogen. Die DDR verstand sich als erster sozialistischer Staat auf deutschem Boden.

Unterordnung unter die Sowjetunion
Die sowjetische Verwaltung ließ als Reparationsleistung für die angerichteten Schäden im Zweiten Weltkrieg ganze Betriebe demontieren und in die Sowjetunion transportieren. An den Hilfen des Marshallplanes durfte die DDR nicht teilnehmen. So waren ihre Ausgangsbedingungen wesentlich schwieriger als die der Bundesrepublik. Die DDR-Regierung ordnete sich vollständig der Führung der Sowjetunion unter und setzte den von ihr begonnen Weg der Verstaatlichung fort. 1950 wurde die DDR in den Rat für gegenseitige Wirtschaftshilfe (RGW) aufgenommen und 1955 wurde sie Mitglied im Warschauer Pakt, dem östlichen Militärbündnis.

Aufstand und Mauerbau
Als der Ministerrat der DDR die Arbeitsnormen erhöhte, kam es am 17. Juni 1953 zu Demonstrationen, Kundgebungen und Unruhen. Dieser Volksaufstand wurde mithilfe der Sowjetunion niedergeworfen. Obwohl die Grenzen zwischen der DDR und der Bundesrepublik scharf kontrolliert wurden, flohen viele Menschen in den Westen, besonders über Westberlin. Am 13. August 1961 riegelte die Regierung der DDR die Grenzen zwischen den Westsektoren und dem Ostsektor der Stadt mit Stacheldraht ab, errichtete in der Zeit danach eine Mauer und baute die innerdeutsche Grenze zu einem unüberwindlichen Hindernis aus.

Entspannung und Wiedervereinigung
Als das Verhältnis der Bundesrepublik sich 1970 durch die Ostverträge entspannte, bot Bundeskanzler Willy Brandt auch der DDR Verhandlungen an. 1972 kam es zum Abschluss des ▶ Grundlagenvertrages. Ende der 80er-Jahre forderten die Menschen in Osteuropa mehr Demokratie – ermuntert durch den Generalsekretär der Kommunistischen Partei der Sowjetunion Michail Gorbatschow, der in seinem Land tief greifende Veränderungen einleitete. Auch in der DDR gingen die Menschen auf die Straße und es gelang ihnen in einer friedlichen Revolution, die Teilung Deutschlands zu überwinden (▶ Wende). Am 3. 10. 1990 trat die DDR gemäß Artikel 23 des Grundgesetzes der Bundesrepublik Deutschland bei (▶ Einigungsvertrag, Wiedervereinigung).

Militärparade zum 40-jährigen Bestehen

Deutsches Reich

Deutsches Reich

Kaiserproklamation Wilhelm I. in Versailles 1871

Das Deutsche Reich bestand von 1871 bis 1945. Es wurde durch die Ausrufung des preußischen Königs Wilhelm I. zum deutschen Kaiser gegründet. Vorausgegangen war der Deutsch-Französische Krieg von 1870/71.

Deutsches Reich 1871 – 1918
Das Deutsche Reich war ein konstitutionell monarchischer Bundesstaat, in dem das Königreich Preußen aufgrund der Fläche und Bevölkerungszahl ein deutliches Übergewicht hatte. Staatsoberhaupt und militärischer Oberbefehlshaber war der deutsche Kaiser, in der Folge Friedrich III. und Wilhelm II. Er führte das Deutsche Reich, das sich in den Jahren bis zur Jahrhundertwende zu einem starken Industriestaat entwickelt hatte, 1914 in den ▶ Ersten Weltkrieg. Im Friedensvertrag von ▶ Versailles musste das Deutsche Reich große Teile des Staatsgebietes abgeben, so Elsass-Lothringen an Frankreich und alle Kolonien.

Weimarer Republik
Die Weimarer Nationalversammlung entschied sich 1919 für die Parlamentarische Republik auf dem Gebiet des Deutschen Reiches. Staatsoberhaupt war der Reichspräsident, erst Friedrich Ebert, dann Paul von Hindenburg. Die demokratische Entwicklung der Weimarer Republik konnte sich aber nie festigen und mündete 1933 in die Machtübertragung auf die Nationalsozialisten unter Adolf Hitler (▶ Nationalsozialismus).

Deutsches Reich 1933 – 1945
Hitler war zunächst Reichskanzler, dann nach dem Tod Paul von Hindenburgs auch Führer. Die Einzelstaaten wurden entmachtet und viele ihrer Zuständigkeiten auf das Deutsche Reich übertragen. Gleichschaltung, die Verfolgung der Gegner und die Errichtung von ▶ Konzentrationslagern ließen einen Unrechtsstaat auf dem Gebiet des Deutschen Reiches entstehen, das durch den Anschluss Österreichs 1938 zum Großdeutschen Reich wurde. 1939 begannen die Nationalsozialisten den ▶ Zweiten Weltkrieg mit dem Überfall auf Polen. Mit der Kapitulation der deutschen Wehrmacht 1945 endete auch das Deutsche Reich.

D

Diagramm

Ein Diagramm (Schaubild) ist die zeichnerische Darstellung von Zahlenwerten. Diagramme können Zahlenangaben veranschaulichen, Entwicklungen zeigen und Zusammenhänge darstellen. Im Vergleich zu den reinen Zahlenangaben ermöglichen Diagramme ein schnelles Erfassen des dargestellten Sachverhaltes. Am häufigsten werden folgende Diagrammformen benutzt:

Das Säulendiagramm
Es zählt zu den am meisten angewandten Veranschaulichungen. Das Säulendiagramm eignet sich besonders, wenn man absolute Zahlenwerte darstellen will. Die Höhen der Säulen ermöglichen einen guten Größenvergleich. Wird der Sachverhalt in einer Zeitreihe abgebildet, lassen sich Entwicklungen ablesen.

Das Kreisdiagramm
Es ist immer dann sinnvoll, wenn Anteile an einem Ganzen verdeutlicht werden sollen. Die Größe der Kreissegmente geben den prozentualen Anteil wieder. Der gesamte Kreis entspricht dabei 100 % oder 360 °. 1 % sind danach 3,6 °, 10 % entsprechend 36 % usw.

Das Streifendiagramm
Es wird ebenso wie das Kreisdiagramm zur Darstellung von Anteilen benutzt. Der „Streifen" von 10 cm Länge stellt das Ganze dar, entspricht also 100 %. Bei der Unterteilung des Streifens ist 1 mm Länge mit 1 % gleichgesetzt.

Das Kurvendiagramm
Es eignet sich besonders gut zur Darstellung von zeitlichen Entwicklungsreihen. Enthält das Diagramm mehrere Kurven, können Vergleiche gezogen werden. Kurvendiagramme ermöglichen durch einen geringeren Platzbedarf eine übersichtliche Darstellung auch größerer Datenmengen.

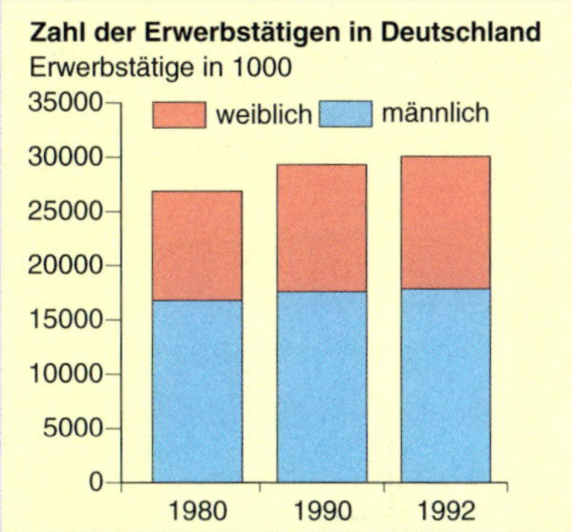

Säulendiagramm

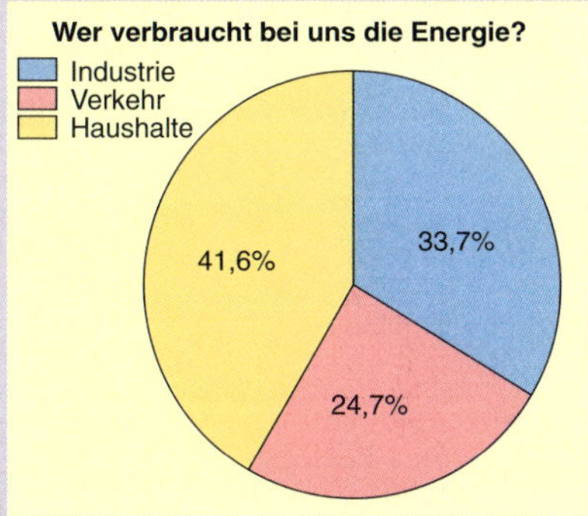

Kreisdiagramm

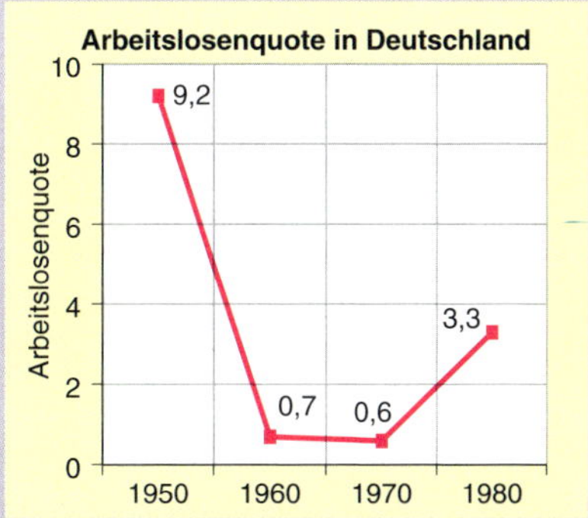

Kurvendiagramm

Dolinen im Karstgebiet

z. B. den Handel, die Banken und Versicherungen, das Gaststättengewerbe, das Transport- und Nachrichtenwesen, das Krankheitswesen und die Polizei. Der Dienstleistungsbereich ist nach dem Zweiten Weltkrieg immer bedeutender geworden.

Diktatur, unbeschränkte Herrschaft einer einzelnen Person, eines Diktators wie z. B. Adolf Hitler oder einer Gruppe wie z. B. Militärdiktaturen. Der Diktator hat weit reichende, alles umfassende Befugnisse.

Doline, trichter- oder kesselförmige Vertiefung an der Oberfläche eines Karstgebietes. Dolinen entstehen, wenn sich das Kalkgestein im Untergrund gelöst hat und die entstandenen Hohlräume einbrechen (▶ Karst).

Dominikaner, Predigerorden, der 1215 von Dominikus gegründet wurde. Der Orden verschreibt sich vor allem der Seelsorge, seine Mitglieder selbst geloben Armut. Bedeutende Theologen und Kirchenlehrer sind aus ihm hervorgegangen wie z. B. Albert der Große oder Thomas von Aquin. Im Jahr 1232 wurde den Dominikanern die Inquisition (gerichtliche Untersuchung) übertragen, im 16. Jahrhundert missionierten sie überwiegend in Amerika. Der Orden unterhält noch heute einige theologische Forschungsstätten.

Donaumonarchie, Bezeichnung für das an der Donau gelegene Kaiserreich ▶ Österreich-Ungarn im 19. und Anfang des 20. Jahrhunderts.

Dorier. Nach ihrer Einwanderung im 12. Jahrhundert v. Chr. ließen sich die Dorier im Südosten des Peloponnes sowie auf Kreta, Rhodos und einigen anderen Inseln im Ägäischen Meer nieder. Ebenso besiedelten sie einen Küstenteil im Süden Kleinasiens und im 8. bis 6. Jahrhundert v. Chr. auch den Süden Siziliens sowie Teile der Nordküste Afrikas. In Griechenland waren Sparta und Korinth die mächtigsten Stadtstaaten der Dorier.

Dornstrauchsavanne

Dornstrauchsavanne, Vegetations- und Landschaftstyp der wechselfeuchten ▶ tropischen Zone mit überwiegendem Bewuchs von Dornsträuchern in unterschiedlicher Größe und Dichte. Wegen des geringen Jahresniederschlags von 250 bis 500 mm und der langen Trockenzeit (7 bis 10 ▶ aride Monate) wachsen in der Dornstrauchsavanne nur wenige Bäume. Der Boden ist von einer spärlichen Grasschicht bedeckt, die nur in der Regenzeit grün ist.

Dreibund, geheimes Bündnis von 1882 zwischen Deutschland, ▶ Österreich-Ungarn und Italien hinsichtlich eines eventuellen Angriffs auf Italien oder Deutschland durch Frankreich.

Dreifelderwirtschaft. Im ▶ Mittelalter herrschte in Europa in der Landwirtschaft die Dreifelderwirtschaft vor. Die Felder einer Dorfgemarkung wurden in so genannte ▶ Gewanne aufgeteilt. Jeder Bauer eines Dorfes erhielt in jedem Gewann seinen Streifen Land. Ein Gewann trug Sommergetreide, das andere Wintergetreide, das dritte blieb brach liegen. Zur besseren Nutzung des Bodens wechselte die Bebauung von Jahr zu Jahr (▶ Allmende, Brache).

Dreikaiserbündnis, ein auf drei Jahre geltendes geheimes Neutralitätsabkommen von 1881 zwischen Deutschland,

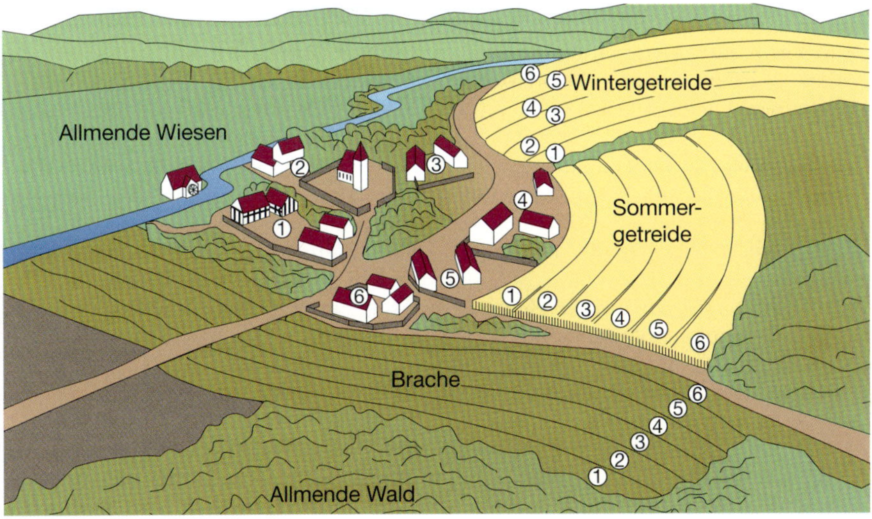

Dreifelderwirtschaft

Zerstörung Magdeburgs im Dreißigjährigen Krieg

▶ Österreich-Ungarn und Russland. Das Dreikaiserbündnis verlangte Neutralität für den Fall, dass einer der drei Bündnispartner von einer weiteren Macht angegriffen werden sollte (▶ Dreibund, Mittelmeerabkommen, Zweibund).

Dreißigjähriger Krieg, europäischer Krieg, der von 1618 bis 1648 dauerte und durch den ▶ Westfälischen Frieden beendet wurde (▶ Fenstersturz zu Prag).

Dritte Welt, umfasste ursprünglich alle Länder, die keinem politischen Block zugeordnet wurden – weder den westlichen demokratischen Ländern (Erste Welt), noch den kommunistischen Ländern (Zweite Welt). Da die meisten Länder der Dritten Welt durch wirtschaftliche Not und Unterentwicklung gekennzeichnet sind, wird heute überwiegend der Ausdruck ▶ „Entwicklungsländer" verwendet.

Dritter Stand, seit dem Mittelalter die Bezeichnung für die Schicht, die unterhalb des ▶ Adels und der Geistlichkeit angesiedelt war. Dem Dritten Stand gehörten sowohl Wohlhabende und Gebildete als auch einfache Bevölkerungsgruppen wie Handwerker, Bauern, Knechte und Mägde an. In der ▶ Französischen Revolution erkämpfte sich der Dritte Stand die Gleichstellung mit dem privilegierten Ersten und Zweiten Stand.

Drittes Reich, Bezeichnung für das ▶ Deutsche Reich unter der Herrschaft der Nationalsozialisten. Es begann mit der Machtergreifung ▶ Hitlers 1933 und dauerte bis zum Ende des ▶ Zweiten Weltkrieges.

E

Ebbe, Zeitraum, in dem der Wasserstand des Wattenmeers bis zum niedrigsten Stand (Niedrigwasser) sinkt (▶ Gezeiten).

EFTA, Abkürzung für **E**uropean **F**ree **T**rade **A**ssociation (Europäische Freihandelszone). Zusammenschluss von Staaten mit dem Ziel, den Freihandel zwischen den Mitgliedsländern und Drittländern zu fördern. Zur EFTA, die 1960 gegründet wurde, gehören heute die Mitgliedsländer Island, Liechtenstein, Norwegen und die Schweiz. Andere Staaten, die früher der EFTA angehörten, sind inzwischen der Europäischen Union (▶ EU) beigetreten. 1993 schlossen EFTA und EU einen Vertrag zur Gründung eines einheitlichen Wirtschaftsraumes (EWR), der die gegenseitige Gewährung von Handelsvorteilen vorsieht.

Einigungsvertrag, Vertrag zwischen der ▶ Bundesrepublik Deutschland und der ▶ Deutschen Demokratischen Republik. Nach diesem Abkommen trat die Deutsche Demokratische Republik nach Artikel 23 des Grundgesetzes am 3. Oktober 1990 der Bundesrepublik Deutschland bei. Die Vereinigung der beiden deutschen Staaten war vollzogen (▶ Wende, Wiedervereinigung).

Einwanderer, Menschen die aus unterschiedlichen Gründen ihren Wohnsitz aufgeben und sich in einem anderen Land niederlassen. Bedeutendes Beispiel dafür sind die jüdischen Einwanderer nach Palästina seit rund 100 Jahren, die mit der Gründung von Kibbuzim begann und nach dem ▶ Zweiten Weltkrieg zur Gründung des Staates ▶ Israel führte. Seit 1991 sind über 600 000 Einwanderer aus der ehemaligen ▶ Sowjetunion nach Israel gekommen.

Eisenbahn, ursprünglich mit Dampf angetriebenes Fahrzeug, das auf Schienen fährt. Heute werden die Eisenbahnen meistens elektrisch betrieben. Die

Erste Eisenbahnfahrt in Deutschland von Nürnberg nach Fürth 1835

erste Eisenbahnstrecke der Welt wurde 1825 in England eröffnet, in Deutschland fuhr die erste Eisenbahn 1835 zwischen Nürnberg und Fürth.

Eisenzeit nennt man die letzte Epoche der Vor- und Frühgeschichte. Sie begann etwa 800 v. Chr. in Mitteleuropa und war durch die Verwendung von Waffen und Werkzeugen aus Eisen geprägt. Das zur Herstellung erforderliche Eisenerz fand man entweder dicht unter der Erdoberfläche oder man baute es unter Tage ab. In Schmelzöfen wurde es geschmolzen und zu Speeren, Äxten, Messern und Schmuck weiterverarbeitet.

Eiszeit, ▶ Exkurs (S. 49)

Elsass-Lothringen, Gebiet am Oberrhein, das 1871 nach dem ▶ Deutsch-Französischen Krieg von Frankreich an Deutschland abgetreten werden musste. Nach dem Ersten Weltkrieg erhielt Frankreich Elsass-Lothringen gemäß den Bestimmungen des Vertrags von ▶ Versailles zurück. Während des Zweiten Weltkriegs wurde das Gebiet von deutschen Truppen besetzt und unter deutsche Verwaltung gestellt. Seit 1945 ist Elsass-Lothringen wieder Teil des französischen Staates.

Emission, darunter versteht man die Abgabe von festen, flüssigen oder gasförmigen Stoffen, die die Luft und die Umwelt verunreinigen. Solche Schadstoffe können z. B. Staub, Kohlenmonoxid oder Schwefeldioxid sein. Sie werden vor allem durch die Industrie und den Verkehr verursacht. Die Schadstoffe können zu Atemwegserkrankungen oder Allergien führen und sind auch für das ▶ Waldsterben mitverantwortlich.

endogen, in der Geografie Vorgänge und Prozesse, die im Erdinneren stattfinden. Auf endogene Prozesse sind z. B. ▶ Erdbeben, Vulkanausbrüche (▶ Vulkanismus) oder die Gebirgsbildung zurückzuführen. Der Gegensatz zu endogen ist ▶ exogen.

Energieträger, im engeren Sinn Rohstoffe, die meist durch Verbrennungsvorgänge in Energie umgewandelt werden können. Wichtigste Energieträger sind derzeit Kohle, ▶ Erdöl, ▶ Erdgas und Uran. Im weiteren Sinne werden auch Wasser, Wind (▶ Windenergie), ▶ Erdwärme und die Strahlung der Sonne sowie ▶ Biomasse zu den Energieträgern gezählt (▶ alternative Energie).

Entente cordiale (französisch: herzliches Einvernehmen), Verständigung im Jahr 1904 zwischen Großbritannien und Frankreich über koloniale Interessensgebiete in Nordafrika (Ägypten, Marokko). Die Entente führte später zu einem Militärbündnis zwischen den beiden Staaten. Ab 1907 wurde die Entente erweitert: Russland und Großbritannien verständigten sich über konkurrierende Kolonialansprüche in Afghanistan und Persien; Russland trat der Entente (▶ Tripelentente) bei.

Umweltbelastung durch Luftverunreinigungen

E

Eiszeit

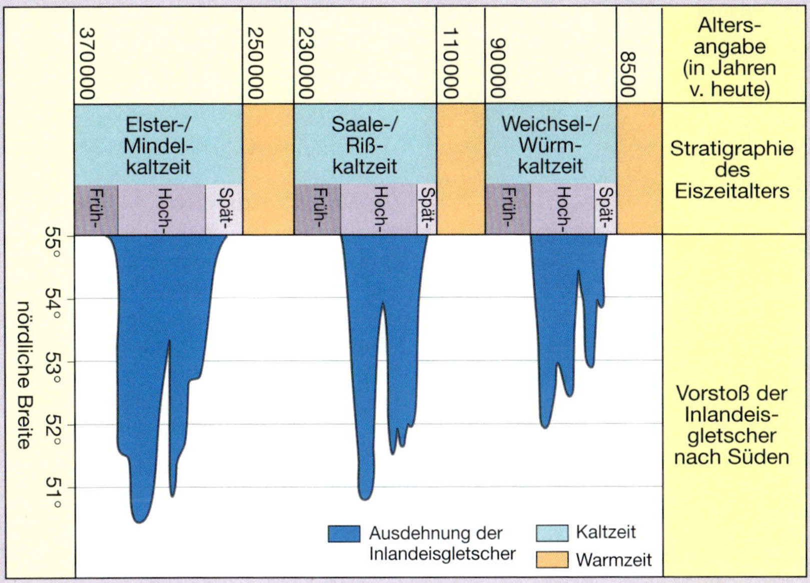

Kaltzeiten (Eiszeiten) und Warmzeiten

Eiszeiten nennt man einen Zeitraum der Erdgeschichte, der durch eine mehrfache Abfolge von Warm- und Eiszeiten geprägt ist.

Merkmale einer Eiszeit
Eine Eiszeit entstand durch eine starke Temperaturverminderung und eine nachhaltige Klimaverschlechterung, sodass sich das Eis weiter ausbreiten konnte. Dies geschah vor allem in den höheren Breiten und in den Hochgebirgen. Hier dehnte sich die Vereisung von den Polen in Richtung Äquator aus oder talwärts in den Gebirgen. Teilweise drangen die Inlandeismassen bis in mittlere Breiten vor. Auf den Meeren schob sich die Packeis- und Treibeisgrenze äquatorwärts vor. Der Meeresspiegel sank, weil ein großer Teil der Niederschläge in den Eismassen gebunden war.

Eiszeiten erhalten Namen
Während der letzten 750 000 Jahre fand ein mehrmaliger Wechsel von Eiszeiten und Warmzeiten statt. Sie erhielten im Alpenvorland die Namen von Nebenflüssen der Donau, im nördlichen Mitteleuropa die Namen von Ostseezuflüssen. Während der Eiszeiten wurden vom Gletschereis und von den Schmelzwässern verschiedene Oberflächenformen geschaffen, die unter dem Begriff ▶ glaziale Serie erklärt werden.

Die Warmzeiten, auch Interglaziale genannt, sind gekennzeichnet durch den Rückgang des Eises, dem damit verbundenen Anstieg des Meeresspiegels, dem Auftreten Wärme liebender Pflanzen und Tiere und dem Beginn einer ausgeprägten Bodenbildung.

Überprüfung der NS-Vergangenheit

Entnazifizierung, gesetzliche Maßnahmen der Siegermächte nach 1945 in Deutschland mit dem Ziel, Anhänger des ▶ Nationalsozialismus zu entdecken und aus dem politischen Leben zu entfernen. Dazu musste jeder Deutsche einen Fragebogen ausfüllen, in dem vor allem nach der Mitgliedschaft in der ▶ NSDAP und anderen Organisationen wie der ▶ SS und der ▶ SA gefragt wurde.

Entsorgung, Beseitigung von Abfällen und Abwässern. Müll wird auf ausgewiesenen Deponien gelagert und zum Teil in Müllverbrennungsanlagen verbrannt. Abwässer gelangen über Rohrleitungen in Kläranlagen, werden dort aufbereitet, gereinigt und wieder in Flüsse geleitet.

Entwicklungshilfe beschreibt die Hilfe, die den ▶ Entwicklungsländern zukommt. Sie kann finanzieller, materieller oder personeller Art sein. Damit soll die Rückständigkeit der Entwicklungsländer im Vergleich mit hoch entwickelten Industrieländern vor allem auf den Gebieten Wirtschaft, Infrastruktur, Bildung und Medizin überwunden werden. Die Industrieländer haben sich verpflichtet, 0,7 % ihres ▶ Bruttosozialprodukts als Entwicklungshilfe bereitzustellen. In der Bundesrepublik koordiniert das „Bundesministerium für wirtschaftliche Zusammenarbeit und Entwicklung“ die Entwicklungshilfe.

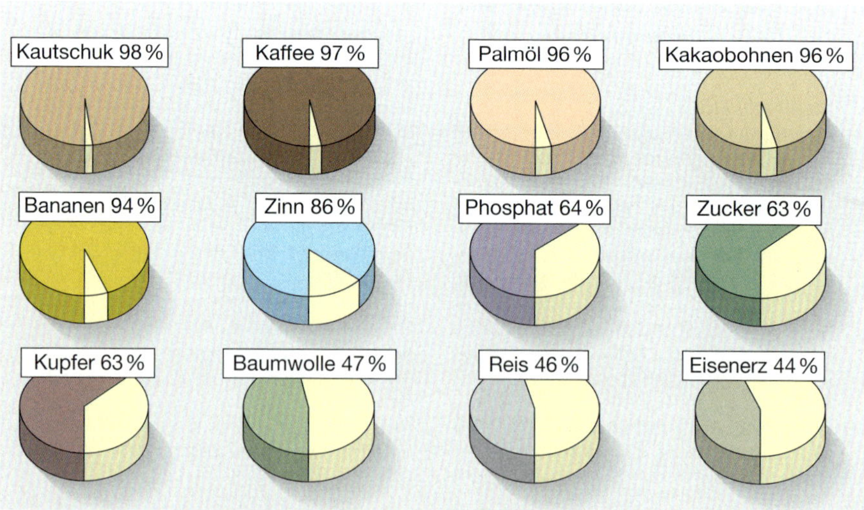

Anteil der Entwicklungsländer am Export ausgewählter Rohstoffe

Entwicklungsländer sind nach einer Definition der ▶ UNO alle Länder, deren Pro-Kopf-Einkommen unter 500 US-Dollar pro Jahr liegt. Als weitere Maßstäbe dienen das Sozialprodukt und die wirtschaftliche Leistungsfähigkeit. Für viele Entwicklungsländer ist ein hohes Bevölkerungswachstum, ein hoher Prozentsatz an Analphabeten, ein niedriger Lebensstandard und eine mangelhafte Infrastruktur charakteristisch. Sie besitzen teilweise bedeutende Rohstoffvorkommen, aber kaum Möglichkeiten der Rohstoffverarbeitung. Die meisten Entwicklungsländer liegen in den Tropen und Subtropen, viele waren in der Vergangenheit Kolonien europäischer Mächte.

Erdachse, eine gedachte Linie durch die Mitte der Erde vom Nord- zum Südpol. Die Länge der Erdachse beträgt rund 12713 km. Vom Nordpol aus gesehen dreht sich die Erde von Westen nach Osten um die Erdachse (▶ Rotation). Dabei ist sie um 23,5° gegenüber der Senkrechten (Erdbahnebene) geneigt. Die Neigungsrichtung bleibt stets gleich.

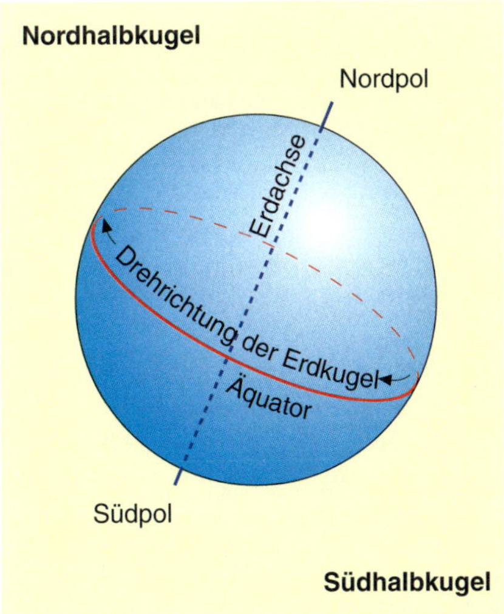

Erdachse

Epizentrum, die Stelle an der Erdoberfläche, die senkrecht über einem Erdbebenherd liegt. Im Epizentrum werden die stärksten Erschütterungen bei einem Erdbeben gemessen.

Erdaufbau, ▶ Exkurs (S. 53)

Erdbeben sind natürliche Erschütterungen der Erdkruste und des oberen Erdmantels (▶ Erdaufbau). Sie werden durch die Bewegung der Erdplatten verursacht (▶ Plattentektonik). In bestimmten Gebieten der Erde reiben oder verhaken sich die Platten dabei an den Rändern. Es entstehen ungeheuere Spannungen. Werden diese zu groß, kommt es zu ruckartigen Verschiebungen: Die Erde bebt. Oft dauern die Erschütterungen nur wenige Sekunden. In bewohnten Gebieten sind die Folgen oft verheerend, wenn z. B. Bauwerke einstürzen. Erdbeben können aber auch Erdrutsche und Schlammfluten auslösen oder Spalten, Risse und Senkungen in der Erdoberfläche verursachen (▶ Tsunami).

Erde, von der Sonne aus gesehen der dritte Planet des ▶ Sonnensystems. Die Erde hat eine kugelähnliche Gestalt, sie ist jedoch keine vollkommen ebenmäßige Kugel. Durch die Drehung der Erde um die eigene Achse (▶ Rotation) wirken Fliehkräfte auf die Erde ein. Sie führen zu einer Auswulstung der Erde am Äquator und einer Abplattung an den Polen. Daher ist der Durchmesser am Äquator mit 12756 km ca. 43 km länger als zwischen den Polen (▶ Erdachse).

Erdgas, brennbares Gemisch aus verschiedenen Gasen (u. a. Propan und Butan). Erdgas hat für die Energieversorgung eine ständig steigende Bedeutung. Es entsteht unter den gleichen Voraussetzungen wie ▶ Erdöl und wird sehr häufig mit diesem zusammen gefunden.

Erdwärme bezeichnet die Temperatur der Erde. Sie nimmt mit der Tiefe der Erdkruste durchschnittlich um etwa 3 °C pro 100 m zu. In vulkanischen Gebieten oder in Gebieten, die eine Schwächezone in der Erdkruste aufweisen, ist der Temperaturanstieg jedoch höher. Heiße Quellen und Geysire, die kochend heißes Wasser in regelmäßigen Abständen als große Fontänen mit hohem Druck emporspringen lassen, sind die Folgen. Durch Dampf- oder Heißwasserkraftwerke kann man die Erdwärme an solchen Stellen nutzbar machen.

Geothermalkraftwerk Svartsengi (Island)

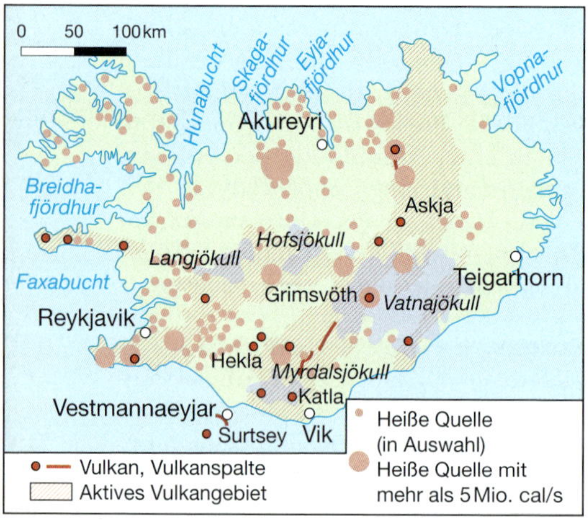

Heiße Quellen und Vulkane auf Island

Erdöl, dünn- bis dickflüssiger ▶ Rohstoff, der eine bedeutende Rolle in der Weltwirtschaft spielt. Erdöl ist Ausgangsprodukt für die Herstellung von Benzin und zahlreicher Kunststoffe und weltweit der wichtigste Energieträger. Die größten Erdölförderländer sind Saudi-Arabien, die USA und Russland.

Erdzeitalter, Entwicklungsabschnitte in der Erdgeschichte, die aufgrund von Mineral- und Gesteinslagerstätten, Gesteinsbildungen und der Entwicklung der Pflanzen und Tiere festgelegt werden. Die ▶ Geologie hat die Erdgeschichte in vier große Abschnitte eingeteilt:

1. Erdfrühzeit (Präkambrium), (vor 4,5 Mrd. – 570 Mio. Jahren)
2. Erdaltertum (Paläozoikum), (vor 570 Mio. – 225 Mio. Jahren)
3. Erdmittelalter (Mesozoikum), (vor 225 Mio. – 65 Mio. Jahren)
4. Erdneuzeit (Neozoikum oder Känozoikum), (vor 65 Mio. Jahren – heute).

Diese Zeitalter der Erde gliedern sich weiter in Systeme und Abteilungen.

Ermächtigungsgesetz, Gesetz vom 23. März 1933, das die Regierung ermächtigte, anstelle des Parlaments Gesetze zu beschließen. Durch die Ausschaltung des Parlaments war die ▶ Gewaltenteilung aufgehoben und die unbeschränkte Herrschaft ▶ Hitlers möglich. Das Ermächtigungsgesetz wurde vom ▶ Reichstag mit Zweidrittelmehrheit angenommen, nur die ▶ SPD stimmte dagegen.

Erosion, Abtragung und Transport von Gestein und Boden durch fließendes Wasser oder Wind. Wirkt die Erosion in die Tiefe, wird von Tiefenerosion, wirkt sie in die Breite, von Seitenerosion gesprochen. Verlegt ein Fluss bei seiner Tiefenerosion sein Bett immer mehr flussaufwärts, wird dieser Vorgang als rückschreitende Erosion bezeichnet.

Erdaufbau

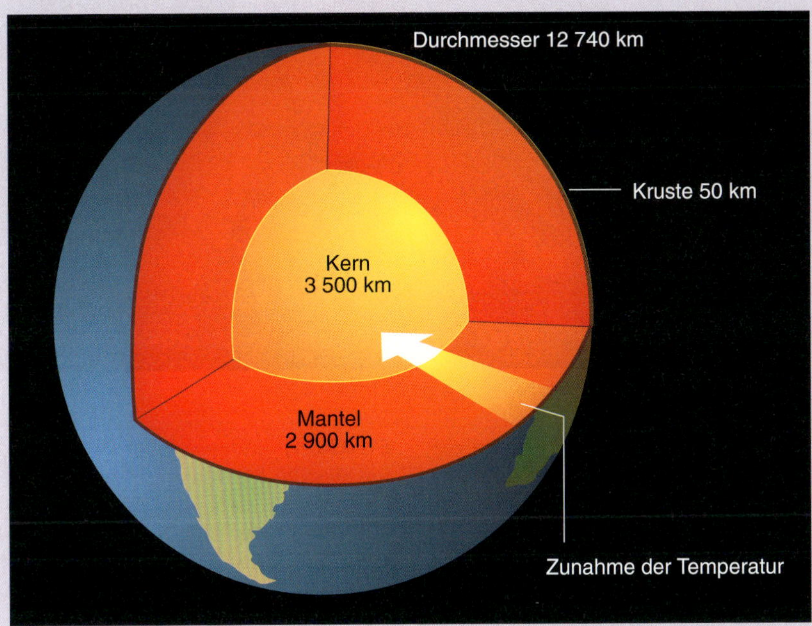

Schalenaufbau der Erde

Messungen von Erdbebenwellen haben ergeben, dass sich beim Aufbau der Erde vier Schichten deutlich voneinander unterscheiden lassen. Dies sind im Einzelnen:

Erdkruste
Sie ist die verhältnismäßig dünne, aber feste äußere Schicht der Erde. Die Erdkruste ist unterschiedlich dick. Unter den Ozeanen sind es 6 bis 10 km, unter dem Himalaja 90 km. Im Durchschnitt beträgt die Dicke unter den Kontinenten etwa 50 km.

Erdmantel
Unter der Erdkruste befindet sich der Erdmantel, der bis in eine Tiefe von 2900 km reicht. Im obersten Teil, dem Oberen Erdmantel, liegen die Temperaturen bei 800 bis 1000 °C und damit nahe am Schmelzpunkt des Gesteins. Teilweise ist es auch bereits geschmolzen, sodass das Material sehr langsam fließen kann. Die Erdkruste „schwimmt" gleichsam auf dieser Schicht. Mit zunehmender Tiefe steigen die Temperaturen im Erdmantel auf 2000 bis 3000 °C an.

Äußerer Erdkern
An den Erdmantel schließt sich der Äußere Erdkern an, der bis in eine Tiefe von 5100 km reicht. Bei Temperaturen von schätzungsweise 3800 bis 5000 °C ist das Material in dieser Schicht zähflüssig.

Innerer Erdkern
Im Inneren Erdkern erreichen die Temperaturen 6000 °C. Er ist dennoch fest, da auf ihm extrem hoher Druck lastet.

Durch Erosion geprägte Lösslandschaft in China

Wenn die schützende Pflanzendecke zerstört ist, ist der Boden besonders erosionsanfällig und die fruchtbaren oberen Bodenschichten gehen durch Auswaschung oder Ausblasung verloren. Man schätzt, dass weltweit pro Jahr 0,7 % (25 Mrd. Tonnen) des Bodens abgetragen wird.

Erster Weltkrieg, ▶ Exkurs (S. 55)

Erststimme. Sie entscheidet bei der Landtags- oder Bundestagswahl, welcher Kandidat einen Wahlkreis im Parlament vertritt. Gewählt ist der Kandidat, der die meisten Stimmen erhält (relative ▶ Mehrheitswahl).

Erz, Gesteine, aus denen Metalle oder Metallverbindungen hergestellt werden können.

Erzherzog. Diesen Adelstitel führten seit dem Jahr 1453 die Herzöge der Steiermark, Kärntens und Krams sowie ab 1475 auch Sigismund von Tirol. Später wurde der Titel „Erzherzog" von allen Mitgliedern des Hauses Habsburg benutzt (▶ Habsburger).

Etrusker, südeuropäisches Volk, das seit dem 8. Jahrhundert v. Chr. in Etrurien (Mittelitalien) lebte und sich später über fast ganz Italien ausbreitete. Die Etrusker bildeten Stadtstaaten und beherrschten zusammen mit ▶ Karthago weite Teile des Mittelmeerraumes, wo sie regen Handel trieben. Im 6. und 5. Jahrhundert v. Chr. verloren sie jedoch immer mehr Macht, während das ▶ Römische Reich seine Vorherrschaft ausbreitete.

Eurasien lautet die Bezeichnung der beiden Kontinente Europa und Asien. Eurasien bildet mit etwa 54 Mio. km² die größte zusammenhängende Landfläche der Erde.

EURATOM, Bezeichnung der „Europäischen Atomgemeinschaft". Die gemeinsame Politik der sechs Gründungsmitglieder der Europäischen Wirtschaftsgemeinschaft (▶ EWG) wurde mit der Gründung der Europäischen Atomgemeinschaft auf die Atompolitik ausgeweitet. Dies geschah zeitgleich mit der Gründung der EWG 1957 (▶ Europäische Union).

E

Erster Weltkrieg

Vorgeschichte und Anlass
Internationale Krisen, Nationalismus und Wettrüsten markierten die Vorkriegszeit: Deutschland und Österreich-Ungarn fühlten sich eingekreist. Frankreich suchte Revanche für die Niederlage von 1871, Russland mehr Einfluss auf dem Balkan. Der Kriegsanlass war die Ermordung des österreichischen Thronfolgers am 28. 6. 1914 durch serbische Verschwörer.

Verlauf und Merkmale
Nach unterschiedlichen Kriegserklärungen stand Deutschland im August 1914 in einem Zweifrontenkrieg. In vielen europäischen Städten wurde der Kriegsbeginn in der Hoffnung auf ein rasches erfolgreiches Ende bejubelt. Doch zeigte sich schnell, dass der Krieg sich noch lange hinziehen sollte. Der Einsatz modernster Kriegstechnik (Materialschlachten) kostete viele Tote.

Gleich zu Kriegsbeginn verletzte der deutsche Generalstab die belgische Neutralität, um einen aussichtslosen Frontalangriff gegen französische Linien zu vermeiden. Im Westen verfestigten sich die Fronten zu einem Stellungskrieg (▶ Verdun), auch im Osten konnte keine Entscheidung erzwungen werden. Stattdessen weitete sich der Krieg aus. Eine englische Seeblockade beeinträchtigte die deutsche Rohstoff- und Lebensmittelversorgung, worunter besonders die Zivilbevölkerung litt.

Entscheidungsjahr 1917
Nachdem Deutschland auf die Seeblockade mit uneingeschränktem U-Boot-Krieg reagiert hatte, traten im April 1917 die USA in den Krieg ein. Damit war die Niederlage für die Mittelmächte im Westen besiegelt. – In Russland wurden als Folge sozialer Spannungen und wegen militärischer Misserfolge in einer „Februarrevolution" Regierung und Zar abgesetzt. Die spätere erfolgreiche „Oktoberrevolution" brachte nicht nur die Bolschewisten an die Macht, sondern führte auch im März 1918 zum Siegfrieden von Brest-Litowsk.

Soldaten auf dem Weg zur Front 1914

Kriegsende
In Deutschland blieben 1918 Forderungen nach demokratischen Reformen unerfüllt, Kriegsmüdigkeit und Unzufriedenheit wuchsen. Als die Niederlage unabwendbar war, bot die deutsche Oberste Heeresleitung einen Waffenstillstand an. Es kam zu einer Umsturzbewegung, die am 9. 11. 1918 zur Abdankung Kaiser Wilhelms II. und der deutschen Fürsten führte. Zwei Tage später wurde der Waffenstillstand unterzeichnet. Im Vertrag von ▶ Versailles mussten Deutschland und seine Verbündeten 1919 die Kriegsschuld anerkennen.

Euro-Banknoten

EURO, gemeinsame europäische Währung ab dem Jahr 2002. Der Euro ist Zahlungsmittel in Belgien, Dänemark, Deutschland, Finnland, Frankreich, Irland Italien, Luxemburg, Niederlande, Östereich, Portugal und Spanien.

Europa, mit 10 Mio. km^2 der zweitkleinste Kontinent. Europa liegt auf der Nordhalbkugel und bildet zusammen mit Asien eine Landfläche (▶ Eurasien). Als natürliche Grenze zwischen beiden Kontinenten hat man das Uralgebirge festgelegt. Im Norden wird Europa vom Europäischen Nordmeer und der Barentssee, im Westen vom Atlantischen Ozean und im Süden vom Mittelmeer begrenzt. Der relativ kleine Kontinent bietet eine Vielzahl von Landschaftsformen und Klimazonen. Hier leben über 700 Mio. Einwohner, die mehr als 60 verschieden Sprachen sprechen.

Europäische Gemeinschaft (EG), ist der Vorläufer der ▶ EU. Die EG entstand 1967 durch die Zusammenlegung der „Europäischen Gemeinschaft für Kohle" und Stahl (EGKS), der „Europäischen Atomgemeinschaft" (▶ EURATOM) und der „Europäischen Wirtschaftsgemeinschaft" (▶ EWG). 1993 ging die EG in der EU auf.

Europäische Kommission, ausführendes Organ der ▶ EU. Sie hat ihren Sitz in Brüssel und besteht aus 20 Mitgliedern (Kommissaren), die von den nationalen Regierungen vorgeschlagenen werden und vom Europäischen Parlament bestätigt werden müssen. Die Kommission, der ein Präsident vorsteht, sorgt für die Umsetzung der Grundsatzbeschlüsse des ▶ Europäischen Rates und ist das eigentliche Machtzentrum der ▶ EU.

EU (Europäische Union), ▶ Exkurs (S. 58/59)

Europäischer Gerichtshof, oberstes Gericht der ▶ EU mit Sitz in Luxemburg. Der Europäische Gerichtshof entscheidet bei Streitigkeiten zwischen Mitgliedsstaaten. Es wacht darüber hinaus über die Einhaltung der Bestimmungen der EU in den Mitgliedsstaaten.

Europäischer Rat, besteht aus den Staats- und Regierungschefs der Mitgliedsstaaten und dem Präsidenten der ▶ Europäischen Kommission. Hier werden die Grundsatzentscheidungen der Politik der ▶ EU getroffen.

Europäisches Parlament, Volksvertretung der ▶ EU. Die 626 Abgeordnete (jedem Land stehen nach einem bestimmten Schlüssel eine bestimmte Zahl von Abgeordneten zu) werden alle fünf Jahre direkt in den Mitgliedsländern gewählt. Die Rechte des Europäischen Parlaments sind jedoch noch nicht so weitgehend ausgelegt wie die eines nationalen Parlaments, z.B. des ▶ Bundestages. Sitz des Europäischen Parlaments ist Straßburg.

Europawahl, Bezeichnung für Wahlen zum ▶ Europäischen Parlament.

Eurotunnel, unterirdische Verbindung für Personen- und Autozüge unter dem Ärmelkanal. Der Eurotunnel wurde 1994 eröffnet und verbindet Großbritannien mit dem europäischen Festland durch zwei 50 km lange Röhren. Ein Hochgeschwindigkeitszug von London nach Paris benötigt dank des Eurotunnels nur noch drei Stunden Fahrtzeit.

EWG (Europäische Wirtschaftsgemeinschaft), Wirtschaftsverbund, der 1957 durch die so genannten Römischen Verträge von Belgien, der Bundesrepublik Deutschland, Frankreich, Italien, Luxemburg und den Niederlanden beschlossen wurde. Ziel war die Verschmelzung der Volkswirtschaften. Dies sollte z.B. durch den Abbau von Zöllen oder durch eine gemeinsame Handelspolitik erreicht werden. Die EWG ging 1967 in der ▶ EG auf.

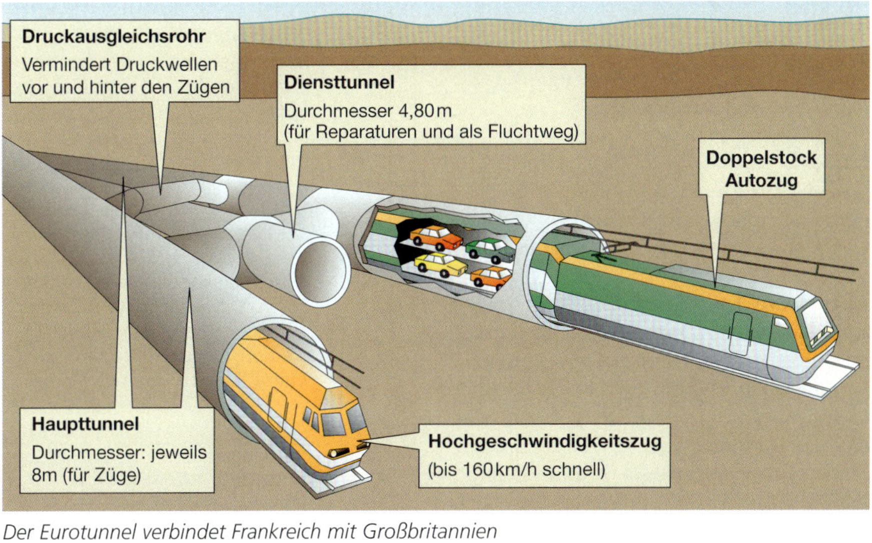

Der Eurotunnel verbindet Frankreich mit Großbritannien

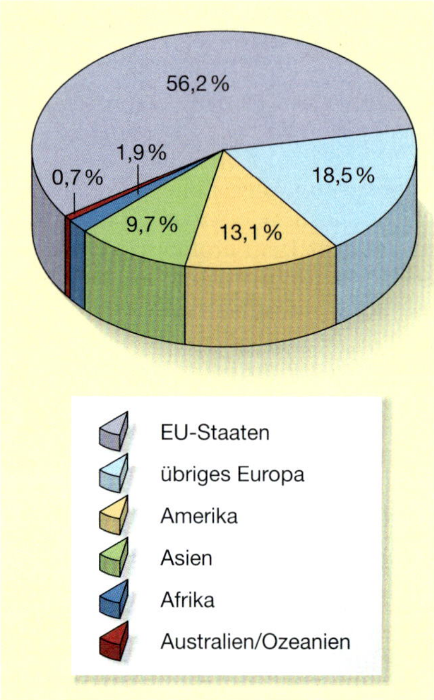

Exporte Deutschlands 1998

exogen, in der Geografie Vorgänge und Prozesse, die von außen auf die Erdoberfläche einwirken. Zu ihnen zählen beispielsweise die Verwitterung, die Abtragung, die Arbeit der Flüsse, der Gletscher und des Windes. Der Gegensatz zu exogen ist ▶ endogen.

Export, Ausfuhr von Wirtschaftsgütern ins Ausland. Der Export umfasst alle Waren, ▶ Dienstleistungen und ▶ Rohstoffe, die ins Ausland geliefert werden.

extensive Landwirtschaft, landwirtschaftliche Betriebsform mit personell geringem Arbeitseinsatz. Auf technische Geräte sowie Dünge- und Schädlingsbekämpfungsmittel wird weitgehend verzichtet. Dadurch wird auf einer großen Fläche nur ein geringer ▶ Bodenertrag erzielt (extensive ▶ Weidewirtschaft, Wanderfeldbau, Hackbauern, Ranch).

Europäische Union

1951	Gründung der EGKS (Europäische Gemeinschaft für Kohle und Stahl)
1957	Gründung der ▶ EWG (Europäische Wirtschaftsgemeinschaft) und der ▶ EURATOM. durch die Länder Frankreich, Italien Deutschland, Belgien Niederlande, Luxemburg
1967	Fusion der drei Gemeinschaften EGKS, EWG und EURATOM zur ▶ EG
1973	Dänemark, Irland und Großbritannien werden Mitglieder der EG
1979	Erste Direktwahl zum ▶ Europäischen Parlament
1981	Griechenland wird Mitglied der EG.
1986	Spanien und Portugal werden Mitglieder der EG.
1990	Wiedervereinigung Deutschlands; Integration der neuen Bundesländer auf europäischer Ebene
1993	Gründung der EU
1995	Österreich, Schweden und Finnland werden Mitglieder der EU.
1999	Beitrittsgesuche zur EU durch Polen, Estland, Lettland, Litauen, Tschechien, Slowakien, Slowenien, Ungarn, Rumänien, Malta, Zypern und der Türkei

Entwicklung zur Europäischen Union

Die EU ist ein wirtschaftlicher und politischer Zusammenschluss von 15 europäischen Staaten. Auf dem 3,2 Mio. km^2 großen Gebiet der EU leben 375 Mio. Menschen. Mit der Gründung der europäischen Organisationen im Jahre 1957 begann eine immer enger werdende wirtschaftliche und politische Zusammenarbeit in den Mitgliedsstaaten. Das Leitziel ist, die EU zu einer politischen Union weiterzuentwickeln. Auch für die Zukunft ist mit einer Erweiterung der EU zu rechnen.

F

Faltengebirge, Gebirge, die durch Erdkrustenbewegungen aufgefaltet worden sind. Mit dem Begriff werden die im Tertiär (vor 65 Mio. Jahren bis vor 1,8 Mio. Jahren) entstandenen Großstrukturen der ▶ alpidischen Faltung gekennzeichnet.

Familie umschreibt die Lebensgemeinschaft, die aus den Eltern und ihren Kindern besteht. Die Bedeutung der Familie liegt im traditionellen Sinne in der Vermittlung von Werten und Normen an die Kinder. In der Familie steht die Erziehung der Kinder im Vordergrund, vor allem in der frühen Kindheit. Für die gesamte Persönlichkeitsentwicklung des Kindes ist das Zusammenleben in der Familie von entscheidender Bedeutung. Neben der traditionellen Familie existieren heute noch andere Formen von Familien wie z. B. allein erziehende Mütter und Väter.

Prager Fenstersturz 1618

Farm (englisch: landwirtschaftlicher Betrieb). Der Begriff wurde früher für große Betriebe mit ▶ Monokulturen in Nordamerika verwendet. Heute versteht man darunter auch landwirtschaftliche Betriebe mit riesigen Rinder-, Schweine- und Geflügelbeständen.

Faschismus, politische Bewegung, die 1922 durch Mussolini in Italien entstand. Mussolini gelangte durch den so genannten „Marsch auf Rom“ an die Macht. Er verbot alle anderen Parteien, bekämpfte den ▶ Kommunismus und ▶ Sozialismus und baute einen totalitären Staat auf, der die ganze Gesellschaft erfasste und kontrollierte. Die Staatsgewalt lag bei dem Führer. Heute bezeichnet Faschismus alle rechtsradikalen, autoritären politischen Bewegungen (▶ Nationalsozialismus).

FDJ (**F**reie **D**eutsche **J**ugend), Jugendorganisation in der ▶ DDR. Sie wurde 1946 auf Initiative der ▶ SED mit dem Ziel gegründet, die Jugend im Sinne des ▶ Kommunismus zu erziehen.

F.D.P. (**F**reie **D**emokratische **P**artei). Sie wurde 1948 als Zusammenschluss liberaler Parteien Westdeutschlands und Westberlins gegründet. Erster Vorsitzender war der spätere Bundespräsident Theodor Heuss. Trotz geringer Wähleranteile übernahm sie durch wechselnde ▶ Koalitionen immer wieder Regierungsverantwortung.

Fenstersturz (zu Prag). Dieses Ereignis bildete das Signal für den protestantischen Aufstand in Böhmen und führte in den 30-jährigen Krieg (1618–1648). Abgesandte eines böhmischen Protestantentages wollten auf der Prager Burg ein Protestschreiben überreichen. Im Rahmen dieser Aktion stürzten radikale böhmische Adlige zwei kaiserliche Statthalter und ihren Sekretär aus dem Fenster.

Feuchtsavanne

Fernsehen gehört neben der ▶ Presse und dem Rundfunk zu den ▶ Massenmedien. Es gibt in der Bundesrepublik öffentlich-rechtliche und private Fernsehanstalten. Zu den öffentlich-rechtlichen Anstalten gehören die ARD und das ZDF. Hier haben gesellschaftliche Gruppen wie z. B. die Parteien, die Kirchen oder die Gewerkschaften die Möglichkeit, auf das Programm Einfluss zu nehmen. Die öffentlich-rechtlichen Fernsehanstalten finanzieren ihre Kosten überwiegend aus Gebühren. Seit Mitte der 80er-Jahre gibt es das private Fernsehen. Private Sender können über Kabelanschluss oder Satelliten empfangen werden und finanzieren sich größtenteils aus Werbeeinnahmen.

Ferntourismus bezeichnet Urlaub, den Deutsche außerhalb Europas verbringen. Die Zahl der Ferntouristen hat sich seit 1950 mehr als verzehnfacht. Die Einnahmen durch den Ferntourismus sind in diesem Zeitraum auf das 40fache gestiegen, wobei er in einigen Ländern der ▶ Dritten Welt zu einer wichtigen Einnahmequelle wurde. Beliebte Länder des Ferntourismus liegen in Südostasien, der Karibik und in einigen Gebieten Afrikas.

Feuchtsavanne, Vegetations- und Landschaftstyp der wechselfeuchten tropischen Zone mit 2 bis 5 ▶ ariden Monaten und 7 bis 12 ▶ humiden Monaten. Das Landschaftsbild der Feuchtsavanne kann neben Grasflächen auch durch Wälder mit 10 m bis 20 m hohen Bäumen bestimmt sein.

Feudalismus (lateinisch: Lehen), andere Bezeichnung für die mittelalterliche Lehensordnung (▶ Lehen, Lehenswesen).

Finca nennt man in Spanien ein Grundstück oder einen Bauernhof, in Südamerika einen großen ländlichen Besitz, in Mittelamerika auch kleinere Pflanzbetriebe.

Fixsterne sind Sterne, die ihre Stellung am Firmament, dem sichtbaren Himmel, scheinbar nicht verändern. Fixsterne bilden die bekannten Sternbilder. Auch die Sonne, Mittelpunkt unseres ▶ Sonnensystems, ist ein Fixstern.

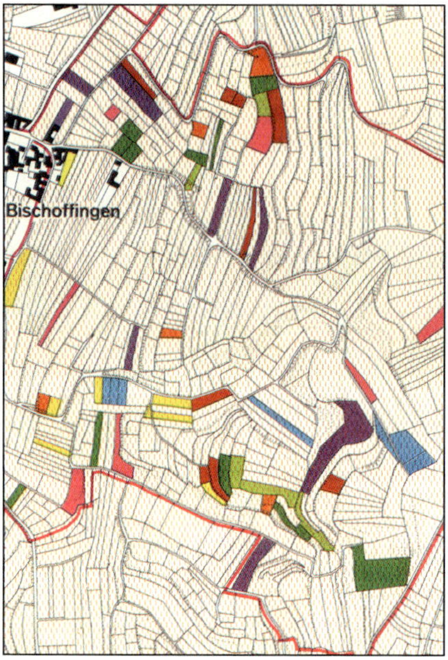

Vor der Flurbereinigung

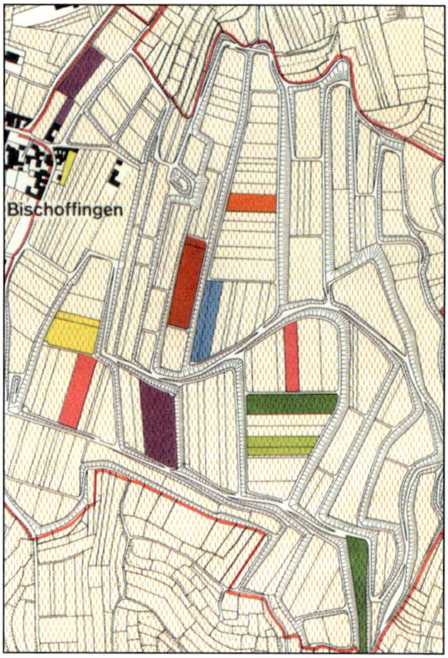

Nach der Flurbereinigung

Flüchtlinge sind Menschen, die ihr Heimatland meist aus politischen, religiösen oder wirtschaftlichen Gründen verlassen müssen. Häufig sind auch kriegerische Auseinandersetzungen der Hauptanlass der Flucht (▶ Auswanderer).

Flurbereinigung, Zusammenlegung von kleinen Feldern zu großen Flächen. Mit der Neuordnung der Feldflur werden auch Straßen und Wege ausgebaut und einzelne Bauernhöfe aus der Enge des Dorfes ausgesiedelt. Dadurch werden die Anfahrtswege zu den Feldern kürzer, die Betriebe können erweitert und moderne Maschinen auf den größeren Ackerflächen wirtschaftlich eingesetzt werden.

Flut, Steigen des Wasserstandes im Wattenmeer und Überschwemmung des Wattbodens bis zum Erreichen des höchsten Stands, dem Hochwasser (▶ Gezeiten).

Föderalismus. Es handelt sich um ein politisches Grundprinzip, bei dem sich mehrere Einzelstaaten zu einem Bund zusammenschließen. Der Zusammenschluss kann ein Staatenbund sein, bei dem die Einzelstaaten ihre Selbstständigkeit behalten (z.B. der ▶ Deutsche Bund 1815–1866) oder ein Bundesstaat, bei dem ein Teil der Staatsaufgaben zentral wahrgenommen wird (z.B. die ▶ Bundesrepublik Deutschland).

Föhn, warmer trockener Fallwind auf der Seite hoher Gebirge, die der Windrichtung abgewandt ist. Er entsteht – besonders in den Alpen – beim Überströmen des Gebirgskammes von Süden nach Norden. Dabei bilden sich beim Aufsteigen auf der Südseite Steigungsregen und die Luft kühlt sich ab. Nach dem Überqueren des Alpenkammes erwärmt sich die absteigende Luft unter Auflösung der Wolken um rund 1 °C pro 100 m.

Forstwirtschaft beschäftigt sich mit der Pflege und der Nutzung von Wäldern. Dabei steht für die Besitzer der Wälder – Gemeinde, Staat oder private Personen – die Nutzung des Holzes im Vordergrund. Zur Forstwirtschaft gehört auch die Neuanlage bzw. Aufforstung abgeholzter Flächen.

Fossilien, Überreste organischer Lebewesen, die in Stein erhalten sind. Die meisten Lebewesen werden nach ihrem Tode vollständig zersetzt. Nur wenn dieser Zersetzungsprozess unter Luftabschluss nicht stattfinden kann, besteht die Möglichkeit, dass Fossilien entstehen können. Dabei werden die organischen Bestandteile des abgestorbenen Körpers nach und nach völlig abgebaut und durch Minerale ersetzt. Erhaltungsfähig sind vor allem die harten Bestandteile eines Organismus wie Knochen oder Schalen.

Föhn

Fossil

Franken, Volksstamm, der aus den Mischungen germanischer Völkerschaften untereinander hervorgegangen ist. Die Franken lebten anfangs unter zahlreichen Gaukönigen ohne eine politische Einheit des Frankenstammes. Zu den Franken sind die Salier, die Ripuarier, die Moselfranken und die Ost- bzw. Mainfranken zu zählen. Sie erschienen zuerst im 3. Jahrhundert n. Chr. am Niederrhein und drangen ins linksrheinische Gebiet sowie in das nördliche ▶ Gallien, später (im 6. Jahrhundert) in das Maintal vor.

Frankenreich, galt als die bedeutendste Reichsbildung im frühen ▶ Mittelalter. Es wurde von Chlodwig I. aus dem Haus der ▶ Merowinger gegründet. Seine größte Ausdehnung erlangte das Frankenreich unter ▶ Karl dem Großen, der als der mächtigste Herrscher des christlichen Abendlandes galt. Unter seinen Nachfolgern zerfiel dieses Großreich. Es bildeten sich das Ostfränkische und das Westfränkische Reich, aus denen das ▶ Deutsche Reich und Frankreich entstanden.

Freizeit im Erlebnisbad

Franziskaner, Mitglieder eines der drei ▶ Orden, die Franz von Assisi gegründet hat. Der 1. Orden, die so genannten Minderbrüder, ist ein Bettel- und Volksmissionsorden und einer der größten katholischen Ordensgemeinschaften. Der 2. Orden ist ein Frauenorden (Franziskanerinnen, Klarissinen). Der 3. Orden umfasst weltliche Mitglieder, die also nicht als Mönche bzw. als Nonnen leben.

Französische Revolution. Sie begann am 14. Juli 1789 mit dem Sturm auf die ▶ Bastille und brachte für Europa und die Welt umwälzende Veränderungen mit sich: Die französische Nationalversammlung verkündete 1789 die Menschenrechte; 1791 erhielt Frankreich eine Verfassung, die die Vorrechte des 1. und 2. Standes aufhob und auf dem Prinzip der ▶ Gewaltenteilung beruhte; 1792 wurde die Monarchie abgeschafft und Ludwig XVI. 1793 hingerichtet. Anschließend errichteten die Jakobiner in der neuen Republik eine Schreckensherrschaft. Seit 1795 wurde das Land von einem fünfköpfigen Direktorium regiert. Mit einem Staatsstreich beseitigte ▶ Napoleon 1799 das Direktorium und erklärte die Revolution für beendet.

Freizeit, arbeitsfreie Zeit, die der Erholung dient. Die meisten Menschen nutzen heute die Angebote der Freizeit- und Vergnügungsindustrie wie Freizeitparks, Erlebnisparks, Sportveranstaltungen, Ausstellungen in Museen und Besichtigungen von Sehenswürdigkeiten.

Fremdenverkehr umfasst alle Erscheinungen, die mit dem Aufenthalt von Menschen an einem Ort zusammenhängen, der nicht ihr Wohnsitz ist. Dazu gehören auch die Reisen zum Urlaubsort und zurück.

Fremdlingsfluss, Fluss, der in einem niederschlagsreichen Gebiet entspringt und anschließend eine lange Strecke durch ▶ arides Land fließt. Nur sehr wasserreiche Flüsse können Trockengebiete durchqueren, weil ▶ Bewässerung und ▶ Verdunstung ihnen einen erheblichen Teil des Wassers entziehen. Fremdlingsflüsse sind z.B. Nil, Euphrat und Tigris im Nahen Osten, der Colorado im Westen der USA oder der Oranje in Südafrika.

Nil

Friedrich II.

Friedrich II. (1712–1786), wurde aufgrund seiner Leistungen auch Friedrich „der Große“ genannt. Als König von ▶ Preußen (1740–1786) sah er sich als „ersten Diener des Staates“. Er schaffte im Geist des aufgeklärten ▶ Absolutismus die Folter ab und führte neben anderen Reformen die Glaubensfreiheit ein. Außenpolitisch machte er Preußen zur Großmacht, wobei er allein für die Eroberung Schlesiens drei Kriege gegen Österreich unter dem Vorwand ungeklärter Erbrechte führte. 1772 war Preußen mit Österreich und Russland an der 1. Teilung Polens beteiligt.

Frondienst, Arbeitsleistungen (Dienste), die die abhängigen Bauern im ▶ Mittelalter für ihre Grundherren unentgeltlich erbringen mussten, z.B. Arbeit auf dem Fronhof oder Mitarbeit bei der Aussaat und Ernte (▶ Abgaben).

Fronhof. Der Fronhof war im ▶ Mittelalter das Zentrum einer ▶ Grundherrschaft und bestand aus Herrenhaus, Wirtschaftsgebäuden, Äckern, Wiesen und Weiden. Die Verwaltung des Fronhofes hatte ein ▶ Meier (bei weltlichen Grundherren) oder ein Vogt (bei geistlichen Grundherren) inne.

Fruchtwechselwirtschaft, Anbau von Feldfrüchten nach einer bestimmten Aufeinanderfolge, um der ▶ Bodenermüdung (einseitiger Nährstoffentzug) vorzubeugen und die Ausbreitung von Schädlingen und Krankheiten zu vermeiden. Die Feldgraswirtschaft und die ▶ Dreifelderwirtschaft sind frühe Formen dieses Anbausystems.

Fünf-Prozent-Klausel, eine Vorschrift, die besagt, dass nur die ▶ Parteien Sitze im ▶ Parlament erhalten, die mindestens fünf Prozent der Stimmen bei einer Bundestags- oder Landtagswahl erhalten haben. Eingeführt wurde die Fünf-Prozent-Klausel, um eine Parteienzersplitterung im Parlament und damit die Gefahr der Unregierbarkeit des Landes zu vermeiden.

Fürst, Adelstitel. Bereits seit frühgeschichtlicher Zeit wurde der Führer eines Volkes als Fürst bezeichnet. Im ▶ Heiligen Römischen Reich Deutscher Nation war der Begriff Fürst eine Sammelbezeichnung für alle Adligen mit einer führenden Stellung unterhalb des Königs. Man unterschied geistliche Fürsten (z.B. Erzbischöfe, Bischöfe, Reichsäbte) und weltliche Fürsten (z.B. Herzöge, Markgrafen).

G

G8 (Gruppe der Acht), Bezeichnung für die acht führenden Industrienationen. Hervorgegangen sind die G8-Staaten aus den G7-Staaten, den wichtigsten westlichen Industrienationen (USA, Kanada, Großbritannien, Frankreich, Italien, Japan und Deutschland), die seit 1975 jährliche Treffen zu aktuellen Fragen (v.a. der Weltwirtschaftslage) abhalten. In den neunziger Jahren wurde Russland zu dem jährlichen Weltwirtschaftsgipfel eingeladen, der seitdem die Bezeichnung G8 trägt.

Gallien, seit dem 2. Jahrhundert v. Chr. ▶ römische Provinz. Teile Oberitaliens galten als Gallia Cisalpina („diesseits der Alpen"), das heutige Frankreich und Belgien als Gallia Transalpina („jenseits der Alpen"). Letzteres wurde im Wesentlichen 58 bis 51 v. Chr. durch Cäsar erobert.

GATT, Abkürzung für „**G**eneral **A**greement of **T**ariffs and **T**rade". Es ist ein allgemeines Zoll- und Handelsabkommen, das 1947 von 23 Staaten abgeschlossen wurde. Ziele des Abkommens waren die Förderung des Außenhandels (z.B. Abbau von Zöllen) und die Neuordnung der Handelsbeziehungen (z.B. gleichwertige Handelsregelungen). Nach 1995 wurde das Abkommen in die World Trade Organisation (▶ WTO) überführt.

Gau/Gäu, ursprünglich eine wasserreiche, waldfreie Auenlandschaft. Zahlreiche Gaunamen haben sich bis heute in Landschaftsnamen erhalten: Rheingau, Breisgau, Sundgau, Kraichgau, Allgäu. In Süddeutschland findet man Gäulandschaften, die besondere landwirtschaftliche ▶ Gunsträume darstellen. Sie lassen sich bezüglich der guten Bodenqualität und der gleichen Anbaufrüchte mit den Bördenlandschaften Norddeutschlands vergleichen (▶ Börde).

Gazastreifen, ein etwa 364 km^2 großer Küstenstreifen am östlichen Mittelmeerrand. Der Gazastreifen wurde im ▶ Sechs-Tage-Krieg von ▶ Israel erobert, anschließend besetzt und auch von Israel verwaltet. Das am 4. August 1994 unterzeichnete Gaza-Jericho-Abkommen gibt den etwa eine Million dort lebenden ▶ Palästinensern das Recht, sich weitgehend selbst zu verwalten.

Geburtenrate, beschreibt die Zahl der Lebendgeborenen pro 1 000 Einwohner bezogen auf einen bestimmten Zeitraum (meistens Jahr) und ein bestimmtes Gebiet (meistens Staat). Die Geburtenrate wird von verschiedenen Faktoren wie z.B. Heiratsalter, Altersversorgung, Familienplanungsprogramme beeinflusst und ist eine wichtige Größe bei der Prognose von Bevölkerungsentwicklungen.

Werbung für die Zwei-Kind-Familie (Indien)

Gegenreformation, die Gegenbewegung zum Protestantismus (▶ Luther) und der Versuch, die protestantisch gewordenen Gebiete wieder zum katholi-

Generalstände in Versailles (5. Mai 1789)

schen Glauben zurückzuführen. So weit die Gegenreformation erfolgreich war, stärkte sie vor allem die alleinige Macht der Landesherren. Außer in Deutschland war die Gegenreformation auch in Frankreich, in den Niederlanden, in Polen und dem königlichen Ungarn erfolgreich.

gemäßigte Zone. Sie umfasst verschiedene Klimate(▶ Klima), die zwischen den ▶ Wendekreisen und den ▶ Polarkreisen zu finden sind. Charakteristisch für die gemäßigte Zone ist die deutliche Ausbildung von Jahreszeiten. In der gemäßigten Zone herrschen sehr unterschiedliche Klimabedingungen vor. Die küstennahen Gebiete haben ▶ ozeanisches Klima mit wesentlich geringeren Jahresschwankungen der Temperatur als Regionen im Innern der Kontinente. Diese werden durch das ▶ kontinentale Klima geprägt.

Gemeinde, Ort oder Zusammenschluss mehrerer Orte. Die Gemeinde verwaltet sich im Rahmen der Verfassung selbst und nimmt öffentliche Aufgaben für ihre Einwohner wahr (z.B. Brandbekämpfung, Trinkwasserversorgung, Errichtung und Unterhaltung von Schulen). Jede Gemeinde hat eine gewählte Bürgervertretung, die Entscheidungen für die Gemeinde trifft, welche anschließend von der Gemeindeverwaltung umgesetzt werden. 1998 gab es in der Bundesrepublik Deutschland 14 197 Gemeinden.

Generalgouvernement nannte man das Verwaltungsgebiet, das übrig blieb, nachdem im ▶ Zweiten Weltkrieg Polen gemäß dem Hitler-Stalin-Pakt zwischen Deutschland und der UdSSR geteilt worden war. Die westlichen polnischen Gebiete mussten zuvor an Deutschland, die östlichen an die UdSSR abgetreten werden.

Generalstände, Versammlung der drei Stände in Frankreich, die in unregelmäßigen Abständen vom König einberufen wurde. Bedeutung erlangte die Versammlung dadurch, dass Ludwig XVI. sie 1789 einberief, damit sie ihm höhere Steuern bewilligte. Jeder Stand hatte bei der Abstimmung eine Stimme. Der ▶ Dritte Stand, der zahlenmäßig am stärksten war, war damit nicht einverstanden. Seine Abgeordneten versammelten sich schließlich im Ballhaus und schworen, eine Verfassung für Frankreich auszuarbeiten.

Generationenvertrag meint das Prinzip der Alterssicherung in Deutschland. Die auszuzahlenden Renten werden durch die Beiträge der gesetzlichen Rentenversicherung finanziert. Diese Beiträge bezahlt die im Erwerbsleben stehende jüngere Generation und erwirbt damit selbst einen gesetzlichen Rentenanspruch im Alter. Da die Zahl der Rentner immer größer wird, gleichzeitig die Zahl der Erwerbstätigen sinkt, wird in der Öffentlichkeit über mögliche Konsequenzen bezüglich des Generationenvertrags nachgedacht.

Gentechnisch veränderte Lebensmittel

Gentechnik zählt zu den Schlüsseltechniken des 21. Jahrhunderts. Sie ist die gezielte Veränderung des Erbgutes von Tieren und Pflanzen. Mit der Gentechnik soll durch Fortschritte in der Krankheitsbekämpfung und in der umweltschonenden Nahrungsmittelproduktion die Ernährung aller Menschen in der Zukunft gewährleistet werden. Viele Bürger sprechen sich aus ethisch-moralischen Gründen gegen den Einsatz der Gentechnik aus.

Geologie, Wissenschaft von der Zusammensetzung, dem Bau und der Entwicklung der Erdkruste (▶ Erdaufbau).

Germanen. Unter dieser Bezeichnung versteht man die vielen unterschiedlichen Stämme germanischen Ursprungs, die zwischen Rhein, Weichsel, Nordsee und Alpen siedelten (z.B. Chatten, Chauken, Friesen, Hermunduren) und die durch den römischen Geschichtsschreiber Tacitus genauer beschrieben wurden. Die Entstehungsgeschichte der germanischen Völker reicht bis in die Jungsteinzeit zurück.

Gesetzgebung, ▶ Exkurs (S. 69)

Gesteine, ▶ Exkurs (S. 70)

Getreide, ▶ Exkurs (S. 71)

Getto, abgeschlossener Stadtteil. Hier lebten seit dem 13. Jahrhundert die ▶ Juden, zuerst freiwillig, dann zwangsweise. Als sie zu Beginn des 19. Jahrhunderts die Bürgerrechte erhielten, verschwanden die Gettos. Die ▶ Nationalsozialisten errichteten im ▶ Zweiten Weltkrieg wieder Gettos in den besetzten Gebieten. Sie waren Sammelstellen für Juden und Durchgangslager auf dem Weg in die ▶ Konzentrationslager. Das bekannteste Getto in dieser Zeit war das Warschauer Getto. Heute meint Getto im Allgemeinen einen Ort, wo Minderheiten (z.B. Ausländer) in teils selbstgewählter oder aufgezwungener Isolation leben.

Gesetzgebung

Gesetzgebung nennt man das Verfahren, durch das die gesetzgebende Gewalt (Legislative) für die Gesellschaft rechtlich verbindliche Normen vorgibt, indem sie Gesetze schafft.

In der Bundesrepublik Deutschland sind die vom Volk gewählten ▶ Parlamente für die Gesetzgebung zuständig. Die Länderparlamente beschließen Gesetze für das jeweilige Bundesland, Bundesgesetze werden vom ▶ Bundestag und ▶ Bundesrat beschlossen.

Gesetzentwürfe können von der Bundesregierung, dem Bundesrat oder aus dem Bundestag eingebracht werden. Bevor aus dem Entwurf ein Gesetz wird, wird dreimal im Bundestag darüber beraten. Auch der Ausschuss, zu dessen Fachgebiet das Gesetz gehört, berät über den Vorschlag und gibt eine Empfehlung über die Annahme oder Ablehnung.

Nachdem das Gesetz im Bundestag beschlossen wurde, berät der Bundesrat, die Vertretung der Länder, darüber. Gibt es unterschiedliche Auffassungen zwischen Bundestag und Bundesrat, versucht ein Vermittlungsausschuss eine Einigung herbeizuführen.

Wenn es sich bei dem Gesetz um ein so genanntes Einspruchsgesetz handelt, kann es auch ohne Einwilligung des Bundesrates in Kraft treten. Handelt es sich um ein Zustimmungsgesetz, ist die Zustimmung des Bundesrates die Voraussetzung für seine Verwirklichung.

Das neue Gesetz muss nach seiner Verabschiedung noch von der zuständigen Ministerin oder dem Minister, dem ▶ Bundeskanzler und dem ▶ Bundespräsidenten unterschrieben und im Bundesgesetzblatt veröffentlicht werden.

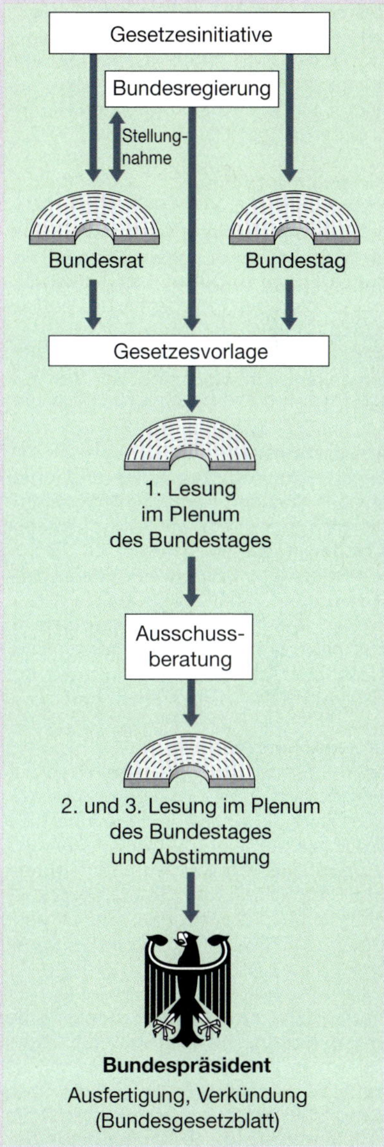

Der Gang der Gesetzgebung

Gesteine

Gesteine sind die festen Bestandteile der Erdkruste (▶ Erdaufbau). Sie bestehen meist aus einem Gemenge von mehreren Mineralien und werden hinsichtlich ihrer Entstehung in drei Hauptgruppen eingeteilt:

Erstarrungsgesteine
oder magmatische Gesteine. Sie entstehen aus der flüssigen Gesteinsschmelze (▶ Magma), die aus dem Erdinnern in die Erdkruste vordringt. Erstarrt das Gestein unter der Erdoberfläche, entstehen Tiefengesteine wie z.B. Granit; erstarrt es dagegen auf der Erdoberfläche, entstehen Ergussgesteine wie z.B. Basalt.

Ablagerungsgesteine
oder Sedimentgesteine. Sie entstehen aus den Ablagerungen der ▶ Sedimente, die unter Druck verfestigt werden. Ablagerungsgesteine sind z.B. Buntsandstein (entstanden aus Festlandablagerungen) oder Kalkstein (entstanden aus Meeresablagerungen). Enthalten die Sedimente Pflanzen- und Tierreste, können unter günstigen Bedingungen ▶ Fossilien entstehen.

Umwandlungsgesteine
oder Metamorphite. Sie entstehen aus Erstarrungs- oder Ablagerungsgesteinen (siehe oben) , wenn diese innerhalb der Erdkruste hohen Temperaturen und Druck ausgesetzt werden und damit einer Umwandlung (Metamorphose) unterliegen. Typische Umwandlungsgesteine sind Gneis, Marmor oder Schiefer.

Sind die Gesteine an der Erdoberfläche der ▶ Verwitterung ausgesetzt, lösen sie sich in ihre Bestandteile (Minerale) auf. Die Schwerkraft, Wasser, Eis und Wind transportieren diese Bestandteile und lagern sie ab. Es können neue Gesteine entstehen.

Granit

Basalt

Sandstein

Schiefer

Getreide

Getreide gehört zur Familie der Gräser. Es gibt sieben verschiedene Getreidesorten: Roggen, Weizen, Gerste, Hafer, ▶ Mais, ▶ Reis und ▶ Hirse. Dazu gezählt werden auch Dinkel und Buchweizen („Heidekorn").

Aus Gräsern wird Getreide

Der Beginn des Getreideanbaus in Europa geht in die ▶ Jungsteinzeit zurück. Aus Jägern und Sammlern wurden Viehzüchter und Ackerbauern. Die Frauen sammelten nicht nur Pilze, Früchte und Kräuter, sondern auch Samen von Gräsern. Diese Samen konnte man gut als Vorräte für den Winter aufheben. Was übrig blieb, legten sie im nächsten Frühjahr in die Erde. Nach und nach fanden sie heraus, dass man mit den besten und größten Samenkörnern und einem bearbeiteten Boden bessere Erträge erzielen konnte. So züchteten sie aus den Wildformen die ersten Getreidearten.

Die Menschen wurden sesshafte Ackerbauern. Sie legten ihre ersten Felder zwischen Baumstümpfen oder auf freien Flächen an. Am Ende der Jungsteinzeit kannte man Hirse, Hafer, Gerste und Weizen. Als Weizenarten unterschied man schon Zwergweizen, Emmer und Einkorn.

Weizenarten der Jungsteinzeit

Vor etwa 5000 bis 6000 Jahren züchteten die Menschen in Asien aus einer Sumpfpflanze den Reis, in Mittel- und Südamerika bauten die Indianervölker den Mais an.

Reisterrassen in Asien

Nahrung für Mensch und Tier

Das Getreidekorn besteht aus der Schale, dem Keim und dem Mehlkörper. Wegen seiner Bestandteile an Kohlenhydraten, Eiweiß, Fett, Mineralien und Vitaminen hat es einen hohen Ernährungswert.

Die Getreidearten Weizen, Roggen, Hafer und Gerste sind in Europa und Amerika das wichtigste Nahrungs- und Futtermittel. Mais dient zu 70 % als Futtermittel. Hirse ist vor allem in Nordafrika und Teilen Asiens wichtigste Getreideart. 90 % der Weltproduktion an Reis werden in Asien erzeugt. Er ist für die bevölkerungsreichen Länder wie China und Indien das Grundnahrungsmittel überhaupt.

Gewaltenteilung, ▶ Exkurs (S. 73)

Gewann, im Rahmen der ▶ Dreifelderwirtschaft ein Teil der streifenförmig aufgeteilten Ackerflur eines mittelalterlichen Dorfes. Die Gewanne wurden jährlich wechselnd bebaut (▶ Allmende, Brache, Dreifelderwirtschaft).

Gewässergüte. Über das Abwasser gelangen Schadstoffe und biologisch abbaubare organische Substanzen in die Gewässer. Dadurch wird der Sauerstoffgehalt und daraus resultierend das Nahrungsangebot und damit letztendlich die Gewässergüte beeinflusst. Bei der Bestimmung der Gewässergüte helfen so genannte Zeigerorganismen, die je nach Vorkommen und Häufigkeit die Belastung des Gewässers anzeigen. Seit 1975 wird alle fünf Jahre eine Gewässergütekarte von Deutschland erstellt.

Wasserstand bei Flut

Wasserstand bei Ebbe

Gewerkschaft, Interessenvertretung der Arbeitnehmer gegenüber Arbeitgebern. Neben dem Abschluss von ▶ Tarifverträgen (Lohn, Arbeitszeiten) gehört die Förderung der Mitbestimmung in den Betrieben (▶ Betriebsrat) zu den wesentlichen Gewerkschaftsaufgaben. Hauptziel ist das Erreichen besserer Beschäftigungsbedingungen und die Verringerung der ▶ Arbeitslosigkeit. In Europa entstanden die ersten Gewerkschaften im 19. Jahrhundert während der ▶ Industrialisierung. In der Bundesrepublik Deutschland sind heute die meisten Gewerkschaften unter dem Dach des „Deutschen Gewerkschaftsbundes" (DGB) organisiert.

Gezeiten, ständig wiederkehrende Wasserstandsschwankungen des Meeres. Das abwechselnde Steigen (▶ Flut) und Fallen (▶ Ebbe) des Meeresspiegels im Wattenmeer wird durch die Anziehungskraft des Mondes und die Fliehkraft der Erde hervorgerufen. Obwohl der Mond im Schnitt 384 000 km von der Erde entfernt ist, zieht er auf der ihm zugewandten Erdhälfte das Wasser an. Auf der Mond abgewandten Seite überwiegt die Fliehkraft der Erde und erzeugt hier ebenfalls einen „Wasserberg". Diese wandert durch die Erdumdrehung (▶ Rotation) um die Erde und bewirkt dadurch den Gezeitenwechsel. Da der Mond für einen Umlauf um die Erde ungefähr 24 Stunden und 50 Minuten braucht, verschieben sich die Zeiten von Ebbe und Flut täglich um ca. 50 Minuten.

Gewaltenteilung

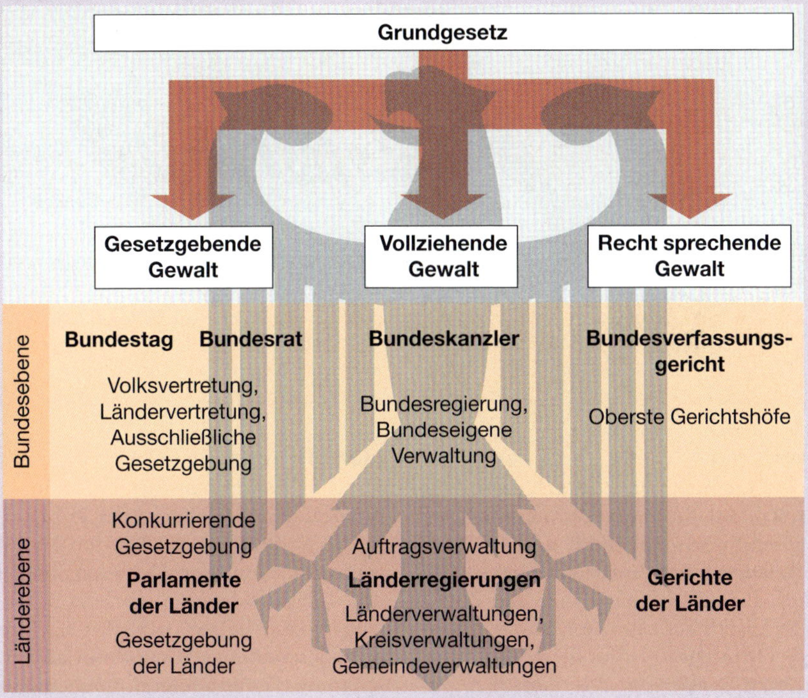

Die Teilung der Staatsgewalten

In einem demokratischen Rechtsstaat ist die Staatsgewalt geteilt, um einen Missbrauch der Macht zu verhindern. Der französische Philosoph Charles Montesquieu (1689–1755) teilte die Gewalt in einem Staat in drei Arten ein: „die Gewalt, Gesetze zu geben", „die Gewalt, die Handlungen zu vollziehen" und „die Gewalt, für die Beobachtung all dessen zu sorgen, was in das Gebiet des bürgerlichen Rechtes fällt". Die Legislative (Gesetzgebung), die Exekutive (Verwaltung, Polizei, Diplomatie usw.) und die Judikative (Rechtsprechung) müssen getrennt sein und sollen sich gegenseitig kontrollieren.

Die Teilung der Gewalten wurde zum ersten Mal 1776 in der amerikanischen Unabhängigkeitserklärung verwirklicht. In der Bundesrepublik Deutschland bilden ▶ Bundestag und ▶ Bundesrat die gesetzgebende Gewalt. Sie sind zuständig für die Gesetzgebung auf der Bundesebene und die Kontrolle der ▶ Bundesregierung. Die Bundesregierung bildet die ausführende Gewalt. Sie führt die Gesetze aus, die von Bundestag und Bundesrat beschlossen wurden und gibt diese Aufgabe weiter an die ▶ Bundesminister und Bundesverwaltung. Die verschiedenen Gerichte bilden die Recht sprechende Gewalt. Sie sind unabhängig und sprechen Recht auf der Grundlage der bestehenden Gesetze.

Glaziale Serie

Gezeitenkraftwerk, Kraftwerk, das die ▶ Gezeiten zur Energiegewinnung ausnützt. An Küstenabschnitten mit tief eingeschnittenen Buchten und felsigen, abfallenden Ufern und einem besonders hohen Tidenhub, sperrt man die Bucht durch eine Staumauer ab. Durch eingebaute Öffnungen strömt bei ▶ Flut über Turbinen Wasser in das künstlich geschaffene Becken hinein und erzeugt so Strom. Das gestaute Wasser kann bei ▶ Ebbe wieder zurückströmen und erneut elektrische Energie erzeugen.

Gilde, Zusammenschluss der Kaufleute in den ▶ mittelalterlichen Städten (▶ Zunft).

Gise, Stadt in Unterägypten, heute ein Vorort von Kairo. Bekannt ist Gise wegen seiner bedeutenden ▶ Pyramiden: der Cheopspyramide (146 m), der Chefrenpyramide (143 m) und der Mykerinospyramide (62 m). In Gise befindet sich auch die Große Sphinx, ein aus Stein gebautes Mischwesen mit einem Menschenkopf auf einem Löwenkörper.

glaziale Serie, charakteristische Abfolge von Landschaftsformen beim Abschmelzen der Gletscher der ▶ Eiszeiten (siehe Abbildung). Im Norden Mitteleuropas findet man in Gebieten, über denen sich die Gletscher der letzten Eiszeit ausgebreitet haben, zunächst flachwellige oder kuppige Grundmoränenlandschaften. Darauf folgen hügelige Endmoränenlandschaft, Sanderebene und Urstromtal. Im Gebiet des nördlichen Alpenrandes folgen auf Zungenbecken die Endmoränenlandschaft und Schotterfelder.

Gleichschaltung, Begriff aus der Zeit des ▶ Nationalsozialismus. Als die Nationalsozialisten 1933 die Macht in Deutschland übernahmen, brachten sie schnell alle staatlichen Einrichtungen unter ihre Kontrolle. Deutschland wurde gleichgeschaltet, indem die Parteien und jegliche Opposition verboten, die ▶ Gewerkschaften zerschlagen und die ▶ Parlamente der deutschen Länder beseitigt wurden. Ein Einparteienstaat war entstanden.

Gletscher

Gletscher, Eismasse auf der Landoberfläche. Sie entsteht, wenn über Jahre hinweg mehr Schnee fällt als wegschmelzen kann. In Gebirgen entsteht der Gletscher oberhalb der Schneegrenze. Dieser Bereich des Gletschers wird als Nährgebiet bezeichnet. Unter den Einwirkungen des Gefälles und der Schwerkraft fließt der Gletscher zu Tal und gerät unterhalb der Schneegrenze in das Zehrgebiet, wo er langsam abschmilzt. In den Polargebieten bedeckt demgegenüber das Inlandeis riesige Flächen. Auch diese Gletscher fließen aus dem Inland an die Küste, wo sie nach Erreichen des Meeres abbrechen (kalben) und Eisberge entstehen.

Globalisierung, ▶ Exkurs (S. 76)

Globus (lateinisch: Kugel), ein verkleinertes Modell der Erde. Die Erdoberfläche wird nahezu verzerrungsfrei und maßstabsgetreu dargestellt. Der Globus hat ein Gestell, an dem die Erdkugel an zwei Punkten befestigt ist. Diese Punkte sind der Nordpol und der Südpol der Erde. Den ältesten erhaltenen Globus stellte der Nürnberger Martin Behaim im Jahre 1492 her.

Golanhöhen, Hügelkette im Südwesten Syriens. Im ▶ Sechs-Tage-Krieg 1967 zwischen ▶ Israel und seinen arabischen Nachbarstaaten wurden die Golanhöhen von Israel besetzt. Nach dem Jom-Kippur-Krieg wurde 1974 ein Teil der Golanhöhen an Syrien zurückgegeben, der Rest des Gebietes wurde von Israel 1981 annektiert und ist seitdem zwischen beiden Ländern umstritten.

Golfstrom, warme Meeresströmung im nördlichen Teil des Atlantischen Ozeans. Ausgehend von der Südspitze Floridas (USA) fließt der Golfstrom in nordöstlicher Richtung bis Neufundland und von hier aus weiter nach Nordosten durch den Atlantik zur westeuropäischen Küste, nach Skandinavien und bis in das Nordpolarmeer. Der Golfstrom hat Auswirkungen auf das Klima und die Vegetation. So bleiben z. B. Häfen und Küstengewässer im Westen Skandinaviens auch in kalten Wintern eisfrei.

Globalisierung

Globalisierung

Globale Verflechtung in der Luftfahrt

Mit dem Begriff Globalisierung meint man heute im Allgemeinen die weltweite Verflechtung des Wirtschaftslebens, sodass von der Herausbildung eines einzigen Marktes gesprochen werden kann, der den ganzen Erdball umfasst. Im Gegensatz zur internationalen Arbeitsteilung, dem Welthandel und der Entstehung multinationaler Konzerne in den vergangenen Jahrzehnten betrachten Wirtschaftsexperten neuerdings die gesamte Welt als Aktionsfeld des Marktgeschehens und stellen die Entstehung einer globalen Welt-Volkswirtschaft fest.

Hintergründe für diese Entwicklung sind auf folgende Punkte zurückzuführen:

- Zerfall des Ostblocks und die Einführung marktwirtschaftlicher Strukturen in den ehemals kommunistischen Staaten,
- Beseitigung von Zollgrenzen (Europäischer ▶ Binnenmarkt),
- weltweiter Rückgang nationalstaatlicher Regulierungsmechanismen,
- Entwicklung weltweiter Finanzmärkte durch den Fortschritt in Computertechnik und Datenübermittlung.

Vor dem Hintergrund dieser ökonomischen Vorgänge hat sich in Deutschland eine öffentliche Debatte um den „Standort Deutschland" entfaltet.

Produktionsstandort in Malaysia

G

Gradnetz

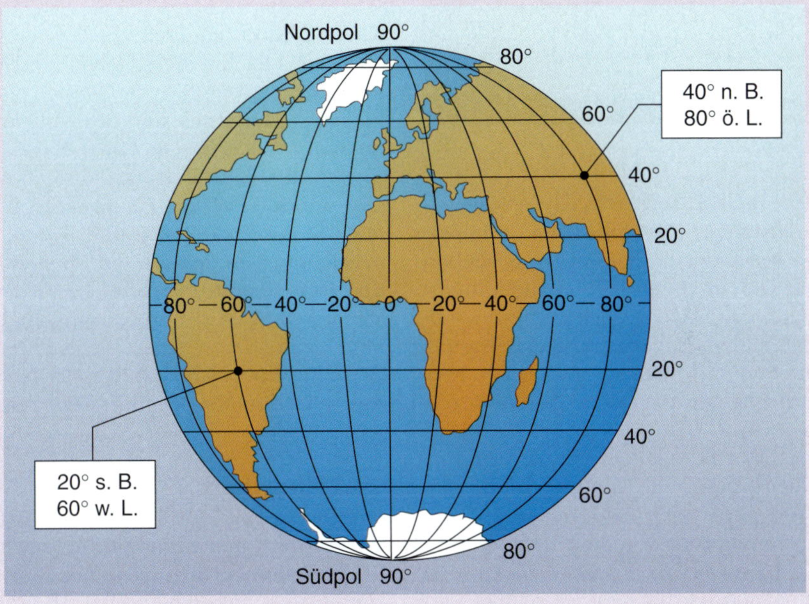

Das Gradnetz der Erde

Schaut man auf einen Globus, so kann man erkennen, dass die Erdkugel von einem Netz von Kreislinien umgeben ist. Die Linien verlaufen in Nord-Süd-Richtung und schneiden sich in den Polen (Längenkreise) bzw. in Ost-West-Richtung parallel zum Äquator (Breitenkreise). Zusammen bilden diese gedachten Linien ein Gitter, das man das Gradnetz der Erde nennt.

Einteilung des Gradnetzes
Auch in einigen Atlaskarten ist das Gradnetz mit dünnen blauen Linien eingezeichnet. Um sie zu unterscheiden, ist für jede Linie eine bestimmte Gradzahl festgelegt. Zwischen dem Äquator und den Polen gibt es jeweils 90 Breitenkreise, wobei der Äquator selbst die Bezeichnung 0° hat und die Pole die Bezeichnung 90° haben. Alle Breitenkreise, die auf der Nordhalbkugel liegen, haben den Zusatz „nördliche Breite (n. B.)“, alle Breitenkreise auf der Südhalbkugel den Zusatz „südliche Breite (s. B.)“. Die Längenkreise werden vom Nullmeridian aus gezählt, der durch die Sternwarte in Greenwich (London) verläuft. Die 180 Längenkreise, die westlich vom Nullmeridian liegen, erhalten die Bezeichnung „westliche Länge (w. L.)“, die 180 Längenkreise östlich vom Nullmeridian die Bezeichnung „östliche Länge (ö. L.)“.

Ortsbestimmung
Die geografische Lage eines Ortes im Gradnetz wird durch den Schnittpunkt eines Breitenkreises mit einem Längenkreis angegeben. Für die exakte Ortsangabe werden die Gradangaben noch in Minuten und Sekunden unterteilt. (▶ Breitenkreis, Längenkreis, Meridian).

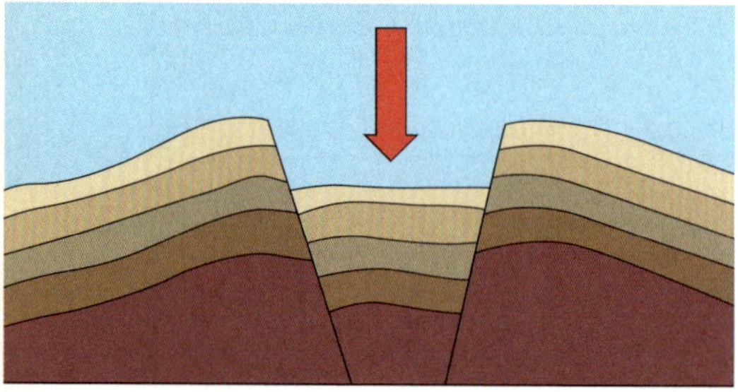

Grabenbruch

Graben/Grabenbruch, Einsenkung eines Streifens der Erdkruste zwischen zwei ▶ Schollen, die stehen geblieben sind. Der Grabenbruch entsteht meist zwischen zwei mehr oder weniger parallel verlaufenden Verwerfungen, also tektonischen Störungen. Auf der Erdoberfläche können solche Absenkungen oft erkannt werden wie beispielsweise beim Oberrheingraben. Wenn mehrere Grabenbrüche, die hintereinander gestaffelt sind, einen Kontinent durchziehen, spricht man von einer Grabenzone wie z. B. in Ostafrika, wo sich ein Graben vom Niassa-See über die Afarsenke, das Rote Meer bis zum Toten Meer erstreckt.

Gradnetz, ▶ Exkurs (S. 77)

Graf. Im Fränkischen Reich stand der Graf an der Spitze eines Verwaltungsbezirks (Grafschaft) und trieb unter den merowingischen Königen Strafgelder für den König ein. Seit dem 9. Jahrhundert hatte der Graf vor allem richterliche Befugnisse. Ursprünglich war er königlicher Beamter und lebte z. B. von Bußgeldern, Spenden und Pachteinnahmen, später erhielt er sein Grafenamt als ▶ Lehen. Es gab unter anderem Mark-, Pfalz-, Land- und Burggrafen.

Grand Canyon, spektakuläre, bis 1 740 m tiefe Schlucht in Arizona (USA), die durch die Erosionskraft des Colorados geschaffen wurde. Der Grand Canyon ist 446 km lang, zwischen 200 m und 30 km breit und gewährt Einblick in 2 Mrd. Jahre Erdgeschichte. Der 1919 gegründete Crand Canyon Nationalpark verzeichnet pro Jahr fast 5 Mio. Besucher.

Great Plains (englisch: große Ebenen), ebenes bis flachwelliges Gebiet zwischen den Rocky Mountains im Westen, dem Mississippi im Osten und der Golfebene im Süden der USA. Die Great Plains, die von breiten Flusstälern durchzogen werden, waren früher das Hauptweidegebiet der fast ausgerotteten Büffel. Heute erstrecken sich in den großen Ebenen riesige Getreideanbaugebiete. Es wird vor allem Weizen, Mais und Soja angebaut.

Großdeutsches Reich, gewaltsam vollzogener Zusammenschluss des Deutschen Reichs und Österreichs von 1938.

Großlandschaft, Zusammenfassung verschiedener Landschaftstypen einer Region nach gemeinsamen Merkmalen. Die Einteilung erfolgt nach den Oberflächenformen. Deutschland hat z. B. Anteil an vier europäischen Großlandschaften: dem ▶ Tiefland, dem ▶ Mittelgebirge, dem Alpenvorland und dem ▶ Hochgebirge.

Grand Canyon (USA)

Grundgesetz (GG), die ▶ Verfassung der ▶ Bundesrepublik Deutschland. Das Grundgesetz trat am 23. Mai 1949 in Kraft. Es ist das höchste Gesetz und enthält in Artikel 1 bis 19 die Grundrechte der Menschen. In den weiteren Artikeln beschreibt es den Aufbau des Staates und die Rechte und Pflichten der staatlichen Einrichtungen. Die wichtigsten Aussagen des Grundgesetzes finden sich in Artikel 1 „Die Würde des Menschen ist unantastbar" und Artikel 20 „Die Bundesrepublik Deutschland ist ein demokratischer und sozialer Bundesstaat".

Grundherrschaft, Herrschaft über das Land und die darauf lebenden Menschen. Im ▶ Mittelalter erhielten ehemals freie Bauern, die auf einen freien Besitz verzichteten und sich einem Grundherrn unterstellten, von ihrem Grundherrn Land zur Nutzung. Als Gegenleistung für den ihnen gewährten Schutz mussten sie dafür Abgaben entrichten und ▶ Frondienste leisten. Der Grundherr war Herrscher über seine hörigen und leibeigenen Bauern. Er war ihr Gerichtsherr und fällte Urteile bei geringeren Vergehen (▶ Abgaben, Höriger, Leibeigener).

Grundlagenvertrag, Vertrag zwischen der ▶ Bundesrepublik Deutschland und der ▶ Deutschen Demokratischen Republik aus dem Jahr 1972. Der Vertrag sollte die Gegensätze zwischen den beiden Staaten abbauen und das Verhältnis zueinander verbessern.

Grundrechte, unveräußerliche Rechte eines jeden Menschen, die den Bürger vor Übergriffen des Staates schützen sollen. In der Bundesrepublik Deutschland sind die wichtigsten Grundrechte im ▶ Grundgesetz enthalten. Zu den Grundrechten zählt z.B. der Schutz der Menschenwürde, die Freiheit der Person, die Gleichheit vor dem Gesetz, die Glaubens- und Gewissensfreiheit, die freie Meinungsäußerung und das Recht auf Schule.

I. Die Grundrechte

Art. 1.	[Schutz der Menschenwürde]
Art. 2.	[Freiheitsrechte]
Art. 3.	[Gleichheit vor dem Gesetz]
Art. 4	[Glaubens- und Bekenntnisfreiheit]
Art. 5	[Meinungs- und Pressefreiheit, Freiheit der Kunst und Wissenschaft]
Art. 6	[Ehe, Familie, nichteheliche Kinder]
Art. 7	[Schulwesen]
Art. 8	[Versammlungsfreiheit]
Art. 9	[Vereinigungsfreiheit, Verbot von Maßnahmen gegen Arbeitskämpfe]
Art. 10	[Brief-, Post- und Fernmeldegeheimnis]
Art. 11	[Freizügigkeit]
Art. 12	[Freiheit der Berufswahl, Verbot der Zwangsarbeit]
Art. 12a	[Wehrpflicht und andere Dienstverpflichtungen]
Art. 13	[Unverletzlichkeit der Wohnung]
Art. 14	[Eigentum, Erbrecht und Enteignung]
Art. 15	[Sozialisierung]
Art. 16	[Ausbürgerung, Auslieferung, Asylrecht]
Art. 17	[Petitionsrecht]
Art. 17a	[Grundrechtsbeschränkung bei Wehr- und Ersatzdienstleistenden]
Art. 18	[Verwirkung von Grundrechten]
Art. 19	[Einschränkung von Grundrechten]

Grundrechte

Grüne Revolution, Bezeichnung für die enorme Steigerung der landwirtschaftlichen Produktion in der ▶ Dritten Welt bei ▶ Mais und Weizen durch die Anwendung von Hochertragssorten. Die Ertragssteigerung konnte allerdings nur durch den Einsatz von besserem Saatgut und großen Mengen an Mineraldünger und Schädlingsbekämpfungsmitteln erreicht werden. Durch die Risiken der Verbreitung von Pflanzenkrankheiten und die massive Umweltbelastung durch Dünger, Schädlings- und Unkrautvernichtungsmittel ist die Grüne Revolution als Mittel der Entwicklungshilfe umstritten.

Warentransport mit dem LKW

Warentransport mit der Eisenbahn

Grünlandwirtschaft, bäuerliche Wirtschaftsform der ▶ Viehwirtschaft in Gebieten mit eher ungünstigen landwirtschaftlichen Bedingungen wie steilem Gelände, nasskaltem Wetter oder humusarmen Böden. Dazu gehören die norddeutschen Küstengebiete, die Mittelgebirge und das Alpenvorland. Hier wachsen auf Wiesen und Feldern Gräser, Futterpflanzen, Kleearten und Kräuter. Die Betriebe sind spezialisiert auf Rinder- und Schafzucht, Kälbermast und ▶ Milchwirtschaft.

Gunstraum, Gebiet mit sehr günstigen Naturbedingungen als Grundlage für die landwirtschaftliche Nutzung. Dazu gehören sehr gute Bodeneigenschaften ebenso wie klimatische Vorzüge. Bedeutende Gunsträume in Deutschland sind z. B. die ▶ Börden in Norddeutschland, die Gäulandschaften in Süddeutschland (▶ Gau/Gäu) und das Oberrheinische Tiefland mit seinen Lössablagerungen.

Güterverkehr, der Transport von ▶ Rohstoffen (z. B. Kohle), Waren (z. B. Autos) und Tieren (z. B. Kühe) mithilfe von geeigneten Verkehrsmittel wie Eisenbahn, Lastkraftwagen oder Schiffen. Der meiste Güterverkehr wurde 1998 in Deutschland auf der Straße mit Lastkraftwagen abgewickelt.

H

Habsburger, europäisches Herrschergeschlecht, das nach der im Jahr 1020 erbauten Stammburg Habsburg im Kanton Aargau (Schweiz) benannt wurde. Die Habsburger erwarben im Laufe der Zeit große Gebiete wie z.B. Östereich, die Steiermark, die Niederlande, Spanien, Böhmen und Ungarn und stellten damit flächenmäßig die größte Macht in Europa dar. Während des europäischen ▶ Mittelalters waren die Habsburger berühmt für ihre Heiratspolitik, die sie gezielt zum Gebietserwerb und zur Machtausweitung einsetzten. Zwischen 1438 und 1806 stellten sie beinahe lückenlos die deutschen Kaiser.

Hacienda, größerer landwirtschaftlicher Betrieb in Lateinamerika mit ▶ extensiver Landwirtschaft. Die Besitzer sind oft Nachfahren der spanischen Eroberer und lassen Indios für sich arbeiten.

Hackbauern

Hackbauern sind Bauern, die als Hauptgerät für die Feldbestellung die Hacke benutzen, wobei sie den Boden um jede einzelne Pflanze bearbeiten. In vielen ▶ Entwicklungsländern, vor allem in der ▶ tropischen Zone wird Hackbau betrieben. Hackbau ist eine einfache Art der Landwirtschaft und wurde in Mitteleuropa schon am Ende der ▶ Jungsteinzeit vom Pflugbau abgelöst.

Hackfrüchte, ▶ Nutzpflanzen, die sehr gute bis gute Böden bevorzugen und besonders gut wachsen, wenn der Boden während des Wachstums mehrfach gelockert (gehackt) wird. Zu den Hackfrüchten zählen beispielsweise Futter- und Zuckerrüben, Kartoffeln und viele Gemüsearten wie Karotten, ferner Mais, Tabak und Sonnenblumen.

Hafen, Anlegeplatz für die Personenschifffahrt und Umschlagplatz für Waren und Gütern, die auf dem Wasserwege transportiert werden. Man unterscheidet zwischen Binnenhafen und Seehafen. Binnenhäfen sind nur für die ▶ Binnenschifffahrt geeignet, während Seehäfen für die Seeschifffahrt ausgelegt sein müssen und eine entsprechende Infrastruktur (z.B. Krane, Lagerhallen, Verkehrsanbindung) aufweisen müssen.

Halbwüste, Übergangsraum zwischen der ▶ Wüste und den ▶ Savannen bzw. ▶ Steppen. Die Jahresniederschläge betragen zwischen 130 mm und 200 mm. Die Vegetation ist aufgrund der geringen Niederschläge und des Bodenwassermangels spärlich. Lediglich Gras und niedrige Sträucher können in der Halbwüste wachsen. Weniger als die Hälfte des Bodens ist von Pflanzen bedeckt.

Hamburg, mit 1,7 Mio. (1999) Einwohnern die zweitgrößte Stadt Deutschlands und neben Berlin und Bremen einer der drei Stadtstaaten der Bundesrepublik. Hamburg liegt an der Unterelbe etwa 110 km von der Elbmündung in die

Hamburger Speicherstadt

Nordsee entfernt. Der Seehafen Hamburgs ist einer der wichtigsten in Europa. Seit 1510 ist Hamburg „Freie Hansestadt". Nach dem Zweiten Weltkrieg wurde Hamburg als Stadtstaat ein Bundesland der Bundesrepublik Deutschland.

Handelswege, wichtige Land-, See- oder Luftfahrtstrecken. Sie dienen dem Transport von Handelswaren. Eine der bekanntesten frühen Fernhandelsrouten war die Seidenstraße zwischen China und dem kaiserlichen Rom. Im Hochmittelalter, zur Zeit der ▶ Hanse, verliefen wichtige Handelswege von der Ostsee und dem östlichen Mittelmeer bis nach Mittel- und Nordeuropa. Die Entdeckung neuer Kontinente führte rasch zu einem Dreieckshandel zwischen Afrika, Amerika und Europa. Seit der ▶ Industrialisierung fördert die Nachfrage nach ▶ Rohstoffen und Fertigwaren immer weitere neue Handelswege und -verbindungen in alle Teile der Welt.

Hanse, Zusammenschluss von Städten im Nord- und Ostseeraum, deren Kaufleute Handel trieben. Das gemeinsame Reisen zu Land oder per Schiff ermöglichte einen besseren Schutz gegen Überfälle. Die wirtschaftliche und politische Macht der Hanse verfiel im 16. Jahrhundert. Im ▶ Dreißigjährigen Krieg wurde die Hanse endgültig aufgelöst.

Hansestadt. Die Hanse war im Mittelalter zunächst eine relativ lose Verbindung von deutschen Handelsstädten im nord- und ostdeutschen Küstenbereich. Zu ihr zählten unter anderem die Städte Lübeck, Danzig, Hamburg und Riga. Die Stapelrechte der ▶ Hansestädte boten günstigere Lagermöglichkeiten für einen schnelleren An- und Verkauf. Mit dem Niedergang der ▶ Hanse verloren auch die meisten Hansestädte ihre Bedeutung. Die Bezeichnung „Hansestadt" haben z.B. Bremen und Hamburg bis heute behalten.

Hartlaubgewächse, charakteristische, immergrüne Vegetation der ▶ subtropischen Zone, deren Pflanzen sich durch ihre kleinen, lederartigen oder wachsüberzogenen Blätter dem Klima angepasst haben. Typische Vertreter der Hartlaubgewächse sind der Lorbeer- und der Ölbaum des Mittelmeerraumes.

Hauptstadt, in der Regel die Stadt eines Landes, in der die höchsten politischen Institutionen ihren Sitz haben wie das Staatsoberhaupt, das ▶ Parlament oder die Regierung. Als Folge der Konzentration von politischen Institutionen in der Hauptstadt haben sich dort auch meistens die Botschaften der verschiedenen Staaten niedergelassen. In vielen Ländern sind die Hauptstädte ▶ Metropolen, die im Lauf der Geschichte Sitz der Herrscher waren wie Rom, London oder Paris.

Hausmeier. Im ▶ Frankenreich war der Hausmeier unter den merowingischen Königen der oberste Staatsbeamte (▶ Karolinger, Merowinger).

Heide, Strauch- bzw. Zwergstrauchpflanze, die vorwiegend auf Standorten wächst, auf denen aus Nährstoff- oder Niederschlagsmangel kein Wald mehr gedeihen kann. Oft sind dies Sandböden in kühl-feuchten Landschaften. In Mitteleuropa gibt es großflächige Heidevegetation nur noch in Schutzgebieten wie z. B. der Lüneburger Heide zwischen Elbe und Aller.

Heilbad, Kurort, der wegen seiner Heilquellen besucht wird. Meistens handelt es sich um warme oder heiße Quellen (Thermalquellen), deren Wasser sich aufgrund des Mineralgehalts auf den Körper heilsam auswirkt. Häufig erkennt man die Kurorte mit Heilbad an der Vorsilbe „Bad“ wie z. B. Bad Füssing, Baden-Baden oder Bad Pyrmont.

Heiliges Römisches Reich Deutscher Nation, Titel des Deutschen Reiches von 962 bis 1806. Seit der Kaiserkrönung Otto I. dem Großen im Jahr 962 n. Chr. galt das ▶ Deutsche Reich als Nachfolgerin des Römischen Reiches. Seitdem wurde die Kaiserkrone den deutschen Königen verliehen.

Herzog. Allgemein zählt der Herzog zu den höchsten Adelstiteln. Bei den ▶ Germanen war der Herzog ein gewählter Anführer für den Kriegsfall und damit oberster Heeresführer, später gab es dann erbliche Stammesfürsten. In Franken führten zur Zeit ▶ Karls des Großen die Markgrafen den Herzogtitel.

Hessen, in der Mitte Deutschlands gelegenes Bundesland mit einer Fläche von 21 114 km² und 6,0 Mio. Einwohnern (1999). Landeshauptstadt ist Wiesbaden. Der größte Teil des Landes wird durch Mittelgebirge eingenommen. Die Wasserkuppe in der Rhön ist mit 950 m die höchste Erhebung. Im Süden hat Hessen Anteil am Oberrheinischen Tiefland. Das größte Ballungsgebiet ist das Rhein-Main-Gebiet mit Frankfurt als Zentrum. Hier befindet sich auch der Sitz der Europäischen Zentralbank. Das Bundesland Hessen entstand nach dem Zweiten Weltkrieg aus den Territorien Hessen-Nassau und Hessen-Darmstadt.

Hethiter, indogermanisches Volk, das seit dem 19. Jahrhundert v. Chr. nach Kleinasien einwanderte und dort zwischen dem Schwarzen Meer im Norden und dem Taurus-Gebirge im Süden ein Großreich errichtete, dessen Hauptstadt Hattusa wurde. Durch Eroberungszüge gelang es den Hethitern, ihr Reich beträchtlich nach Südosten und Südwesten auszudehnen. Um 1 200 v. Chr. wurde das hethitische Großreich zerstört.

Hieroglyphen

Hieroglyphen, Bezeichnung für die bildhaften Schriftzeichen der Ägypter. Die einzelnen Bildzeichen stehen sowohl für den abgebildeten Gegenstand als auch für den Laut. Zurzeit sind etwa 2000 Hieroglyphen bekannt.

Hightech (englisch: Spitzentechnologie), Technologien, in denen aktuelle Forschungsergebnisse angewandt oder neu entwickelte Verfahren und Materialien eingesetzt werden. Beispiele hierfür sind Betriebe der Elektronikindustrie in den Bereichen Computer-, Raumfahrt, Laser- und Nachrichtentechnik sowie der Bio- und Gentechnologie. Merkmale dieser Industriezweige sind meist ein relativ geringer Bedarf an Arbeitskräften verbunden mit hohem Kapitaleinsatz.

Hilfe zur Selbsthilfe bedeutet, den Menschen in den ▶ Entwicklungsländern mit technischen Mitteln eine Hilfestellung zu geben. Diese Hilfe muss den vorhandenen Bedingungen angepasst sein. Die Menschen sollten ihre Grundbedürfnisse unter Nutzung ihrer Kenntnisse und Fähigkeiten selbst befriedigen können. Statt Nahrungsmitttel liefert man bessere Pflüge, neueres Saatgut und zeigt den Menschen, wie man damit umgeht.

Himalaja, Gebirge in Asien mit dem 8848 m hohen ▶ Mount Everest, dem höchsten Berg der Erde. Der Himalaja liegt zwischen Indien und dem Hochland von Tibet. Die Staaten Pakistan, Indien, Nepal, China und Buthan haben Anteil an diesem Hochgebirge. Im Himalaja entspringen die Flüsse Indus, Ganges und Brahmaputra. Bedeutende Berge über 8000 m sind neben dem Mount Eversest der Lhotse (8501 m), der Nanga Parbat (8126 m) und der Annapurna (8078 m).

Hinduismus, indische Volksreligion, die knapp 400 Mio. Anhänger zählt. Der Hinduismus besitzt keine einheitliche Lehre und Organisation, sondern ist in zahlreiche Sekten aufgesplittert. Viele Geister, Heilige und Dämonen werden als persönliche Götter verehrt. Alle Hindus glauben jedoch an die Seelenwanderung und die Erlösung des Menschen sowie an ein strenges Kastenwesen (▶ Kaste).

Hindus waschen sich im Ganges

BDM-Lager

HJ-Jungen bei Schießübungen

Hirse, Getreideart mit sehr kleinen Körnern. Sie ist sehr anspruchslos, braucht aber zum Wachsen sandige Böden und viel Wärme. Deshalb gedeiht sie in vielen tropischen und subtropischen Gebieten. Hirse gehört in vielen Ländern zu den Hauptnahrungsmitteln und ist eine der ältesten Kulturpflanzen.

Hispanics, Begriff für die zahlenmäßig zweitgrößte Minderheit in den USA. Hispanics sind spanischsprechende Menschen, die vor allem aus Mexiko, Kuba, Puerto Rico und der Dominikanischen Republik stammen. Diese Bevölkerungsgruppe von fast 30 Mio. wächst aufgrund der weiteren Zuwanderung und der hohen ▶ Geburtenrate rasch an. Die Hispanics leben vor allem in den Großstädten des Ostens, in Florida und im Süden und Südwesten der USA.

Hitler, Adolf (1889–1945). Im Ersten Weltkrieg war Hitler freiwilliger Soldat. 1919 trat er in die Deutsche Arbeiterpartei ein und wurde 1921 Vorsitzender der ▶ NSDAP. Sein Putschversuch 1923 wurde niedergeschlagen. Nach der Machtergreifung 1933 versuchte er seine Ziele auch als Reichskanzler mit aller Härte durchzusetzen: Ausdehnung Deutschlands nach Osten, Judenverfolgung und ▶ Holocaust. Hitler führte das deutsche Volk in den ▶ Zweiten Weltkrieg. Kurz vor der Kapitulation Deutschlands 1945 beging er Selbstmord.

Hitlerjugend, von 1926 bis 1945 die Jugendorganisation der Nationalsozialisten. Die Jungen dienten vom 10. bis 14. Lebensjahr beim Jungvolk, die Mädchen beim Jungmädelbund. Danach wurden die Jungen in die Hitlerjugend (HJ) und die Mädchen in den Bund Deutscher Mädel (BDM) aufgenommen. Die Hitlerjugend und der BDM hatten die Aufgabe, den Jungen und Mädchen die Weltanschauung der Nationalsozialisten näher zu bringen und für die vormilitärische Ausbildung zu sorgen (▶ Nationalsozialismus).

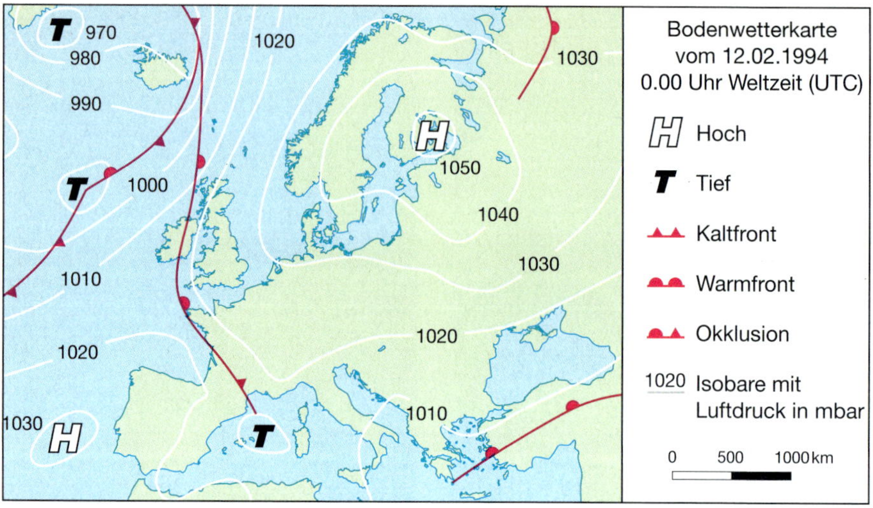

Wetterkarte mit Hoch- und Tiefdruckgebieten

Hochdruckgebiet (Hoch), Luftmasse, in der im Vergleich zur Umgebung hoher ▶ Luftdruck herrscht. Die Luft strömt durch den Druckunterschied dorthin ab, wo tieferer Druck herrscht. Im Innern des Hochdruckgebiets herrschen schwache Winde. Die absinkende Luftbewegung führt zur Wolkenauflösung. Hochdruckgebiete verursachen daher oft Schönwetterlagen.

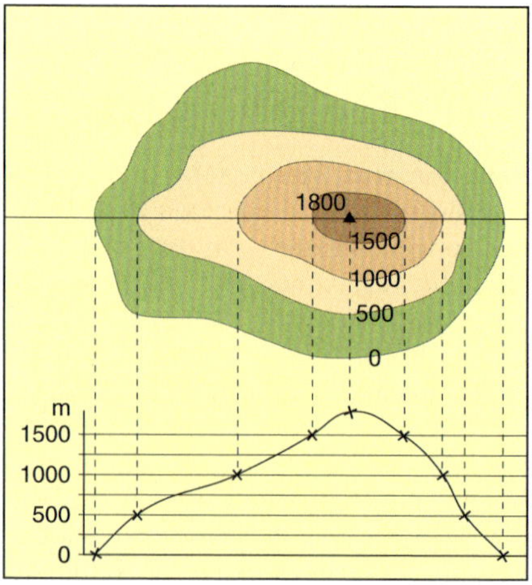

Höhenlinien und Höhenschichten

Hochgebirge, Gebirge mit schroffen Formen und großen Höhenunterschieden. Die Gipfelhöhen erreichen mindestens 2000 m. Auf den höchsten Gipfeln liegen Eis und Schnee. Bekannte Hochgebirge sind die Alpen, der Himalaja, die Anden, der Kaukasus und die Rocky Mountains.

Hochkulturen, ▶ Exkurs (S. 87)

Höhenlinien, Linien, die alle Punkte gleicher Höhen miteinander verbinden. Auf einer ▶ Karte können eingetragene Höhenlinien die Geländeoberfläche (Täler, Bergrücken) eines Gebietes verdeutlichen. Höhenlinien sind vor allem in ▶ topografischen Karten eingezeichnet.

Höhenschichten, zeichnerische Darstellung der Oberflächengestalt der Erde. Unterschiedliche Höhenlagen der Höhenschichten werden durch verschiedene Farben verdeutlicht. Eine Höhenschicht erhält man, wenn man die Fläche zwischen zwei ▶ Höhenlinien farbig ausmalt.

Hochkulturen

Merkmale von Hochkulturen
Als Hochkulturen bezeichnet man Gesellschaften, in denen die Menschen im Unterschied zu den Menschen der Vorgeschichte in einem Staat mit einer einheitlichen Verwaltung und einem Herrscher an der Spitze zusammenleben. Ein weiteres Kennzeichen einer Hochkultur ist die Entwicklung einer Schrift, die in vielen Fällen aus einer Bilderschrift (z.B. ▶ Hieroglyphen) hervorging.

Durch die Schrift war es den Menschen möglich, Gesetze festzuhalten und diese, z.B. eingemeißelt auf einer steinernen Säule wie der Gesetzessäule des Hammurabi, allen zur Kenntnis zu geben. Auch für die Entwicklung einer einheitlichen Religion war die Schrift eine Voraussetzung. Lesen und schreiben konnten allerdings nur wenige, sodass die Schreiber einen hohen Rang in der Gesellschaft innehatten.

Zu den Merkmalen von Hochkulturen zählen weiter Leistungen auf den Gebieten der Kunst, Architektur, Technik und Wissenschaft. Es entstanden zum Teil monumentale Bauwerke wie die ▶ Pyramiden in Ägypten oder die der ▶ Maya in Mittelamerika. Um diese zu errichten, bedurfte es nicht nur wissenschaftlicher Erkenntnisse und technischer Leistung, sondern auch genauer Organisation und Arbeitsteilung. Dadurch wurden die Menschen in starkem Maße voneinander abhängig.

Frühe Hochkulturen
Frühe Hochkulturen entwickelten sich um 4000 v. Chr. in ▶ Mesopotamien, um 3000 v. Chr. in Ägypten, um 2700 v. Chr. am Indus und um 1500 v. Chr. am Hwangho im heutigen China. Neben diesen so genannten ▶ Stromkulturen gehören auch die ▶ minoische Kultur auf Kreta, die mykenische Kultur in Griechenland und die Kultur der Hethiter in Kleinasien zu den frühen Hochkulturen.

In Mittel- und Südamerika entstanden im 14. und 15. Jahrhundert n. Chr. durch die Azteken und Inkas ebenfalls Hochkulturen.

Inkasiedlung Machu Picchu in Peru

Burg Hohenzollern

Hohenzollern, deutsches Fürstengeschlecht, das nach der bei Hechingen am Rande der Schwäbischen Alb gelegenen Stammburg Hohenzollern benannt wurde. 1214 entstand durch Teilung eine fränkische und eine schwäbische Linie des Fürstenhauses. Seit 1415 regierten Vertreter aus der fränkischen Linie des Hauses Hohenzollern in der Mark Brandenburg als Kurfürsten. Friedrich Wilhelm I., der Große Kurfürst, gab dem Adel mehr Rechte. 1701 ließ sich Friedrich I. mit der Zustimmung des Kaisers zum „König von Preußen" krönen; Preußen erhielt damit den Titel des Königreichs. Später kamen die Kaiser des Deutschen Reiches von 1871 bis 1918 aus dem Hause Hohenzollern.

Holocaust. Dieser Begriff, der aus der griechischen Sprache stammt und „ganz verbrannt" bedeutet, wird heute oft für die planmäßige Vernichtung der europäischen Juden gebraucht (▶ Auschwitz).

Höriger, im Mittelalter ein halbfreier Bauer, der vom Grundherrn abhängig war. Er erhielt von diesem Land zur eigenen Bewirtschaftung und musste dafür ▶ Abgaben entrichten und Dienste leisten (▶ Grundherrschaft).

Huerta (lateinisch: Garten), künstlich bewässerte gartenähnliche Landschaft an der Ost- und Südküste Spaniens, die oft in Großstadtnähe liegt. Ausgeklügelte Bewässerungssysteme, die noch auf die Mauren und Römer zurückgehen, versorgen die Felder mit dem nötigen Wasser. Heute erfolgt eine Intensivierung des Anbaus durch Gewächshäuser und Folienbespannung der Felder.

humid (lateinisch: feucht, nass), Bezeichnung für geografische Räume oder Klimate (▶ Klima), in denen die gesamten Niederschläge höher sind als die maximal mögliche Verdunstung. Als vollhumid bezeichnet man Gebiete mit einem

Hurrikan

Niederschlagsüberschuss in allen Monaten (z. B. innere Tropenzone, große Teile der gemäßigten Zone). Der Gegensatz zu humid ist ▶ arid.

Hurrikan, ▶ tropischer Wirbelsturm im Bereich des Karibischen Meers, der Westindischen Inseln und des Golfs von Mexico. Hurrikans entstehen häufig vor der Nordküste Südamerikas. Von hier aus ziehen sie in gebogener Bahn über die Karibik in die südöstlichen Gebiete Nordamerikas.

Hüttenwerk, Industrieanlage, in der Eisenerz zu Roheisen verarbeitet wird. Im Hüttenwerk wird das Eisenerz in Hochöfen mithilfe von Koks, Gas oder Öl und unter Zufuhr von Luft auf über 1 600 °C erhitzt. Das glutflüssige Roheisen wird abgestochen und weiterverarbeitet.

Abstrich des glutflüssigen Roheisens

I

Iguacu-Wasserfälle, Wasserfälle an der Grenze zwischen Brasilien, Argentinien und Paraguay. Auf einer Breite von fast 3 km stürzen die Wassermassen des Iguacu, eines Nebenflusses des Parana, in 21 Wasserfällen bis 80 m in die Tiefe.

Iguacu-Wasserfälle

Immissionen, Einwirkung der durch ▶ Emissionen hervorgerufenen Verunreinigungen auf die Umwelt. Im weiteren Sinn zählen auch die schädigenden Einflüsse von Lärm zu den Immissionen.

Imperialismus (lateinisch: Reich, Herrschaft), bedeutet das Streben eines Staates nach Ausdehnung seines Einflussbereiches. Im historischen Sinne bezeichnet man als Imperialismus die Zeit von etwa 1880 bis zum Ersten Weltkrieg, in der die europäischen Großmächte, Japan und die USA versuchten, möglichst weite Teile der Erde zu beherrschen. Das Streben nach Rohstofflieferanten, Absatzmärkten und Einflussgebieten führte immer wieder zu Konflikten zwischen den Großmächten (▶ Kolonie).

Imperium (lateinisch: Herrschaft, Reich), Bezeichnung für die oberste Regierungs- und Befehlsgewalt im ▶ Römischen Reich. Später wurde dieser Begriff auf das gesamte römische Herrschaftsgebiet übertragen, es nannte sich „Imperium Romanum". Diesen Namen führte im Mittelalter auch das ▶ Heilige Römische Reich Deutscher Nation. In der Neuzeit war der Begriff „Imperium" gebräuchlich für ein großes Kolonial- oder Weltreich, z.B. für das Britische Imperium.

Import, im weiteren Sinne der Bezug von Waren, ▶ Dienstleistungen und Kapital vom Ausland ins Inland. Im engeren Sinne bedeutet der Begriff Einfuhr von Waren aus dem Ausland. Der Import ist Teil des Außenhandels eines Landes und wird in der Zahlungsbilanz mit dem ▶ Export verrechnet.

Indianer nennt man die Ureinwohner Amerikas. Kolumbus glaubte auf seiner Seefahrt 1492 Indien entdeckt zu haben und nannte deshalb die Menschen, die er antraf Indianer. Die „Weißen" betrachteten sich diesen „primitiven Wilden" gegenüber als Herren. In Mittel- und Südamerika versklavten sie die Ureinwohner (Indios), in Nordamerika bekämpften Siedler die Indianer. Man nahm ihnen das Land ab und drängte sie in Reservate.

Indianerreservat, ein vom Staat den Indianern als Lebensraum zugewiesenes Gebiet. Die ursprünglich großen Landstriche wurden immer mehr verkleinert.

Induskultur, eine frühgeschichtliche ▶ Hochkultur, die im fruchtbaren Gebiet des Indus im 4. bis 2. Jahrtausend v. Chr. entstand und um 2700 v. Chr. ihre Blütezeit hatte. Wichtigste Orte waren die Städte Mohendscho-Daro am unteren Indus sowie Harappa im Pandschab.

Beide Städte waren durch die Schifffahrt auf dem Indus miteinander verbunden. Die Induskultur gehört zu den ▶ Stromkulturen.

Industrialisierung bezeichnet die Entstehung und die Verbreitung der Industrie und deren Folgen auf die Gesellschaft, die vor der Industrialisierung vor allem durch die Landwirtschaft geprägt war. Durch die Erfindung der Dampfmaschine 1769 begann, von Großbritannien ausgehend, die Industrialisierung. Es wurde möglich, Produkte in großer Zahl maschinell herzustellen. Aus Handwerksbetrieben entstanden Fabriken mit großen Maschinenhallen. Zum Antrieb dieser Maschinen und zu deren Herstellung wurden große Mengen an Eisen und Stahl benötigt. Dies führte zu einer rasanten Entwicklung im Bereich der Schwerindustrie und zu einem großen Bedarf an Arbeitskräften. Durch den Zuzug der ländlichen Bevölkerung stieg die Einwohnerzahl in den Städten rapide. Die teiweise erbärmlichen Wohn- und Arbeitsbedingungen verschärften die sozialen Gegensätze zwischen den Besitzenden und den Besitzlosen.

Industrie. Hierunter wird die gewerbliche Herstellung von Waren in Großbetrieben verstanden. In der Industrie werden bei einem hohem Maschineneinsatz und einer weitgehenden Mechanisierung und Automation ▶ Rohstoffe und Halbfertigwaren zu Verbrauchsgütern in großer Stückzahl verarbeitet. Der hohe Mechanisierungsgrad führt zu einer Verringerung der für die Fertigung notwendigen Arbeitskräfte. Die Industrie kann in zwei Bereiche unterschieden werden: in die Grundstoffindustrie, die Stoffe zur Weiterverarbeitung herstellt (Metalle, Kunststoffe und Chemikalien) und in die verarbeitende Industrie, die aus diesen Grundstoffen Halbfertig- oder Fertigwaren erzeugt.

Borsig Maschinenbauanstalt und Eisengießerei in Berlin Mitte des 19. Jahrhunderts

Industriegebiet, dicht besiedelter Raum mit einer hohen Konzentration an Industriebetrieben und einem dichten Verkehrsnetz. Viele der hier ansässigen Menschen sind in der Industrie beschäftigt.

Industrieländer, Bezeichnung für hoch entwickelte Staaten, deren Bevölkerung überwiegend in der Industrie, im verarbeitenden Gewerbe, dem Handel und im Dienstleistungsbereich beschäftigt ist. In diesen Ländern wird die Wirtschaft überwiegend von der Industrieproduktion getragen und das erzielte Pro-Kopf-Einkommen liegt über 15 000 US-Dollar im Jahr.

Inflation ist eine Geldentwertung. Sie ist daran zu erkennen, dass die Preise für Produkte ständig steigen. Es kommt zu einer Inflation, wenn mehr Geld im Umlauf ist, als Güter und Dienstleistungen angeboten werden. Die größte Inflation erlebte Deutschland 1923, als die deutsche Währung zusammenbrach, weil die Geldmenge zur Deckung der Staatsausgaben im und nach dem Ersten Weltkrieg unkontrolliert vermehrt wurde (▶ Währungsreform).

Infrastruktur umfasst die Ausstattung eines Gebietes mit materiellen, institutionellen und persönlichen Einrichtungen, die als Grundvoraussetzungen für das wirtschaftliche Leben dienen. Dazu gehören Verkehr, Beförderung, Post und Fernsprechwesen, Wasser- und Stromversorgung, Müllabfuhr, Abwasserbeseitigung, Krankenvorsorge und -behandlung, ebenso alle Institutionen für Bildung und Kultur wie Schulen, Theater, Bibliotheken und Museen.

Inka, hoch entwickeltes Volk in Südamerika, das zwischen dem 12. und 15. Jahrhundert seine Blütezeit hatte. Das Großreich der Inka erstreckte sich über die heutigen Länder Ecuador, Peru, Bolivien, dem nordwestlichen Argentinien und Nordchile. An der Spitze des ca. 10 Mio. Volkes stand der Inka, der oberste Herrscher und zugleich Hohepriester des Sonnengottes. Das Reich wurde zentral von der Hauptstadt Cuzco aus geleitet. Der spanische Eroberer Franzisco Pizarro zerstörte 1533 das Inkareich.

Innerdeutsche Grenze, Grenzanlage auf der Seite der ▶ Deutschen Demokratischen Republik zur Bundesrepublik Deutschland. Sie bestand unter anderem aus einem tiefen Graben, Minenfeldern, Wachtürmen, Sperranlagen, zeitweise Selbstschussanlagen und einem breiten Niemandsland. Die Soldaten der Nationalen Volksarmee (Armee der DDR) errichteten die Grenze nach dem Bau der ▶ Berliner Mauer. Nach der Wiedervereinigung der beiden deutschen Staaten 1990 wurden die Grenzanlagen abgebaut.

Innerdeutsche Grenze

Internet (englisch: internationales Netz) ist ein weltumspannendes Netz, das über Computern miteinander verbunden ist, und dient dem Austausch von Informationen und Daten. In seiner jetzigen Form gibt es das Internet seit Beginn der 90er-Jahre. Der Anwender kann über das Internet Informationen

Israel

Der Staat Israel liegt am östlichen Mittelmeer in Vorderasien. Auf einer Fläche von 20 770 km² leben dort etwa 5,5 Mio. Menschen, von denen etwa 80 % Juden und 15 % Araber sind. Israels Hauptstadt ist Jerusalem; seine Amtssprachen sind Hebräisch und Arabisch. Das Staatsoberhaupt ist der Staatspräsident. Er wird von der Knesset, dem israelischen Parlament, gewählt.

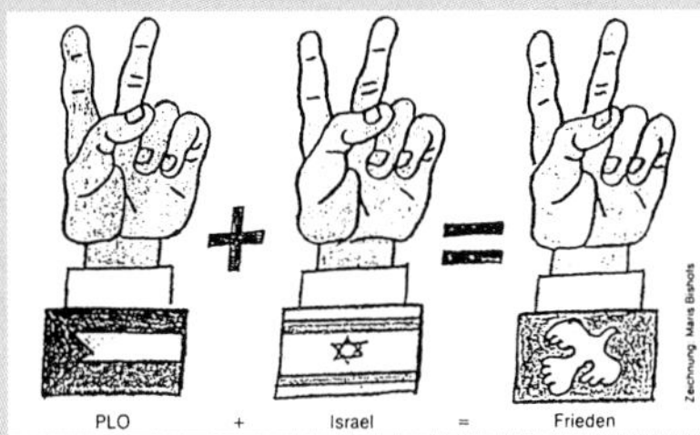

Friedensgleichung

1896 Der Wiener Jude Theodor Herzl fordert die Gründung eines Staates für die Juden.

1919 Teilung des Osmanischen Reiches, Palästina wird britisches Mandatsgebiet.

In der Folgezeit wandern zahlreiche Juden nach Palästina ein.

1947 Beschluss der UN-Vollversammlung zur Teilung Palästinas zwischen Juden und Arabern.

1948 Gründung des Staates Israel durch Ben Gurion, der Israels erster Ministerpräsident wird. Krieg zwischen Israel und den arabischen Nachbarstaaten.

1956 Sueskrieg: Israels Truppen reagieren auf die Blockade des Sueskanals durch Ägypten mit dem Einmarsch in den Gazastreifen und die Sinai-Halbinsel.

1967 Sechs-Tage-Krieg: Israel, das sich bedroht fühlt, greift Ägypten an und erobert u. a. das Westjordanland, den Gazastreifen und die Golanhöhen. Die Sinai-Halbinsel wird besetzt.

1973 Jom-Kippur-Krieg: Israel wird von Ägypten und Syrien angegriffen und muss sich von der Sinai-Halbinsel teilweise zurückziehen.

1979 Abkommen von Camp David: Friedensvertrag zwischen Israel und Ägypten. Israel räumt daraufhin die Halbinsel Sinai ganz.

1987 Beginn der Intifada, des Aufstandes der Palästinenser in den von Israel besetzten Gebieten.

1993 Gegenseitige Anerkennung zwischen Israel und PLO (Palästinensische Befreiungsorganisation).

1994 (Mai) Gaza-Jericho-Abkommen: Die Palästinenser erhalten eine teilweise Autonomie in Jericho und im Gazastreifen.
(Oktober) Friedensvertrag zwischen Israel und Jordanien.

1998 Abkommen von Wye: Vereinbarung eines Teilrückzugs Israels aus dem Westjordanland.

Geschichte Israels

von Anbietern abrufen (z.B. über Urlaubsländer, Fahrplanauskünfte einholen usw.), Produkte einkaufen (z.B. Bücher) oder auch elektronische Post verschicken und empfangen (e-mail).

Inuitsiedlung Jakobshavn (Grönland)

Inuit, oft auch als „Eskimo“ (indianisch: Rohfleischesser) bezeichnet, ist der Name einer Volksgruppe, die am Rand der polaren Zone Nordamerikas, in den Küstengebieten Grönlands und im Nordosten Sibiriens lebt. Die ursprüngliche Lebensweise der Inuit war den ungünstigen Bedingungen ihres kalten Lebensraums angepasst. Sie ernährten sich vor allem von Fisch und vom Fleisch ihrer Jagdtiere, z.B. Robbe, Wal, Walross, Karibu und Lachsforelle. Zur Nahrungsbeschaffung hielten sie sich im Sommer in der ▶ Tundra auf, im Winter auf dem Meereis in Küstennähe. Die typische Winterbehausung der Inuit im Nordwesten Kanadas ist das Iglu, ein aus Schneeblöcken gebautes Haus, das wie eine Halbkugel aussieht. Heute gibt es noch etwa 100000 Inuit, von denen jedoch nicht mehr viele in der traditionellen Art leben.

Ionier, Volksstamm, der ursprünglich im nördlichen Griechenland wohnte. Die Ionier siedelten sich aber um 1200 v. Chr. unter dem Druck der ▶ Dorier auf den Inseln der Ägäis und an der mittleren Westküste Kleinasiens („Ionien“) an. Sie gründeten einen Ionischen Städtebund, der 540 v. Chr. von den Persern unterworfen wurde. Sie wurden Mitglied des ▶ Attischen Bundes, später auch zeitweise abhängige Verbündete der Spartaner. Im ▶ Römischen Reich war Ionien Teil der Provinz Asien.

Islam (arabisch: Ergebung), von ▶ Mohammed zwischen 610 und 632 n. Chr. begründete Religion. Der Islam versteht sich als Vollendung von Judentum und Christentum, deren Inhalte er jedoch verändert übernommen hat. Hauptquelle des Islam ist der ▶ Koran. Im Mittelpunkt der islamischen Lehre steht Allah als einziger, persönlicher und allmächtiger Gott.

Israel, ▶ Exkurs (S. 93)

Italiker, verschiedene indogermanische Stämme, die gegen Ende des 2. Jahrtausends v. Chr. aus Mitteleuropa über die Alpen kamen und in Italien einwanderten. Sie lebten vorwiegend von Landwirtschaft und Viehzucht.

Die Kaaba in Mekka

J

Jahreszeiten, die durch unterschiedliche Wärmeverhältnisse geprägten Hauptzeitabschnitte des Jahres (Frühling, Sommer, Herbst und Winter). Sie sind eine Folge der gleich bleibenden Neigung der Erde bei ihrem Umlauf um die Sonne. Für einen Umlauf braucht die Erde auf ihrer ellipsenförmigen Bahn 365,25 Tage (ein Jahr). Die Halbkugeln sind im Jahresablauf unterschiedlich der Sonne zugewandt. Dadurch verändert sich in dieser Zeit auch der Einfallswinkel der Sonnenstrahlen in einem bestimmten Gebiet und es erfolgt eine verschieden starke Erwärmung.

Jahreszeitenklima, ein ▶ Klima, in dem die jährlichen Schwankungen der Temperaturen und zum Teil auch der Niederschläge größer sind, als die tageszeitlichen Schwankungen (▶ Tageszeitenklima).

Jesuiten, ein 1534 von Ignatius von Loyola gegründeter katholischer Männerorden. Besonders hervorgetan haben sich die Jesuiten als Vorkämpfer der ▶ Gegenreformation, in der christlichen Bildungsarbeit, in der ▶ Mission sowie in verschiedenen Wissenschaften. Der ▶ Orden zählt über 30000 Mitglieder.

Jesus Christus, jüdischer Wanderprediger und Begründer des ▶ Christentums. Vermutlich wurde Jesus 7 v. Chr. geboren und in der Zeit des römischen Statthalters Pontius Pilatus (26–36 n. Chr.) gekreuzigt. Jesus ist die zentrale Gestalt des Evangeliums (▶ Neues Testament).

Juden, im engeren Sinne die Nachkommen des israelitischen Stammes Juda, im weiteren Sinne alle Angehörigen, die sich zum jüdischen Glauben bekennen (▶ Israel).

Judenstern. Von 1941 an mussten alle Juden, die sechs Jahre und älter waren, im Deutschen Reich zur öffentlichen Kennzeichnung den gelben Judenstern tragen.

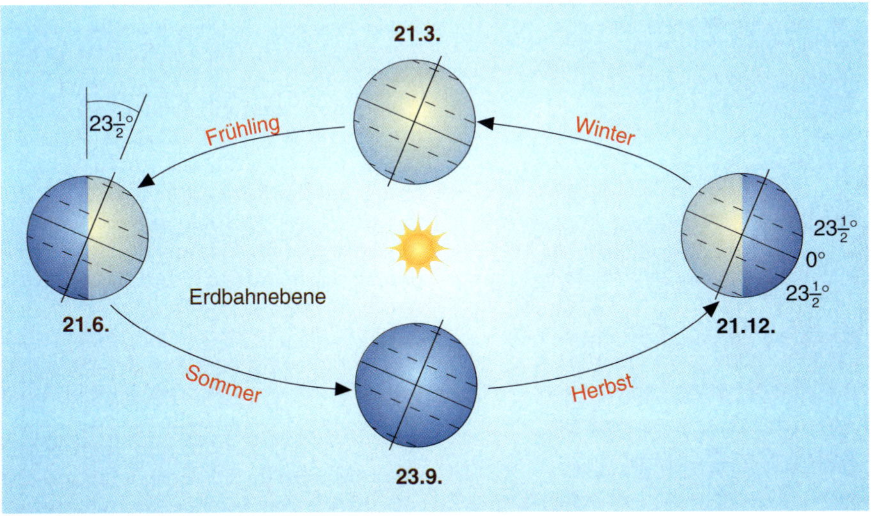

Jahreszeiten

Menschen in der Jungsteinzeit beim Töpfern

...beim Mahlen von Getreide

...beim Bohren

Jugendschutz, Gesetz, um Kinder und Jugendliche vor Gefahren, die sie selbst meist noch nicht richtig einschätzen können, zu schützen. Im Jugendschutzgesetz wird unter anderem geregelt wie lange sich Jugendliche abends bei Konzerten oder in Diskos aufhalten dürfen, ab welchem Alter der Kauf und Genuss von alkoholischen Getränken oder Zigaretten erlaubt ist, ab welchem Alter sie bestimmte Filme im Kino sehen dürfen und wie alt sie sein müssen, um in Spielhallen zu gehen.

Jugendweihe, in der ▶DDR praktizierte Zeremonie, bei der die Jugendlichen in die sozialistische Gesellschaft aufgenommen wurden. Seit 1956 nahmen an ihr 95 % aller Jugendlichen im 8. Schuljahr teil. Die Jugendweihe sollte Konfirmation und Kommunion ersetzen.

Julikrise, Bezeichnung für die politischen Auseinandersetzungen im Juli 1914 nach dem Attentat von Sarajevo. Die Julikrise führte nach fünf Wochen zum Ausbruch des Ersten Weltkrieges.

Jungsteinzeit. Sie begann im 5. Jahrtausend v. Chr. in Mitteleuropa und bezeichnet die Zeit, in der die Menschen sich nicht länger nur durch Jagen und Sammeln ernährten, sondern in der sie bereits ▶Ackerbau und ▶Viehwirtschaft betrieben. Damit war die Versorgung mit Nahrungsmitteln sicherer geworden und die Menschen konnten sesshaft werden. Statt in Zelten und Höhlen lebten sie nun in festen Häusern und Dörfern.

Jute, eine Bastfaser aus den Stängeln der Jutepflanze, die vorwiegend in Asien und Südostasien beheimatet ist. Die Fasern sind stark verholzt und ungleichmäßig und werden für Verpackungsgewebe wie Säcke und Tragetaschen, Teppiche, Seile und Planen verwendet.

K

Kaffee, Samen des Kaffeebaumes oder Kaffestrauches. Als Kulturpflanze gibt es den Kaffee erst seit dem 15. Jahrhundert. Der Kaffeestrauch wird heute zwischen dem 25. Grad nördlicher und südlicher Breite vorwiegend in Plantagen angebaut. Er benötigt hohe Temperaturen und reichlich Feuchtigkeit. In der kirschenähnlichen Frucht befinden sich meist zwei Steinkerne, in denen die Kaffeebohne sitzt. Nach der Aufbereitung zum Rohkaffee (Trocknen, Schälen) erfolgt das Rösten, wodurch der Kaffee erst genießbar wird. Die wichtigsten Kaffeeproduzenten sind Brasilien, Kolumbien und die Staaten Mittelamerikas.

Kaffee

Kaiser, höchster Herrschertitel, der aus dem Namen Julius Caesars entstand. Mit der Kaiserkrönung ▶ Karls des Großen im Jahre 800 durch den Papst in Rom wurde das römisch-deutsche Kaisertum begründet. Der Kaiser war Beschützer und Führer der Kirche und des Abendlandes. Im ▶ Deutschen Reich von 1871 bis 1918 führte der König von Preußen den Titel deutscher Kaiser. Der letzte deutsche Kaiser war Wilhelm II.

Kakao, Rohmaterial aus dem Samen des tropischen Kakaobaumes, das für Kakaopulver, Kakaobutter und Schokolade verwendet wird. Der Kakaobaum benötigt viel Wärme und Feuchtigkeit. In seinen gurkenähnlichen Früchten sitzen 25 bis 50 bohnenförmige Samen (Kakaobohnen). Wegen ihres Fettgehaltes von über 50 % sind sie sehr nahrhaft. Der Kakaobaum wird außer in Mittel- und Südamerika auch in Südostasien und in Äquatorialafrika angebaut. Rohkakao wird auch in der Kosmetik- und Pharmaindustrie verwendet.

kaledonische Faltung wird ein weiträumiger Gebirgsbildungsprozess in der Mitte des Erdaltertums (▶ Erdzeitalter) genannt. Vom kaledonischen Gebirge, das damals aufgefaltet wurde, sind heute noch Gebirgsreste in Irland, England, Schottland und in Skandinavien erhalten. In diese Faltungsphase wurden auch Gebiete von Spitzbergen bis nach Grönland einbezogen.

Kalisalz ist ein Steinsalz, das Kalium enthält. Es hat für die chemische Industrie vor allem für die Herstellung mineralischer Dünger besondere Bedeutung.

Kältegrenze, Temperaturgrenze für die Existenz von bestimmten Pflanzen und auch Tieren. Jenseits dieser Grenze haben zu niedrige Temperaturen schädliche bis tödliche Wirkung auf den Organismus.

Kalter Krieg. Nach dem Zweiten Weltkrieg kam es zu starken Auseinandersetzungen und Spannungen zwischen den USA und der ▶ Sowjetunion, die Machtinteressen, unterschiedliche Wertvorstellungen und verschiedene Weltanschauungen zum Gegenstand hatten. Diese Gegnerschaft bezeichnete man als Kalten Krieg, da die beiden Großmächte nicht mit Waffen gegeneinander kämpften. Der Zusammenbruch der kommunistischen Staaten beendete 1989 den Kalten Krieg.

Kältewüste, ein Gebiet, in dem die Merkmale einer ▶ Wüste durch zu niedrige Temperaturen hervorgerufen werden. Kältewüsten befinden sich in den Hochgebirgen und in polaren oder subpolaren Regionen, in denen der Wärmemangel das Pflanzenwachstum stark einschränkt oder ganz verhindert.

Kanal, künstlicher Schifffahrtsweg zwischen Seen, Flüssen und Meeren. Kanäle werden einerseits gebaut, um Wirtschaftsräume, die nicht an schiffbaren Flüssen liegen, an das Binnenschifffahrtsnetz anzuschließen. Dabei müssen häufig Höhenunterschiede mithilfe von Schleusen überwunden werden. Andererseits verkürzen Kanäle wie z.B. der Nord-Ostsee-Kanal, der Sueskanal oder der Panamakanal den Seeweg erheblich.

Nord-Ostsee-Kanal

Kapital, neben Arbeit und Boden der dritte ▶ Produktionsfaktor. Man unterscheidet in betrieblicher Hinsicht zwischen Anlagekapital (z.B. Gebäude, Maschinen) und Betriebskapital (z.B. Barmittel).

Reiterstandbild Karls des Großen

Kapitalismus, ein von ▶ Karl Marx geprägter Ausdruck für ein Wirtschaftssystem, in dem sich die Produktionsmittel im Besitz privater Eigentümer befinden. Die Eigentümer (Kapitalisten) stellen das Kapital, das für den Wirtschaftsprozess erforderlich ist, zur Verfügung und erwarten dafür möglichst hohe Gewinne. Im Kapitalismus werden – im Gegensatz zum ▶ Sozialismus – Waren nicht nach aufgestellten Plänen durch eine zentrale Planungsbehörde produziert (▶ Planwirtschaft), sondern der Bedarf am ▶ Markt ermittelt (▶ Marktwirtschaft).

Karl der Große (768–814 n. Chr.), König des Franken- und des Langobardenreiches. Karl der Große führte drei Jahrzehnte Krieg gegen die Sachsen (772–804), um diese zu christianisieren. Des Weiteren unterwarf er die Langobarden und die Slawen. Im Jahr 800 n. Chr. wurde er in Rom von Papst Leo III. zum Kaiser gekrönt (▶ Franken, Frankenreich, Merowinger).

Karolinger, Name für ein fränkisches Königsgeschlecht, das aus den ▶ Hausmeiern der merowingischen Könige hervorging. Der erste karolingische König der Franken war Pippin der Jüngere, der 751 n. Chr. anstelle der Merowinger König wurde. Der bedeutendste karolingische König war später ▶ Karl der Große (▶ Franken, Frankenreich, Merowinger).

Karst, Landschaft, die durch Trockentäler, ▶ Dolinen, Poljen und Höhlen gekennzeichnet ist. Diese Landschaftsformen entstehen dann, wenn wasserlösliches Gestein (Kalk-, Gips- und Salzgesteine) vorkommt und kohlesäurehaltiges Wasser das Gestein auflöst. Da das Wasser an der Oberfläche in Klüften und Fugen rasch versickert, entstehen in der Tiefe verzweigte Systeme von Gerinnen, Bächen und Höhlen. Der Name Karst (Felsen) stammt von der gleichnamigen Region in der Nähe von Triest östlich der Adria.

Karten, ▶ Exkurs (S. 101)

Karthago, Handelsstadt an der nordafrikanischen Küste und bedeutende Seemacht im westlichen Mittelmeer. In insgesamt drei Punischen Kriegen (264–146 v. Chr.) gegen die Römer verlor Karthago die Vorherrschaft im Mittelmeerraum. Nach der endgültigen Niederlage wurde die Stadt 146 v. Chr. völlig zerstört und ein Teil der römischen Provinz Afrika.

Kaste, eine streng sich abschließende Gesellschaftsschicht mit besonderen Gebräuchen und dem Verbot, einen Menschen außerhalb der eigenen Kaste zu heiraten. In Indien gibt es eine ausgeprägte Kastenordnung (vier Kasten): die Priester (Brahmanen), die adligen Krieger, die Händler, Bauern und Handwerker sowie die Dienenden. Neben den Menschen, die diesen Kasten zugeordnet sind, gibt es die große Masse der Unberührbaren (Parias). Obwohl die seit 1950 geltende neue Verfassung Indiens die politische Gleichheit aller Bürger gewährt, ist die indische Gesellschaft aufgrund religiöser Traditionen noch immer in viele Kasten aufgeteilt.

Kastell (lateinisch: Feste, Fort), befestigtes Heerlager, das ursprünglich den römischen Truppen als Marsch- und Winterquartier diente. Seit der römischen Kaiserzeit wurden Kastelle auch als dauerhafte Wehrbauten, vor allem entlang des ▶ Limes, errichtet.

Kautschuk (tränender Baum), Milchsaft des Gummibaumes, der durch das Anschneiden der Baumrinde gewonnen wird. Ein Baum liefert 1–2 Liter Milch. Kautschuk wird zu Reifen, Transportbändern, Schläuchen, Schuhsohlen, Klebstoffen und Sportartikeln verarbeitet. Die Haupterzeugerländer für Naturkautschuk liegen in Asien, Afrika und Südamerika. Naturkautschuk wird heute immer stärker durch künstlich hergestellten Kautschuk verdrängt.

Angeschnittene Baumrinde des Gummibaumes

Keilschrift, Schrift der Sumerer in ▶ Mesopotamien. Die Zeichen dieser Schrift, die sich aus Bildern entwickelte, sehen wie kleine Keile aus. Man schrieb, indem man mit dreikantigen Griffeln in feuchten Ton ritzte. Die Keilschrift entstand im 3. Jahrtausend v. Chr., seit 1802 wurde sie entziffert.

Kernkraftwerk, Anlage zur Erzeugung elektrischer Energie mithilfe der Spaltung von Uran- und Plutoniumatomen. Die bei der Kernspaltung frei werdende Energie wird dabei zur Dampferzeugung genutzt, wodurch Turbinen, die den elektrischen Strom liefern, angetrieben werden. Kernkraftwerke sind sehr umstritten, da bei einem Reaktorunfall Umwelt verseuchende Radioaktivität freigesetzt werden kann (▶ Tschernobyl). Kernkraftwerke tragen derzeit weltweit knapp 20 % zur Stromerzeugung bei.

Kibbuz (hebräisch: Sammlung, Gruppe), geplante ländliche Siedlung in Israel mit kollektiver Witschafts- und Lebensweise (Gemeinschaftssiedlung). Um 1900 war für Einwanderer ein Kibbuz die einzige Möglichkeit, in Palästina zu überleben. Heute überleben viele Kibuzze nur aufgrund der Ansiedlung von Industriebetrieben und den Einnahmen aus dem Tourismus.

Kinderarbeit. Zur Ernährung ihrer Familien müssen viele Kinder in den ▶ Entwicklungsländern arbeiten. Ob durch Fabrikarbeit oder mit ▶ Dienstleistungen wie Schuhe putzen, Zeitungen verkaufen, Vieh hüten, Teppich knüpfen oder Betteln tragen sie durch ihren Verdienst zum Lebensunterhalt der Familien bei. So arbeiten z.B. in Indien über 400 000 Kinder unter schwierigsten Bedingungen in der Teppichindustrie. Früher war auch bei uns die Kinderarbeit weit verbreitet, z.B. auf Bauernhöfen und im Bergbau.

Kirche. Das Wort bedeutet ursprünglich „Gemeinde des Herrn“, später allgemein die Gemeinschaft aller gläubigen Christen. Die Kirche ist von Christus gestiftet, der ihr die Verkündigung des Evangeliums und die Spendung der Sakramente anvertraut hat. Sie soll das Erlösungswerk Christi in der Welt fortsetzen. Darum hat sie auch den Auftrag der ▶ Mission, das heißt aller Welt das Evangelium zu verkünden. Weitere Aufgabe der Kirche ist die Seelsorge, darüber hinaus engagiert sie sich im sozialen Bereich.

Kirchenbann, schwerste kirchliche Strafe, die besonders im Mittelalter angewendet wurde. Er schloss den Betroffenen vom Empfang der heiligen Sakramente aus und in schweren Fällen auch von der Gemeinschaft der gläubigen Christen. Dazu kam, dass der Kirchbann auch noch staatliche Rechtsfolgen, nämlich die Reichsacht (▶ Acht), nach sich zog. Damit hatte der Betroffene auch keine bürgerlichen Rechte mehr.

Klassenkampf, Begriff aus der Lehre des ▶ Kommunismus. Nach dieser Lehre soll der Klassenkampf das Verhältnis zwischen der herrschenden, besitzenden Klasse (Kapitalisten, Großgrundbesitzer) und der unterdrückten Klasse, die nicht

Kinderarbeit

Karten

Weltkarte aus dem 16. Jahrhundert

Karten sind verkleinerte Abbildungen der Erdoberfläche oder eines Teiles von ihr. Das dargestellte Gebiet wird auf einer ebenen Kartenfläche wiedergegeben, wobei die Wiedergabe der gewölbten Fläche der Erdkugel ein großes Problem darstellt. Durch unterschiedliche Methoden der Berechnung kann zwar eine annähernd genaue Darstellung erreicht werden. Dennoch enthält jede Karte mehr oder weniger große Verzerrungen von Flächen, Entfernungen oder Richtungen. Die Karten sind meistens so gezeichnet, dass die Himmelsrichtung Norden am oberen Kartenrand liegt.

Kartenarten
Karten können zu verschiedenen Zwecken verwendet werden. Im Wesentlichen unterscheidet man nach dem Karteninhalt zwei Arten: Karten, die die natürliche Geländesituation zeigen (▶ topografische Karten, physische Karten) und Karten, die ein spezielles Thema darstellen (▶ thematische Karten). Allen Karten ist gemeinsam, dass sie eine Vielzahl von Informationen leicht erkennbar darstellen müssen. Die Einzelheiten der Wirklichkeit können dabei nicht in ihrer tatsächlichen Form gezeichnet werden. In der Karte verwendet man hierfür Farben und Zeichen (Signaturen).

Entwicklung der Karten
Die Anfänge der Karten gehen bis in die Antike zurück. Die frühen Karten enthielten oft große Ungenauigkeiten. Bei vielen mittelalterlichen Karten ist darüber hinaus der Einfluss der Kirche erkennbar. In ihnen ist Jerusalem als Mittelpunkt der Welt dargestellt. Die Genauigkeit der Karten erhöhte sich seit dem 15. Jahrhundert, als das Zeitalter der großen Entdeckungsfahrten begann und die unbekannten Küsten vermessen wurden.
Grundlage für die Anfertigung heutiger Karten ist die genaue Vermessung des Geländes. Luftbilder und Satellitenfotos unterstützen die Informationen über die Beschaffenheit der Erdoberfläche.

Wetterdaten werden gemessen

über Produktionsmittel verfügt, zugunsten der unterdrückten Klasse ändern. Die Produktionsmittel sollen enteignet und in Gemein- bzw. Staatseigentum überführt werden. Ziel soll der Sieg der Arbeiterklasse (▶ Proletarier) über das Bürgertum (▶ Bourgeoisie) und damit die Schaffung einer klassenlosen Gesellschaft sein.

Klerus, Gesamtheit der katholischen Geistlichen. Sie unterscheiden sich von den „Laien“ (dem „Volk“) dadurch, dass sie geweiht sind, also z.B. die Priester- oder Diakonweihe empfangen haben.

Klima, ▶ Exkurs (S. 103)

Klimadiagramm, veranschaulichende Darstellung von Klimawerten. In einem Klimadiagramm sind Temperaturen und Niederschläge enthalten. Die Temperaturen werden als Kurve dargestellt, die monatlichen Niederschläge als Säulen.

Klimaelemente ergeben in ihrem Zusammenwirken das Klima eines Raumes. Sie sind die messbaren Eigenschaften der ▶ Atmosphäre. Zu den wichtigsten Klimaelementen gehören Strahlung, Luftdruck, Temperatur, Wind, Verdunstung, Bewölkung und Niederschlag. An vielen Orten der Erde werden die Erscheinungen beobachtet, gemessen und in Tabellen gesammelt. Die daraus errechneten Monatsmittelwerte kennzeichnen in ihren Gemeinsamkeiten jeweils das Klima (Durchschnitt aus mindestens 30 Jahren).

Klimafaktoren, Eigenschaften eines geografischen Raumes, die das Klima beeinflussen, z.B. Meeresnähe, Höhenlage, geografische Breitenlage, Geländeneigung, Talverlauf, Bodenbedeckung, Siedlungsdichte.

Klimasystem, Gesamtheit der Zustände und Vorgänge, die zur Entstehung des Klimas beitragen. Sie finden in unterschiedlichen Ebenen statt und stehen in Wechselwirkung miteinander. Zum Verbund des Klimasystems gehören neben der ▶ Atmosphäre vor allem Ozeane, Landoberflächen, Eisgebiete und die durch Menschen vorgenommenen Eingriffe (▶ Treibhauseffekt).

Kloster. Darunter versteht man einen von der Außenwelt abgeschlossenen Wohnkomplex (Klosteranlage) für Ordensleute. Klöster sind im 4. Jahrhundert als Ansiedlungen von Einsiedlern entstanden. Es setzte sich allmählich eine feste Bauordnung durch, nach der zu einem Kloster eine Kirche, eine Bibliothek, eine Schreibstube, Schlaf- und Speiseräume für die Mönche sowie Wirtschaftsgebäude gehören.

Knappe, mittelalterliche Bezeichnung für einen jungen Mann von freier Geburt, der zur Ausbildung in den Dienst

Klima

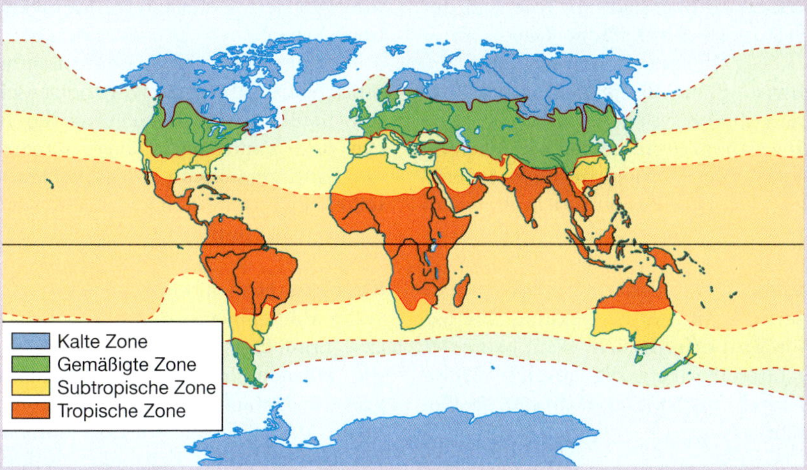

Klimazonen der Erde

Wetter, Witterung und Klima sind Begriffe, die in einem engen Zusammenhang stehen. Während Wetter und Witterung kurzfristige Zeiträume über den Zustand der ▶ Atmosphäre erfassen, beschreibt das Klima den typischen Wetterablauf über einen längeren Zeitraum. Dieser durchschnittliche Zustand wird aus Messungen über Jahrzehnte ermittelt.

Das Klima wird wesentlich von der Dauer und Intensität der Sonneneinstrahlung bestimmt. Die Erwärmung der Erdoberfläche ist dabei nicht überall gleich. Die Ursache hierfür ist die Kugelgestalt der Erde und die Neigung der Erdachse. Die Sonnenstrahlen treffen in verschieden großen Einfallswinkeln auf die Oberfläche. Die Drehung der Erde um die Sonne führt weiterhin dazu, dass sich der Einfallswinkel für bestimmte Bereiche der Erdoberfläche im Jahresablauf ständig ändert (▶ Jahreszeiten).

Die Bereiche unterschiedlicher Erwärmung kann man in Temperaturzonen abgrenzen. Sie verlaufen fast parallel zu den Breitenkreisen. Die Erwärmung ist größer, je steiler der Einfallswinkel ist. In der tropischen Zone ist die Sonneneinstrahlung während des ganzen Jahres hoch. Die Temperaturunterschiede sind gering, Jahreszeiten wie bei uns gibt es nicht. Zu den Polen hin wird der Einfallswinkel der Sonnenstrahlen immer flacher und die Erwärmung entsprechend geringer. Gleichzeitig werden die Jahrestemperaturunterschiede immer größer, sodass ein ausgeprägter Wechsel der Jahreszeiten festzustellen ist.

Neben der geografischen Lage ist das Klima noch von anderen Faktoren beeinflusst wie z.B. von der Höhenlage der Landschaft, der Lage zu Gebirgen oder der Entfernung zum Meer. Liegen für bestimmte Gebiete auf der Erde gleiche oder ähnliche Klimavoraussetzungen vor, so spricht man von Klimazonen (▶ Klimaelemente, Klimafaktoren, Klimasystem, Atmosphäre, Wetter).

eines Ritters trat. Hier lernte er alle Fähigkeiten und Tugenden, die ein Ritter besitzen musste. Mit 21 Jahren wurde der Knappe zum Ritter erhoben (▶ Ritter).

Knossos, antike Stadt auf Kreta, in der nach Aussage des Dichters Homer Minos als König herrschte. Knossos war die wichtigste Stätte der ▶ minoischen Kultur um 2000 bis 1400 v. Chr. In Knossos finden sich mehrere bedeutende Paläste, die seit 1900 von dem britischen Archäologen Sir Arthur Evans ausgegraben wurden.

Koalition, Bündnis von zwei oder mehr Parteien zur Regierungsbildung. Die Koalition wird erforderlich, wenn keine der gewählten Parteien die absolute Mehrheit (mehr als 50 %) erreicht hat (▶ Parlament).

Kogge

Kogge, Schiff der Hanse. Die Koggen waren schneller, größer und seetüchtiger als die bis dahin gebauten Schiffe. Deshalb wurde der Handel für die Kaufleute in diesem Raum mit den Koggen besonders einträglich (▶ Hanse).

Kollektivierung ist ein Begriff aus der sozialistischen Gesellschaft und bedeutet, dass Eigentum enteignet und in Staatseigentum überführt wird. Die DDR z.B. enteignete alle großen Bauernhöfe und gab sie Landarbeitern, Kleinbauern und Vertriebenen. Es entstanden 300 000 „Neubauernhöfe“, die später zu Landwirtschaftlichen Produktionsgenossenschaften (LPG) zusammengelegt wurden. Bauern und Landarbeiter bewirtschafteten das Land gemeinsam (im Kollektiv). Sie teilten den Gewinn nach den Gesetzen, die der Staat festlegte.

Kolonie, ein von einer fremden Macht völlig abhängiges Land oder Gebiet. Mit den Entdeckungen um 1500 begannen die europäischen Großmächte immer größere Gebiete außerhalb Europas in ihren Machtbereich einzubeziehen und zu beherrschen. Fast alle Kolonien erlangten nach dem Zweiten Weltkrieg ihre Unabhängigkeit (▶ Imperialismus).

Kolonisation (griechische), Bezeichnung für die Besiedlung der Westküste Kleinasiens, Süditaliens, Siziliens und einzelner Gebiete im westlichen Mittelmeerraum sowie an der Küste Nordafrikas durch griechische Stämme im 8. bis 6. Jahrhundert v. Chr. Ursachen waren die Ausweitung des Seehandels, aber auch der Mangel an gutem Boden und die wachsende Anzahl von Menschen in den engen Tälern Griechenlands. Sie förderte das Entstehen einer gesamtgriechischen (hellenischen) Kultur.

Kolumbus, Christoph (1451–1506), italienischer Seefahrer und Entdecker Amerikas. Im Auftrag der spanischen Krone suchte Kolumbus den Seeweg nach Indien. Er landete 1492 auf einer der Bahama-Inseln und nannte die Einheimischen dort Indianer, da er glaubte, Indien entdeckt zu haben. Insgesamt unternahm Kolumbus vier Fahrten, bei

Kolumbus landet 1494 auf Haiti

denen er unter anderem Kuba, Haiti, Jamaika und Puerto Rico entdeckte.

Kommunismus (lateinisch: gemeinsam), Bezeichnung für eine Gesellschaftsordnung, in der es nur Gemeinbesitz gibt und alle Menschen sozial gleichgestellt sind. Grundlage ist der ▶ Sozialismus. Danach ist die Geschichte eine Abfolge von ▶ Klassenkämpfen zwischen Besitzenden und Besitzlosen, an deren Ende Sieg und Herrschaft des ▶ Proletariats stehen sollen. Der Kommunismus wurde stark durch die Theorien von ▶ Karl Marx geprägt.

Kommunistisches Manifest nennt sich eine 1847/48 von ▶ Karl Marx und Friedrich Engels veröffentliche Schrift über das Programm des ▶ Kommunismus. Es enthält die Lehre vom Klassenkampf und von der Diktatur des ▶ Proletariats. Damit bildet es die theoretische Grundlage der ▶ Arbeiterbewegung und der sozialistischen bzw. kommunistischen Parteien.

Kompass, Gerät zur Bestimmung der Himmelsrichtungen. Bei einem Magnetkompass geschieht dies mittels einer Magnetnadel und einer Windrose. Die bewegliche Nadel wird vom erdmagnetischen Feld in die magnetische Nord-Süd-Richtung ausgerichtet (▶ Pole). Diese weicht allerdings von der geografischen Nord-Süd-Richtung ab (Missweisung). Daher muss die Windrose des Kompass immer so gedreht werden, dass die markierte Spitze der Nadel etwas links von der Beschriftung „N“ steht.

konservativ (lateinisch: bewahren) nennt man eine Grundhaltung, die Zustände und Werte in einer Gesellschaft beibehalten will, da sie bisher das politische und gesellschaftliche Leben stabilisiert haben.

Konsum bedeutet ursprünglich den Verbrauch aller Waren, die zur Befriedigung der Bedürfnisse und Interessen der Menschen dienten. In der heutigen Konsumgesellschaft werden viele Bedürfnisse durch die ▶ Massenmedien, die Werbung und Reklame geweckt. Das Konsumverhalten der Menschen, z. B. in der Mode, der Freizeitgestaltung, beim Autokauf und im Urlaub, ist häufig fremdbestimmt.

Kontinent (lateinisch: zusammenhängend), allgemeine Bezeichnung für eine große zusammenhängende Festlandmasse, einschließlich dem unter Wasser liegenden Kontinentalsockel (▶ Schelf). Zu den Kontinenten zählen Eurasien (unterteilt in Europa und Asien), Afrika, Amerika (unterteilt in Nord- und Südamerika), die Antarktis und Australien (mit Ozeanien). Der Anteil der Kontinentalfläche an der gesamten Erdoberfläche von 510 Mio. km² beträgt rund 35 %.

kontinentales Klima, eine Bezeichnung für das ▶ Klima der inneren Gebiete des Festlands. Es ist durch große Temperaturschwankungen im Tages- und Jahresablauf und durch kalte Winter sowie warme Sommer gekennzeichnet. Weitere Klimamerkmale sind: niedrige Luftfeuchte, geringe Bewölkung und geringe Jahresniederschlagssummen mit hohen Werten im Frühjahr oder Sommer.

Kontinentalsperre. Mit dieser Wirtschaftsblockade der Länder auf dem europäischen Festland wollte ▶ Napoleon Großbritannien, das er militärisch nicht besiegen konnte, wirtschaftlich schädigen und zum Frieden zwingen. Auf die 1806 verhängte Blockade reagierte Großbritannien 1807 mit einer Gegenblockade. Sein Ziel erreichte Napoleon mit der bis 1813 dauernden Kontinentalsperre nicht, stattdessen schadete sie vielen Betrieben auf dem Festland.

Kontinentalverschiebung, ▶ Plattentektonik.

Kontor, Handelsniederlassung eines Unternehmens oder einer Hansestadt bzw. eines Städtebundes im Ausland. Solche Handelskontore dienten als Warenlager. Sie waren gleichzeitig Herberge der Kaufleute und häufig auch befestigtes Zentrum der Handelsniederlassung (▶ Hansestadt, Stalhof).

Hunger und Krankheit im KZ Buchenwald

Kontrollrat, oberstes Regierungsorgan in Deutschland nach dem Zweiten Weltkrieg. Er war von den Siegermächten (Alliierten) nach der Kapitulation der deutschen Wehrmacht eingesetzt worden und hatte seinen Sitz in Berlin. Mitglieder waren die vier militärischen Oberbefehlshaber der Besatzungsmächte. Die Hauptaufgabe des Kontrollrates war es, die Bestimmungen des ▶ Potsdamer Abkommens von 1945 umzusetzen. Im beginnenden ▶ Kalten Krieg und der Verschärfung der Gegensätze zwischen den ▶ Alliierten verließ der sowjetische Oberbefehlshaber 1948 aus Protest gegen die ▶ Währungsreform den Kontrollrat, der darauf seine Arbeit einstellte.

Konzentrationslager, gefängnisähnliches Lager, in die die Nationalsozialisten bereits 1933 ihre Gegner (Kommunisten, Sozialdemokraten, Politiker der verschiedenen Parteien, Geistliche, Wissenschaftler und Künstler) sperrten. Eines der ersten Lager war Dachau bei München. Die Häftlinge waren der ordentlichen Rechtsprechung entzogen, der Willkür der Bewacher ausgesetzt, mussten schwere Zwangsarbeit leisten und wurden oft gefoltert und in den Tod getrieben. Im ▶ Zweiten Weltkrieg errichteten die Nazis eine besondere Form der Konzentrationslager: die Vernichtungslager. In diesen vollzogen sie den systematisch betriebenen Massenmord an mindestens 6,5 Mio. Menschen, vor allem Juden. Die größten Lager waren ▶ Auschwitz, Belzec und Treblinka.

Korallenriff, Kalkablagerungen im Meer, die aus Korallenskeletten aufgebaut sind. Die Korallen leben nur in tropischen Meeren, deren Oberflächentemperatur über 20 °C liegt. Zum Leben benötigen sie sauerstoff- und nährstoffreiches sowie klares Wasser. Der einzigartige Lebensraum des Korallenriffs ist zunehmend durch menschliche Einflüsse gefährdet. Das größte Korallenriff der Erde, das Große Barriereriff, liegt vor der Ostküste Australiens.

Korallenriff

Koran bezeichnet die Sammlung der göttlichen Offenbarungen ▶ Mohammeds, das heilige Buch des ▶ Islams. Die ▶ Muslime sehen in ihm das Wort Gottes, gleichsam die arabische Ausgabe des himmlischen Urbuches, dessen Inhalt Gott dem Mohammed wörtlich eingegeben hat. Der Koran gilt als Wegweiser des Gläubigen zu Gott, er lehrt jeden, sich in bester Weise Gott hinzugeben, also im eigentlichen Sinn Moslem zu sein. Der Koran wurde nach dem Tod Mohammeds zusammengestellt und ist in 114 Kapitel (die man Suren nennt) eingeteilt. Fünf Hauptpflichten regeln das Leben der Gläubigen: 1. das Glaubensbekenntnis, 2. das fünfmal täglich zu verrichtende Gebet, 3. das Geben von Almosen, 4. das Fasten („Ramadan") und 5. die einmal im Leben erforderliche Wallfahrt nach Mekka.

Segnung der Kreuzritter beim Aufbruch in das Heilige Land

KPD (**K**ommunistische **P**artei **D**eutschlands), entstand 1919 unter Führung von Rosa Luxemburg und Karl Liebknecht aus sozialistischen Gruppen. Die KPD hatte das Ziel, eine Republik nach dem Vorbild der ▶ Sowjetunion zu errichten. 1933 wurde die Partei von den Nationalsozialisten verboten, 1945 aber neu gegründet. In der sowjetischen Besatzungszone schloss sie sich 1946 mit der ▶ SPD zur ▶ SED zusammen und bestimmte dort bis 1989 die Politik der ▶ DDR. In der Bundesrepublik wurde die KPD 1956 vom Bundesverfassunsgericht verboten, aber 1968 unter dem Namen DKP (Deutsche Kommunistische Partei) erneut zugelassen.

Kraftwerk, Industriebetrieb zur Erzeugung von Energie. Nach Art der Kraftquelle wird in verschiedene Kraftwerkstypen unterschieden, z.B. ▶ Kernkraftwerk, Kohlekraftwerk, Wasserkraftwerk, ▶ Gezeitenkraftwerk.

kreisfreie Stadt, eine Stadt, die keinem Landkreis angehört. Sie erfüllt die Aufgaben einer Gemeinde und eines Landkreises. An der Spitze einer kreisfreien Stadt stehen von den Bürgerinnen und Bürgern direkt gewählte Oberbürgermeisterinnen oder Oberbürgermeister. Kreisfreie Städte sind z.B. Kaiserslautern, Krefeld und Rosenheim.

Kreuzzüge, von der Kirche ausgerufene Kriegszüge, um „Ungläubige" zu bekehren oder den christlichen Glauben zu verteidigen. In der Zeit zwischen 1096 und 1291 n. Chr. fanden sieben Kreuzzüge in das Heilige Land statt mit dem Ziel, dieses vom Islam zu befreien.

Krüger Nationalpark, ältestes afrikanisches Natur- und Wildschutzgebiet in Südafrika mit einer Fläche von ca. 30000 km². Er erstreckt sich auf einer Länge von 320 km und einer Breite von 90 km an der Grenze zu Mosambik und Zimbabwe. Die Vielfalt der Landschaft des Krüger Nationalparks ist gekennzeichnet durch welliges Grasland der Trockensavanne, imposante und bewaldete Gebirgszüge, tief eingeschnittene Canyons mit Wasserfällen und reißenden Flüssen. Der Nationalpark weist bei Tieren und Pflanzen die größte Artenvielfalt Afrikas auf.

Küstenformen

Der schmale Saum zwischen Festland und Meer wird als Küste bezeichnet. Durch ▶ Gezeiten, Brandung, Strömungen, Wind, Flüsse, Eis und Organismen bilden sich verschiedene Küstenformen.

Steilküste

Steil- und Flachküste
Die Steil- oder Kliffküste fällt schroff zum Meer ab und verliert durch die Brandung Land durch Abbruch. Die Flachküste dagegen gewinnt Land durch Anschwemmung. Ein Beispiel hierfür ist die Wattenküste. Bei Flut wird der Wattboden vom Meerwasser überspült und es können sich feine Schwebstoffe absetzen.

Ausgleichsküste
Die Ausgleichsküste wird durch den Wind und Meeresströmungen geschaffen. Sie häufen Dünen zu flachen langen Nehrungen auf. Diese Vorsprünge verbreitern sich, bis es zu einer allmählichen Abschnürung der Buchten, dem so genannten Haff, kommt.

Flachküste

Boddenküste
Flache Meeresbuchten mit unregelmäßigem Umriss heißen Bodden. An der Ostseeküste in Mecklenburg-Vorpommern gibt es viele Bodden. Daher wird die Küste als Boddenküste bezeichnet.

Fjord-, Schären und Fördenküste
Gletscher schufen Fjord- Schären- und Fördenküsten. Förden sind schmale und lange Meeresbuchten, die tief ins Festland reichen. Sie sind in den ▶ Eiszeiten als Zungenbecken von Gletschern oder als Schmelzwasserrinnen entstanden. Nach dem Abschmelzen wurden sie vom Meer überflutet. In Schleswig-Holstein gibt es an der Ostseeküste viele Förden (Kieler Förde, Flensburger Förde, Eckernförder Bucht), sodass die Küste auch als Fördenküste bezeichnet wird.

Fjordküste

Unterzeichnung der KSZE-Akte

KSZE (**K**onferenz für **S**icherheit und **Z**usammenarbeit in **E**uropa). Sie wurde 1973 gegründet. Teilnehmerstaaten waren 33 europäische Staaten einschließlich der ▶ Sowjetunion sowie die ▶ USA und Kanada. Erklärte Ziele waren die Förderung des Friedens in Europa, die Unverletzbarkeit der Grenzen und die Anerkennung der Menschenrechte. Die KSZE wurde 1995 in ▶ OSZE umbenannt.

Kurfürst (Fürst mit dem Königswahlrecht). Seit dem 13. Jahrhundert wurden im Deutschen Reich die Könige in einer Königswahl gewählt. Das Wahlrecht besaßen lediglich drei geistliche und vier weltliche Kurfürsten (küren = wählen). Dies waren die Erzbischöfe von Trier, Mainz und Köln, ferner der Pfalzgraf vom Rhein, der Herzog von Sachsen, der Markgraf von Brandenburg und der König von Böhmen. 1623 erhielt der Herzog von Bayern die Kurwürde, 1692 wurde für Braunschweig-Lüneburg eine weitere geschaffen.

Küstenformen, ▶ Exkurs (S. 109)

L

Landeshauptstadt, Hauptstadt eines Bundeslandes mit Sitz der Landesregierung und des Landesparlaments. Landeshauptstädte gibt es vor allem in föderalistischen Staaten wie der Bundesrepublik Deutschland und Österreich (▶ Föderalismus).

Landgewinnung. Durch Aufschüttung oder Trockenlegung wird an Küsten Land gewonnen. An der deutschen Nordseeküste wird Landgewinnung als Bestandteil des Küstenschutzes betrieben. Durch Schlickablagerungen und -aufschüttungen erhöht sich das dem Deich vorgelagerte Land. An der niederländischen Nordseeküste gewinnt man durch Eindeichung und anschließendes Auspumpen Land. In Japan wird Landgewinnung großflächig betrieben. Seichte Meeresbuchten werden mit abgetragenen Material aufgeschüttet. Die gewonnenen Flächen dienen z. B. der Industrieansiedlung.

Landkreis, Zusammenschluss von mehreren Verbandsgemeinden, verbandsfreien Gemeinden oder kreisangehörigen Städten. Landkreise sind unter anderem zuständig für Bereiche des Schulwesens, für Kreisstraßen, die öffentliche Jugendhilfe, das Krankenhaus und die Abfallbeseitigung.

Landschaftsschutzgebiet, geschütztes Gebiet mit einer Größe von mindestens 5 ha, das der Erhaltung eines ausgeglichenen Naturhaushalts dient und wegen seiner Vielfalt, Eigentümlichkeit und Schönheit des Landschaftsbildes als Erholungsgebiet ausgewiesen ist. Viele Landschafts- und Naturschutzgebiete sind zu ▶ Naturparks, einige sogar zu ▶ Nationalparks erklärt worden.

K
L

Neu gewonnenes Land an der Nordseeküste

Landtag, Parlament auf der Ebene der Bundesländer. Im Landtag sind die von den wahlberechtigten Bürgern eines Bundeslandes gewählten Abgeordneten vertreten. Als gesetzgebende Gewalt (Legislative) beraten und beschließen sie Gesetze auf Landesebene. Darüber hinaus kontrollieren die Abgeordneten im Landtag die Arbeit der Landesregierung. In den drei Stadtstaaten der Bundesrepublik Deutschland wird der Landtag mit Abgeordnetenhaus (Berlin) oder Bürgerschaft (Hamburg, Bremen) bezeichnet.

Landwirt, Eigentümer oder Pächter eines ▶ landwirtschaftlichen Betriebes. Landwirt ist ein anerkannter Ausbildungsberuf, der nach 5-jähriger Betriebsleitertätigkeit zur Meisterprüfung führt.

Landwirtschaft, wirtschaftliche Nutzung des Grund und Bodens zur Erzeugung pflanzlicher und tierischer Produkte. Neben ▶ Ackerbau und ▶ Viehzucht zählen dazu auch die ▶ Forstwirtschaft, der Gartenbau, das Jagdgewerbe, der Fischfang und landwirtschaftliche Nebenbetriebe wie Käsereien, Mühlen und Schnapsbrennereien (▶ Agribusiness).

landwirtschaftliche Betriebe, bäuerliche Betriebe, die Nahrungsmittel produzieren. Sie sind selbstständige Unternehmen, die als Vollerwerbsbetriebe, Zuerwerbsbetriebe (der Eigentümer geht einer nicht landwirtschaftlichen Nebentätigkeit nach) und Nebenerwerbsbetriebe (der Eigentümer arbeitet in einem nicht landwirtschaftlichen Hauptberuf) geführt werden .

Längenkreis, senkrecht zum ▶ Äquator stehende, gedachte Linie auf der Erdkugel. Alle Längenkreise verlaufen durch die beiden ▶ Pole. Jeder Längenkreis besteht aus zwei gegenüberliegenden Halbkreisen, den ▶ Meridianen.

Laterit, Bodentyp von gelblicher bis roter Farbe. Er entsteht nur in den wechselfeuchten Tropen. Trocknet Laterit aus, entstehen krusten- und knollenartige Bildungen, die sehr fest sein können (▶ Bauxit).

Lava

Lava, Gesteinsschmelze, die bei Vulkanausbrüchen an die Erdoberfläche tritt (▶ Vulkanismus).

Lawine, das plötzliche und ruckartige Niedergehen von Schnee und Eis an einem Abhang oder an einer Steilwand im Gebirge. Die Gefahr von Lawinen ist besonders groß, wenn in kurzer Zeit viel Neuschnee fällt, der sich nicht ausrei-

Schlammlawine

chend mit der alten Schneedecke verbinden kann. Lawinen erreichen Geschwindigkeiten bis zu 160 km/h. Der Begriff Lawine wird auch im Zusammenhang mit dem Abrutschen von anderem Material verwendet, z.B. von Geröll oder Schlamm (▶ Mure).

Legende, zu einer ▶ Karte gehörende Erläuterung, in der die Bedeutung aller in ihr enthaltenen Farben und Zeichen (▶ Signaturen) angegeben ist. Ein anderes Wort für Legende ist „Zeichenerklärung“.

Legion (lateinisch: Aushebung), Truppeneinheit im ▶ Römischen Reich. In der Kaiserzeit bestand eine Legion aus etwa 6100 Mann Fußvolk, 700 Reitern sowie leicht bewaffneten Hilfssoldaten. Insgesamt umfasste die gesamte römische Armee etwa 25 Legionen.

Legionslager, römisches Militärlager. Es gab sowohl bewegliche Zeltlager, die während eines Fußmarsches oder einer Belagerung als Unterkunft dienten, als auch feste Standlager (so genannte ▶ Kastelle) aus Holz- oder Steinhäusern, die in der Kaiserzeit zur Verteidigung der Grenze eingerichtet wurden wie z.B. am ▶ Limes.

Lehen, im Mittelalter die Bezeichnung für ein Landgut, das der König als Entlohnung für Dienste und Treue übergab. Dieses Lehen ging nicht in das Eigentum des ▶ Vasallen über, sondern war nur geliehen. Später wurde es aber erblich. Das Lehen bestand oft nicht allein aus einem Landgut, sondern auch aus einem Amt, durch das der Beliehene Einkünfte erhielt (z.B. als Richter die Gerichtsbußen). Ein Lehen konnte auch im Münz-, Zoll- und Schürfrecht bestehen (▶ Feudalismus, Lehenswesen).

Lehenswesen, ▶ Exkurs (S. 115)

Römischer Legionär

Leibeigener, Person, die im Mittelalter entweder auf dem Hof des Grundherrn arbeitete oder von ihm mit einem Hof ausgestattet wurde. Der Leibeigene war zu unbegrenztem ▶ Frondienst verpflichtet und gehörte mit seiner ganzen Person dem Grundherrn (▶ Abgaben, Grundherrschaft).

Leinen, Stoff, der aus der Bastfaser des Flachs hergestellt wird. Leinen zeichnet sich durch eine hohe Festigkeit aus, was ihn aber sehr steif und ungeschmeidig macht. Er wird oft zusammen mit Baumwolle verarbeitet (Halbleinen), und zwar für Geschirrtücher, Tischdecken und andere Haushaltsfasern.

Liberalismus, Grundhaltung, die jedem Menschen ein Höchstmaß an Freiheit gewährt. In der Politik werden insbesondere die ▶ Grundrechte und die

Obergermanischer Limes

Rätischer Limes

▶ Gewaltenteilung eingefordert. Im Wirtschaftsgeschehen soll durch einen freien Wettbewerb ein privater und gesellschaftlicher Wohlstand erreicht werden. Der Liberalismus entstand in Europa im frühen 19. Jahrhundert und wurde vom aufstrebenden ▶ Bürgertum getragen.

Liga, militärisches Bündnis, in dem sich 1609 die katholischen Reichsstände gegen die protestantische Union zusammenschlossen (▶ Dreißigjähriger Krieg).

Limes (lateinisch: Grenzwall). Die Römer sicherten seit etwa 100 n. Chr. in Britannien und zwischen Rhein und Donau ihre Reichsgrenzen mit einem Grenzwall, den sie Limes nannten. Ursprünglich bestand der Limes nur aus Wachttürmen und einem Weg für die Wachtposten. Später wurde im obergermanischen Bereich der Limes mit Wall und Graben verstärkt (obergermanischer Grenzwall). Im südlichen, rätischen Teil bestand der Limes aus einer Mauer. Die Römer konnten den Limes bis gegen 260 n. Chr. weitgehend verteidigen, in Rätien sogar bis etwa 400 n. Chr.

Lössboden, ockergelber bis gelbgrauer Boden, der sich vorwiegend aus Quarzerde, Tonerde und Kalkbestandteilen zusammensetzt. Löss ist ein durch Wind verwehter Staub, der aus den Moränen und Schotterfeldern ausgeweht wurde. Der europäische und amerikanische Löss wurde während der Eiszeit aus Innerasien herangeweht und lagerte sich am Rande der Gebirge in einer Mächtigkeit von 10 bis 30 m ab. Es bildete sich eine breite Lösszone, die in Europa von der Bretagne bis Südrussland reicht. Löss ist in Verbindung mit Lehm ein nährstoffreicher Boden, der sich hervorragend für die Landwirtschaft eignet (▶ Sonderkulturen).

Ludwig XIV. (1643–1715), regierte als König seit 1661 Frankreich allein und uneingeschränkt (▶ Absolutismus). Als „Sonnenkönig“ residierte er im Prunkschloss Versailles, wo ihn Adel und hoher Klerus umgaben, während Bürger und Bauern unter hohen Steuern litten. Wesentliche Machtmittel waren ein stehendes Heer und eine zentral gelenkte Wirtschaft (▶ Merkantilismus). Regierungsweise und Hofhaltung Ludwigs XIV. dienten vielen europäischen Fürsten als Vorbild.

Lehenswesen

Das Lehenswesen bildete die Grundlage der politisch-gesellschaftlichen Ordnung im Mittelalter in Europa. Im Deutschen Reich vergab z.B. der König Land als Lehen („geliehen"). Der Empfänger des Lehens war nunmehr zum Lehensmann bzw. Vasall des Königs geworden. Diese Königsvasallen, auch Kronvasallen genannt, waren häufig gleichzeitig Lehensherren und Lehensmänner. Sie gaben nämlich ihren persönlichen Besitz oder das vom König empfangene Lehen an eigene Vasallen, so genannte Untervasallen, weiter. So entstand im Laufe der Zeit eine Lehenspyramide, an deren Spitze der König stand. Darunter befanden sich die Königsvasallen mit ihren Untervasallen (▶ Feudalismus, Lehen, Vasall).

Vergabe eines Lehens

Die Verleihung eines Lehens vollzog sich in einer besonders festlichen Zeremonie. Zunächst kniete der Vasall vor seinem Lehensherrn und schwor ihm lebenslange Treue und Dienste. Im Gegenzug versprach der Lehensherr seinem Vasallen dafür Schutz und Treue. Durch den Schwur waren beide Partner aneinander gebunden. Als Symbol für die Vergabe des Lehens überreichte der Lehensherr oft einen Gegenstand (Lanze, Standarte, Wappen, Zweig etc.). Manchmal berührte der Lehensherr seinen Vasallen auch nur mit einem symbolhaften Gegenstand (Handschuh, Messer, Ring, Zepter etc.). In manchen Fällen überreichte ein Lehensherr seinem Vasallen auch eine Urkunde zur offiziellen Bestätigung der Belehnung.

Vor- und Nachteile des Lehenssystems

Dieses Lehenssystem erleichterte den Königen die Regierung und Verwaltung des Reiches, da ihnen dies allein bei der Größe des Reiches sonst nicht möglich gewesen wäre. Gleichzeitig enthielt dieses System aber eine Gefahr. Die deutschen Fürsten waren vielfach daran interessiert, ihre eigene Macht und die Unabhängigkeit vom König auszubauen. Besaß nun ein deutscher König vergleichsweise weniger Macht als seine Vorgänger, so vermochten die Fürsten das Lehenssystem für ihre Zwecke zu nutzen. Brach ein Königsvasall seinen Treueeid gegenüber seinem Lehensherrn, dem König, war der Untervasall weiterhin an seinen Treueeid gegenüber dem Königsvasallen gebunden und musste sich sogar mit ihm gegen den König stellen. Dadurch konnte unter Umständen der König in schwere Bedrängnis kommen.

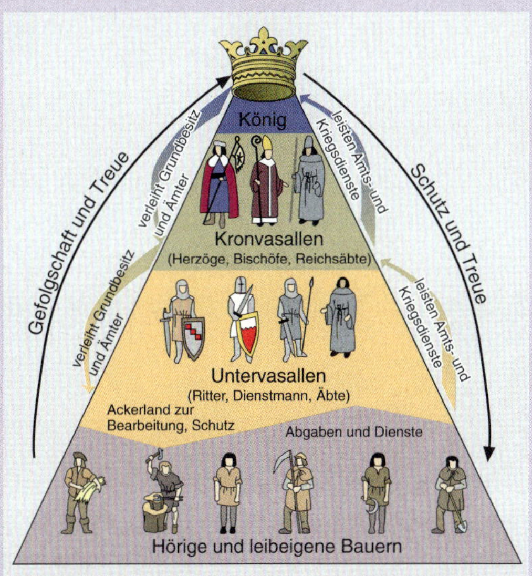

Das Lehenswesen im Mittelalter

Luftbild

Schrägluftbild (Überlinger See)

Senkrechtluftbild (Überlinger See)

Luftbild, aus einem Flugzeug fotografiertes Bild eines Teils der Erdoberfläche. Ein Schrägluftbild zeigt einen relativ großen Ausschnitt, die Einzelheiten werden jedoch durch die schräge Aufnahme verzerrt dargestellt. Senkrechtluftbilder zeigen das Gelände in der „Draufsicht" und somit annähernd maßstabsgetreu. Solche Luftbilder bieten eine große Hilfe bei der Erstellung von ▶ Karten.

Luftdruck ist in der Wetterkunde die Bezeichnung für das Gewicht, das die Luft der ▶ Atmosphäre auf die Erdoberfläche ausübt. Der Luftdruck wird durch die Anziehungskraft der Erde verursacht. Er wird mit einem Barometer gemessen, die Maßeinheit ist Hektopascal (hPa). Oft sind auch noch die Angaben in Millibar oder Millimeter Quecksilbersäule (mm Hg) gebräuchlich. Der normale Luftdruck beträgt in den mittleren Breiten (45° Breite) auf Meereshöhe ca. 1013 hPa, entsprechend 760 mm Hg. Mit zunehmender Höhe nimmt der Luftdruck ab. Er halbiert sich dabei ungefähr jeweils nach 5000 m.

Luther, Martin (1483–1546), deutscher Reformator. Er studierte in Erfurt und Wittenberg (Thüringen) Theologie. Seine wichtigste Erkenntnis war, dass es allein der Glaube an Jesus Christus dem Menschen ermögliche, ein Gott gefälliges Leben zu führen. Seine Ansichten über ▶ Buße und ▶ Ablass, die er 1517 in Wittenberg veröffentlichte, führten schließlich zur Spaltung der Kirche in eine römisch-katholische und in eine evangelisch-lutherische Kirche. Seine Bibelübersetzung, seine Kirchenlieder und seine vielen anderen Werke waren für die Entwicklung der neuhochdeutschen Schriftsprache von großer Bedeutung.

Martin Luther

L

M

Mäander, Fluss- oder Talschlingen, die mehr oder weniger weit ausschwingen. Sie ähneln einer Schlangenlinie. Mäander in weiten Talauen mit geringem Gefälle werden Flussmäander oder freie Mäander genannt. Im Unterschied dazu bezeichnet man Flussschlingen, die in ein Tafel- oder Bergland eingeschnitten sind, als Talmäander. Solche Mäander sind z. B. das Mosel- oder Neckartal.

Maar, trichterförmiger, rundlicher Krater, der durch eine vulkanische Gasexplosion entstanden ist. Meist ist er mit Wasser gefüllt und von einem Wall umgeben, der hauptsächlich aus dem Nebengestein besteht, das bei der Explosion emporgeschleudert worden ist. Die bekanntesten Maare befinden sich in der Eifel.

Eifelmaar

Maastricht, niederländische Stadt an der Maas, unmittelbar an der Grenze zu Belgien gelegen. Hier trafen sich 1991 die Staats- bzw. Regierungschefs der Europäischen Gemeinschaften (▶ EG) und beschlossen die Gemeinschaft in eine Europäische Union (▶ EU) umzuwandeln. Der so genannte Vertrag von Maastricht, der EU-Vertrag, bildet die Grundlage für die Vollendung der Europäischen Wirtschafts- und Währungsunion.

Macchie, immergrüne, hartlaubige Strauchformation im Mittelmeergebiet, die überwiegend aus Hartlaubsträuchern besteht. Die Macchie bildete sich, nachdem der früher in dieser Region vorherrschende Hartlaubwald durch Abholzung oder Brandrodung durch die Menschen vernichtet wurde.

Magellan, Ferdinand (1480–1521), portugiesischer Seefahrer. Er entdeckte 1520 die nach ihm benannte Durchfahrt zwischen der Südspitze Südamerikas und Feuerland (Magellanstraße). 1521 landete Magellan mit seiner Flotte auf den Philippinen, wo er von Eingeborenen getötet wurde. Nur wenige Überlebende erreichten das Heimatland. Die Fahrt war die erste Weltumsegelung und lieferte den Beweis für die Kugelform der Erde.

Magma nennt man die Schmelze von Gesteinen in der Tiefe der Erde (▶ Vulkanismus).

Mais, Getreidesorte, die ihren Ursprung vor 5000 Jahren im peruanischen Hochland hat. Mittlerweile wird die als ▶ Hackfrucht bezeichnete ▶ Nutzpflanze auf der ganzen Welt angebaut. Mais bevorzugt zum Wachsen gute Böden, viel Wasser und Wärme. Die größten Anbauflächen liegen in Nordamerika (Corn Belt der USA) und in China. Zwei Drittel der Maisproduktion werden als Viehfut-

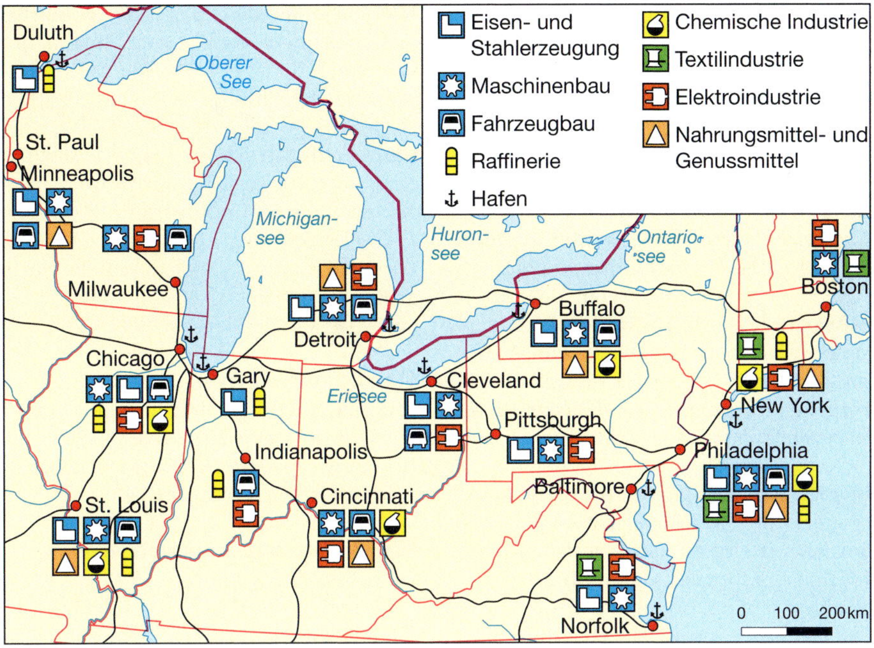

Manufacturing Belt

ter verwertet, ein Drittel wird zu Nahrungsmitteln verarbeitet. Da Mais in ▶ Monokultur zu schneller ▶ Bodenermüdung führt, muss viel gedüngt werden. In Europa wird er vorwiegend mit Getreide und Kartoffeln im ▶ Fruchtwechsel angebaut.

Majestätsbrief. Im Majestätsbrief von 1609 garantierte Rudolf, der König von Böhmen, seinen Untertanen Gewissensfreiheit und die freie Religionsausübung. Ferdinand II., der 1617 böhmischer König und später deutscher Kaiser wurde, setzte sich über diese Garantien hinweg. Dies führte zum protestantischen Aufstand in Böhmen (▶ Fenstersturz zu Prag).

Mandatsgebiet, ein Gebiet, das im Auftrag des ▶ Völkerbunds von einer Großmacht während einer befristeten Zeit verwaltet wurde. Großbritannien verwaltete Palästina von 1917 bis 1947. Anschließend gab es das Mandat an die neu gegründeten Vereinten Nationen (▶ UNO) ab, die eine Teilung des Landes vorschlugen.

Manufacturing Belt, Industriegürtel im Nordosten der USA zwischen Atlantik und dem Oberlauf des Mississippi sowie den Großen Seen und dem Ohio. Zum Manufacturing ▶ Belt gehören die Großstädte Boston, New York, Philadelphia, Washington, Pittsburgh, Cleveland, Detroit und Chicago. Der Manufacturing Belt entwickelte sich mit der Entstehung der Schwerindustrie ab Mitte des 19. Jahrhunderts und der Autoindustrie Anfang des 20. Jahrhunderts und ist heute der größte industrielle ▶ Ballungsraum der Welt. Wichtigste Voraussetzungen waren die Vorkommen von Kohle und Eisenerz sowie die günstigen Transportwege.

Mark, Bezeichnung für eine Grenze, ein umgrenztes Gebiet oder ein Gebiet an der Grenze. Der Frankenkönig ▶ Karl der Große z.B. sicherte im 8. Jahrhundert nach Eroberungskriegen gegen die Slawen die Grenzen des Reiches durch so genannte Marken. Sie dienten der Reichsverteidigung und der Vorbereitung von Angriffskriegen und standen unter dem Befehl eines Markgrafen.

Markgraf. Der Markgraf hatte im fränkischen Reich die Stellung eines Herzogs. Er besaß besondere rechtliche Privilegien und befehligte eine Mark oder Grenzmark (Markgrafschaft).

Markt, jedes Zusammentreffen von Anbietern und Nachfragern mit dem Ziel des Kaufs bzw. des Verkaufs von ▶ Dienstleistungen und Gütern. Auf Märkten treffen Angebot (die von den Unternehmen produzierten Güter und Dienstleistungen) und Nachfrage (Wunsch, Güter und Dienstleistungen zu erwerben) aufeinander. Angebot und Nachfrage regulieren in der ▶ Marktwirtschaft den Preis, aber umgekehrt kann auch der Preis Angebot und Nachfrage regeln.

Marktwirtschaft (freie), Wirtschaftsordnung mit einem reinen Wettbewerbsprinzip ohne Monopole und mit vielzähligen Angeboten. In einer solchen Wirtschaftsordnung verhält sich der Staat in Bezug auf die Wirtschaft weitgehend passiv (▶ soziale Marktwirtschaft).

Marokko-Krise(n), Bezeichnung für den politischen Konflikt zwischen Frankreich und Deutschland 1905/06 und 1911 um konkurrierende machtpolitische Interessen in Marokko.

Marshall-Plan, Programm des amerikanischen Außenmimisters George Marshall von 1948. Danach erhielten die westeuropäischen Länder eine umfangreiche Wirtschaftshilfe (Kredite, Lebensmittel, ▶ Rohstoffe und ▶ Dienstleistungen). Die Sowjetunion und die mit ihr

Aus Mitteln des Marshall-Programms errichtetes Gebäude

verbündeten Staaten lehnten den Marshall-Plan ab. So förderte er zwar den wirtschaftlichen Wiederaufbau Westeuropas, verschärfte aber die Trennung zwischen Ost und West (▶ Zweiter Weltkrieg).

Karl Marx

Marx, Karl (1818–1883), Philosoph und Begründer des Marxismus. Er arbeitete als Journalist, später als Chefredakteur bei der „Rheinischen Zeitung" in Köln. Nach dem Verbot der Zeitung ging er nach Paris, wurde dort aber auf Betreiben der preußischen Regierung von Frankreich ausgewiesen und ließ sich schließlich Jahre später im Londoner Exil nieder. In England lernte er zusammen mit Friedrich Engels das Elend der Fabrikarbeiter kennen. Sie verfassten das ▶ „Kommunistische Manifest", das zum Programm für den „Bund der Kommunisten" wurde(▶ Marxismus).

Marxismus, Gesellschafts- und Wirtschaftstheorie, die von ▶ Karl Marx und Friedrich Engels begründet wurde. Danach wird die Entwicklung der menschlichen Gesellschaft von den wirtschaftlichen Produktionsmitteln bestimmt. Während die Besitzenden immer reicher werden, verelenden die Arbeiter (▶ Proletarier). Moderne Maschinen ersetzen viele Arbeitskräfte und erhöhen außerdem die Arbeitslosigkeit, was die Situation der arbeitenden Klasse verschärft. Nur die Überführung der Produktionsmittel in Gemeinschaftseigentum (Kollektiveigentum) bringt eine Veränderung. Deswegen muss nach dem Marxismus das Proletariat die Macht übernehmen und die Produktionsmittel enteignen. Sie sollen dann allen gehören und dem Wohle aller dienen. Dieser ▶ Klassenkampf führt über den ▶ Sozialismus schließlich zum ▶ Kommunismus. Im 20. Jahrhundert spielte der Marxismus unter anderem in der ▶ Sowjetunion und in der ▶ DDR eine staatstragende Rolle.

Massenmedien sind Zeitungen und Zeitschriften (▶ Presse), Rundfunk und ▶ Fernsehen sowie das ▶ Internet. Sie erreichen viele Menschen mit Informationen, Unterhaltung und Werbung.

Vielfalt am Zeitungskiosk

Hühner in Legebatterien

Massentierhaltung. Hier wird meist nur eine Tierart in Großbeständen (oft tausende) in einem landwirtschaftlichen Betrieb gehalten. Es entstehen ausschließlich Legehennenbetriebe, Schweinemast-, Geflügelmast- und Kälbermastbetriebe. Sie sind sehr stark automatisiert (Computer für die Futtermischung, automatische Fütterung und Gülleentsorgung). Durch die Massentierhaltung erhalten die Verbraucher preiswertere Produkte. Sie führt aber auch zu Problemen wie Grundwasserverschmutzung, Geruchsbelästigung, Tierschutzrecht und Ausbreitung von Krankheiten und Seuchen.

Massentourismus bedeutet, dass viele Menschen regelmäßig am ▶ Fremdenverkehr in attraktiven Gegenden teilnehmen. Solche Gebiete gibt es z.B. an der Mittelmeerküste, in den Alpen, an der Nordseeküste oder in viel besuchten Städten wie Paris oder Rom. Dabei kommt es zu Überlastungen der Umwelt z.B. durch den starken Autoverkehr oder durch die Einleitungen ungeklärter Abwässer ins Meer.

Maßstab ist die Angabe, wie stark eine ▶ Karte im Vergleich zur Wirklichkeit verkleinert ist. Der Maßstab kann durch die Maßstabszahl angegeben werden. Die Angabe 1:100 000 („eins zu hunderttausend") z.B. heißt, dass 1 cm in der Karte 100 000 cm (1 km) in der Wirklichkeit entspricht. Eine andere Möglichkeit der Maßstabsangabe ist die Maßstabsleiste. Mit dem Lineal kann an ihr festgestellt werden, wie lang eine in der Karte gemessene Strecke in Wirklichkeit ist.

Maya, ein indianisches Volk in Mittelamerika, das ab etwa 300 n. Chr. eine ▶ Hochkultur entwickelte. Kennzeichen dieser Kultur waren unter anderem große mathematische Fähigkeiten, eine bisher nur wenig entzifferte Bilderschrift, Städte mit großen Tempelbezirken sowie zahlreiche Paläste. Als Plattform für die Tempel der Maya dienten ▶ Pyramiden, die manchmal auch als Grabbauten genutzt wurden.

Massentourismus an der italienischen Adria

Mecklenburg-Vorpommern, im Norden an der Ostseeküste gelegenes Bundesland mit einer Fläche von 23 170 km² und einer Bevölkerung von 1,8 Mio. Menschen (1999). Landeshauptstadt ist Schwerin. Das Landschaftsbild wird von den Spuren der Eiszeit bestimmt: Moränen und viele Seen. Vor der Ostseeküste liegen zahlreiche Inseln. Mecklenburg-Vorpommern ist ländlich geprägt und weist eine relativ geringe Bevölkerungsdichte auf. Dank seiner landschaftlichen Schönheiten wie der Mecklenburgischen Seenplatte oder der Insel Rügen ist die Zahl der Urlauber in den letzten Jahren stark angestiegen. Das Bundesland Mecklenburg-Vorpommern wurde 1990 nach dem Zusammenbruch der DDR wiederhergestellt.

Meeresverschmutzung, Verunreinigungen des Meeres durch Abfälle aus Industrie und Haushalt sowie durch Dünge- und Pflanzenschutzmittel aus der Landwirtschaft. Sie gelangen vor allem über Flüsse in das Meer. Zur Meeresverschmutzung trägt auch die ▶ Verklappung auf hoher See bei, ebenso abgelassenes Altöl aus Schiffen und auslaufendes Rohöl bei Tankerunfällen und bei der Förderung in küstennahen Schelfgebieten (▶ Schelf). Von der Meeresverschmutzung sind besonders küstennahe Gebiete und Binnenmeere betroffen.

Mehrheitswahl. Bei der Mehrheitswahl wird ein Land, in dem gewählt werden soll, in Wahlkreise aufgeteilt. Gewählt ist die Person, die die meisten Stimmen in einem Wahlkreis erhält (relative Mehrheitswahl). Bei der absoluten Mehrheitswahl muss die Kandidatin oder der Kandidat mindestens 50 % der abgegebenen Stimmen bekommen. Erreicht keiner die absolute Mehrheit, ist eine Stichwahl zwischen den beiden Personen, die im ersten Wahlgang die meisten Stimmen erhielten, erforderlich.

Meier, im Mittelalter ein Gutsverwalter, der für den Grundherrn einen ▶ Fronhof verwaltete (▶ Grundherrschaft).

Memphis, die etwa 3 000 v. Chr. gegründete Stadt, südlich von Kairo gelegen, war im Alten und Mittleren Reich die Hauptstadt Ägyptens. Damals gab es zahlreiche Tempel und Königspaläste in der Stadt, die bis in das 4. Jahrhundert n. Chr. auch religiöser Mittelpunkt Ägyptens war. Zu Memphis gehört auch die Totenstadt Sakkara westlich des Nils. Nach der Abwanderung seiner Bewohner im Mittelalter ist Memphis heute fast völlig verschwunden.

Meridian, vom Nordpol zum Südpol verlaufender Längenhalbkreis, auch Mittagslinie genannt. Zwei Meridiane, die sich gegenüberliegen und in den Polen treffen, bilden einen Längenkreis. Der Abstand zwischen zwei Meridianen beträgt am Äquator 111 km. Zu den Polen hin verringert er sich bis auf 0 km. Nach einer Vereinbarung wurde der Meridian, der durch die Sternwarte Greenwich bei London läuft, als „Null-Meridian“ festgelegt. Von hier aus zählt man 180 Meridiane nach Westen (0° bis 180°) und ebenso 180 Meridiane nach Osten. Zusammen mit den ▶ Breitenkreisen bilden sie das ▶ Gradnetz der Erde.

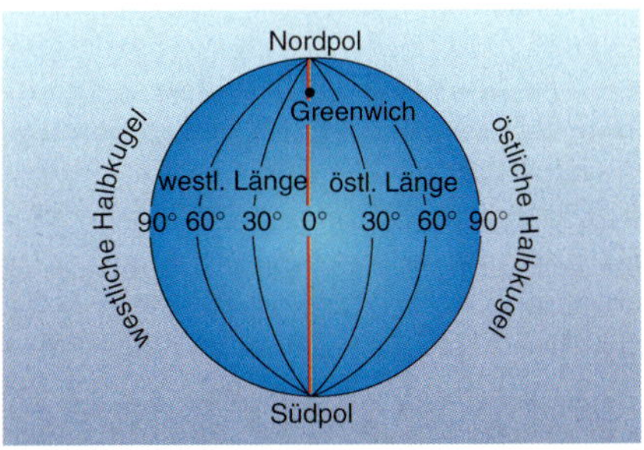

Merkantilismus, Wirtschaftsform im ▶ Absolutismus. Ziel war es, durch Handel die größten Einnahmen zu erzielen und so den Reichtum des Landes zu stärken. Es sollten möglichst alle benötigten Güter im eigenen Land hergestellt werden. Deshalb wurde in handwerklichen Großbetrieben (Manufakturen) die Produktion von Fertigwaren gesteigert. Die Ausfuhren sollten die Einfuhren übersteigen. Benannt wurde diese Wirtschaftsform nach dem lateinischen Wort „mercator" (Kaufmann).

Merowinger, Name des fränkischen Königsgeschlechtes, das das Fränkische Reich im 5. Jahrhundert n. Chr. gründete. Die Merowinger wurden später von den karolingischen ▶ Hausmeiern von der Macht verdrängt (▶ Frankenreich, Karolinger).

Mesopotamien, Bezeichnung für das Land zwischen Euphrat und Tigris (Zweistromland). Hier entstand zur Zeit der Sumerer im 3. Jahrtausend v. Chr. eine der frühen ▶ Hochkulturen der Menschheit. Kennzeichen dieser Kultur waren das Zusammenleben der Menschen in Stadtstaaten und die Entwicklung einer ersten Schrift, der ▶ Keilschrift. Im 18. Jahrhundert v. Chr. errichtete der König von Babylon, Hammurabi, ein Großreich, das ganz Mesopotamien umfasste (▶ Babylonisches Reich).

Meteorit, aus dem Weltraum stammender Gesteinskörper, der beim Einschlag auf der Erdoberfläche einen Krater bildet. Das Nördlinger Ries und das Steinheimer Becken sollen auf einen Meteoriteneinschlag zurückgehen.

Metropole, politischer, wirtschaftlicher und kultureller Mittelpunkt eines Landes. Die Metropole ist häufig auch die Hauptstadt, auf die sich der ganze Fortschritt konzentriert. Sie übt auf die Menschen eine große Anziehungskraft aus wie z.B. Paris in den letzten 200 Jahren. Heute entwickeln sich Metropolen vor allem in ▶ Entwicklungsländern. Durch Zuwanderung wachsen die Metropolen überdurchschnittlich, es bilden sich ▶ Slums und Elendsviertel wie z.B. in Mexiko City oder Rio de Janeiro.

Migration meint die „Wanderung" von Personen und Bevölkerungsgruppen, die mit einem Wechsel des Wohnsitzes verbunden ist. Die Ursachen dafür können wirtschaftlicher, religiöser oder politischer Natur sein. Migration kann nicht nur innerhalb eines Landes stattfinden(z.B. Wegzug vom Land und Hinzug

Hochhäuser und Slums in Rio de Janeiro

in die Stadt), sondern sich auch über Staatsgrenzen hinweg ereignen (z. B. die Migration der Gastarbeiter in die Bundesrepublik Deutschland).

Milchwirtschaft ist eine Form der ▶ Viehwirtschaft. Der Landwirt verkauft die Milch der Kühe. Milchwirtschaft wird besonders in Gebieten, in denen Wiesen und Weiden überwiegen (Allgäu, Ostfriesland), betrieben.

Militarismus nennt man die Überbetonung des militärischen Denkens (Disziplin und Unterordnung) im staatlichen und privaten Leben. Dazu gehören auch die Verherrlichung des Krieges und der Anspruch auf das Recht des Stärkeren. Bekanntes Beispiel in der Geschichte ist der preußische Militarismus im 18. Jahrhundert.

minoische Kultur. Benannt wurde sie nach dem sagenhaften König Minos, der im 15. Jahrhundert v. Chr. in ▶ Knossos regierte. Kennzeichen der minoischen Kultur sind prächtige Palastbauten mit Wandmalereien (z. B. in Knossos und Phaistos) und die Entwicklung der Schrift. Um 1450 v. Chr. ging die minoische Kultur unter anderem wegen der Angriffe der Mykener unter.

Mission. Gewöhnlich meint man damit die Aussendung von Gläubigen (meist Priestern), um die Religion einer bestimmten Glaubensgemeinschaft (z. B. des Christentums) auch anderen Völkern nahe zu bringen. Innerhalb des Christentums unterschiedet man die „äußere Mission", welche das Christentum unter den nicht christlichen Völkern verbreiten soll, von der „inneren Mission". Da die (äußere) Mission die kulturelle Entstehung und Identität mancher („heidnischen") Völker missachtet hat, ist die Missionsarbeit der christlichen Kirchen heute nicht mehr unumstritten.

Schmidt (rechts), der am 1. Oktober 1982 durch ein konstruktives Misstrauensvotum gestürzt wird, gratuliert seinem Nachfolger Kohl (links).

Misstrauensvotum, Mittel des Parlaments, der Regierung oder einem Minister das Vertrauen zu entziehen. Nach Artikel 67 des Grundgesetzes kann der ▶ Bundestag dem ▶ Bundeskanzler nur dann das Misstrauen aussprechen, wenn er gleichzeitig einen Nachfolger mit der Mehrheit des Bundestages wählt (konstruktives Misstrauensvotum).

Mittelalter, Bezeichnung für die Zeit zwischen Altertum und Neuzeit, d. h. Anfang des 6. bis Ende des 15. Jahrhunderts n. Chr.

mittelalterliche Stadt, ▶ Exkurs (S. 127)

Mittelgebirge, meist alte Gebirge, die in Mitteleuropa Höhen bis zu 1500 m erreichen. Im Gegensatz zu ▶ Hochgebirgen sind die Oberflächenformen abgerundet. Die deutschen Mittelgebirge sind häufig bewaldet und durch ihre Anziehungskraft sommers wie winters beliebte Erholungsgebiete. Zu den deutschen Mittelgebirgen zählt man Schwarzwald, Bayerischer Wald, Erzgebirge, Harz, Fichtelgebirge, Schwäbische Alb, Thüringer Wald, Rhön, Taunus, Westerwald, Hundsrück, Eifel, Rothaargebirge, Pfälzer Wald, Odenwald, Spessart, Fränkische Alb, Teutoburger Wald.

Mittelmeerabkommen, Bündnis von 1887 zwischen Großbritannien, ▶ Österreich-Ungarn, Italien und Spanien mit dem Ziel, die bestehenden Machtverhältnisse zu wahren.

Mittelmeerklima, ein ▶ Klima mit trockenen, heißen Sommern und regenreichen, milden Wintern. Gebiete mit Mittelmeerklima, auch Winterregengebiete genannt, sind frostfrei. Die mittlere ▶ Temperatur des wärmsten Monats liegt über 22 °C. Neben dem Mittelmeerraum weisen auch die Südspitze Afrikas, Mittelchile und die küstennahen Regionen Kaliforniens (USA) dieses Klima auf.

Akropolis in Athen

Mittelmeerkulturen sind Hochkulturen der ▶ Antike, die sich um das Mittelmeer herum ausgebildet haben. Dazu gehören Ägypten, Griechenland und das Römische Reich. Merkmale dieser Hochkulturen sind die Bildung großer Gemeinschaften, Staaten und Religionen. Es entstanden Städte mit Handwerk, Handel und Kultur, mit einer eigenen Schrift und einem eigenen Kunst- und Baustil. Von allen Hochkulturen am Mittelmeer sind heute noch Spuren zu finden. So z.B. in Ägypten die Pyramiden, Tempel der Götter und das ▶ Tal der Könige, auf Kreta den Palast von Knossos, in Athen die Akropolis und im ehemaligen Römischen Reich Theater, Tempel und Aquädukte.

Mittelozeanischer Rücken (Ozeanischer Rücken), untermeerische Gebirgszüge, die in allen Ozeanen verlaufen. Ein Mittelozeanischer Rücken wird gebildet, wenn zwei Platten sich voneinander wegbewegen. Entlang der Dehnungsfuge im Kamm des Rückens dringt permanent ▶ Magma aus dem Erdinnern empor, erstarrt und bildet neuen Meeresboden (▶ Plattentektonik).

Mitternachtssonne, Bezeichnung für die Sonne, die auch in der Nacht am tiefsten Punkt ihrer scheinbaren Umlaufbahn über dem Horizont steht und daher zu sehen ist (▶ Polartag).

Mobilität ist einerseits die räumliche Beweglichkeit, andererseits die soziale Veränderung in der Gesellschaft. Art und Umfang der Raumüberwindung ist dabei abhängig von den jeweiligen Motiven sowie der grundlegenden Bereitschaft zur Ortsveränderung. Mobilität umfasst dabei alle Lebensbereiche, z.B. den Weg von Personen zur Arbeit, zum Einkaufen, zur Freizeitgestaltung, aber auch den Standortwechsel von Unternehmen. Daneben bezieht sich der Be-

Mittelalterliche Stadt

Wo Städte entstanden...

Bis zum 6. Jahrhundert gab es nur wenige Städte. Ihre Zahl nahm aber bis zum 14. Jahrhundert deutlich zu.

Seit der Jahrtausendwende erhöhten sich die Erträge in der Landwirtschaft. Die Bevölkerung nahm zu und der Handel, insbesondere der Fernhandel, blühte auf. In die bereits vorhandenen städtischen Ansiedlungen (ehemalige Römersiedlungen, alte Städte um Burgen, Bischofssitze, Klöster oder Pfalzen) strömten die Menschen aus der Umgebung, die z.B. als Handwerker Arbeit suchten und Kaufleute, für die die Ansiedlungen günstige Marktstandorte bildeten. Durch den aufblühenden Handel kam es zur Gründung von Kaufmannssiedlungen an Kreuzungen wichtiger Handelswege, an Flussübergängen und an Hafenbuchten, die zunächst als befestigte Stützpunkte der Fernhändler oder als Stapelplätze für Waren dienten. Aus diesen Kaufmannssiedlungen entwickelten sich neue Städte.

Einnahmequelle und Stützpunkt
Vielfach wurden Städte vom König, von Herzögen oder Bischöfen neu gegründet, denn die Städte bildeten für sie eine einträgliche Einnahmequelle und waren zudem günstige Stützpunkte, von denen aus sie ihr Territorium regieren bzw. verwalten konnten. Mittelalterliche Städte verfügten oftmals über Sonderrechte, die vom Stadtgründer verliehen wurden. So durften sie z.B. Märkte abhalten, Stadtbefestigungen errichten, Münzen prägen und Zölle erheben. Viele Städte hatten zudem eine eigene Gerichtsbarkeit. Diese Rechte ließen sich die Herren bezahlen, sodass die Städte für ihre Gründer eine vorzügliche Einnahmequelle darstellten (▶ Gilde, Ständegesellschaft, Zunft).

griff auch auf die Veränderung des sozialen Status, d.h. den gesellschaftlichen Auf- und Abstieg innerhalb oder zwischen gesellschaftlichen Schichten.

Mohammed (570–632), Stifter des ▶ Islam. Er verstand sich als der letzte befugte Prophet, der den Arabern in ihrer eigenen Sprache die göttlichen Offenbarungen (Einzigkeit des Schöpfergottes und Jüngstes Gericht) zu überbringen hatte. Diese wurden später im ▶ Koran niedergelegt.

Monarchie, Staatsform, in der eine einzelne Person die Herrschaft ausübt. Früher hatten die Monarchen die absolute Macht wie beispielsweise Ludwig XIV. von Frankreich. Er allein bestimmte, was geschah. Auch heute noch gibt es Monarchien wie z.B. in Großbritannien oder den Niederlanden. Aber die Macht übt nicht mehr die Königin oder der König, sondern das vom Volk gewählte ▶ Parlament aus. Die Monarchen vertreten ihr Land nach außen. Man nennt diese Monarchien parlamentarische Monarchien.

Königin Elisabeth II. eröffnet das Parlament

Monokultur, wiederholter Anbau von einer ▶ Nutzpflanze über einen längeren Zeitraum auf der gleichen Fläche. Monokultur führt zu ▶ Bodenermüdung und Vermehrung von Pflanzenschädlingen. Typische Pflanzen, die in Monokultur angebaut werden, sind vor allem ▶ Bananen, ▶ Kaffee, ▶ Kakao.

Monopol, Marktform, bei der das Angebot bestimmter Waren (weitgehend) von einem Anbieter erfolgt. Wenn also z.B. eine Firma den größten Teil des Angebots in einem Wirtschaftsbereich innehat und damit die Preise allein gestalten kann, spricht man von einem Monopol.

Monsun, beständig wehender Wind, der im jahreszeitlichen Wechsel seine Richtung ändert. Er weht im Sommer vom Meer zum Land (aus Südwest), im Winter vom Land zum Meer (aus Nordost). Der Monsun kommt vor allem im Gebiet des Indischen Ozeans vor. Er wird im Sommer insbesondere in Indien und Indonesien in der Regel von schweren Regenfällen begleitet.

Monsunwald, allgemein die Bezeichnung für den Wald der wechselfeuchten Subtropen und Tropen zwischen dem Grenzbereich des ▶ tropischen Regenwaldes und der ▶ Dornstrauchsavanne. Monsunwaldgebiete zeichnen sich durch verschieden lange, ausgeprägte Trockenzeiten aus. Der feuchte Monsunwald mit immergrünem Unterholz und einer Laub abwerfenden Baumschicht ist in der ▶ Feuchtsavanne zu finden, der trockene Monsunwald (auch als Trockenwald bezeichnet) in der ▶ Trockensavanne. Monsunwälder sind besonders in Südostasien (z.B. Indien, Thailand) und in Afrika vorzufinden, seltener in Süd- und Mittelamerika.

Mount Everest, höchster Gipfel des Himalaya (8848 m) und damit auch der

Muslime beim gemeinsamen Gebet

Erde. Die Erstbesteigung fand am 29. Mai 1953 durch den Neuseeländer Edmund Hillary und den Nepalesen Tenzing Norgay statt.

Multimedia ist die Verbindung technischer Medien, um Informationen zu vermitteln. Dabei wirken mindestens zwei Medien wie Bild und Ton oder Text und Bild zusammen. Ein Film z.B. ist ein multimediales Ereignis. Auch beim Umgang mit dem Computer und anderen neuen Medien wie CD und dem mobilen Telefon spricht man von Multimedia, denn der Anwender kann gleichzeitig Texte und Bilder ansehen oder eine Information hören und einen Bildausschnitt sehen (▶ Fernsehen).

Münchener Abkommen bezeichnet den Vertrag von 1938 zwischen dem Deutschen Reich, Großbritannien, Frankreich und Italien. In diesem Abkommen, das in München geschlossen wurde, trat die damalige Tschechoslowakai das ▶ Sudetenland an das Deutsche Reich ab. Als das Deutsche Reich 1939 den Zweiten Weltkrieg mit dem Überfall auf Polen begann, erklärten Großbritannien, Frankreich und Italien das Münchener Abkommen für ungültig.

Mure, Gemisch aus Wasser, Erde und Gestein, das im ▶ Hochgebirge nach heftigen Regenfällen oder während der Schneeschmelze zu Tal strömt. Besonders betroffen sind Bereiche mit fehlendem Pflanzenbewuchs oder kranken Bergwäldern. Hier kann das Wasser nicht mehr im Boden versickern oder von den Wurzeln zurückgehalten werden.

Muslim (Moslem, arabisch „der sich zu Gott Hinwendende“). Die Anhänger des ▶ Islam bezeichnen sich als Muslime. Von diesem Wort stammt die deutsche Bezeichnung „Muselman(en)“.

mykenische Kultur. Sie entstand um 1500 v. Chr. im Süden Griechenlands und ist benannt nach der Stadt Mykene auf der Halbinsel Peloponnes. Kennzeichen der mykenischen Kultur sind ein mächtiges Königtum, monumentale Bauten (z.B. die Paläste von Mykene und Tiryns), Kuppelgräber und das bekannte Löwentor von Mykene.

Löwentor von Mykene

N

Nachhaltigkeit setzt als wichtige Eigenschaft die globale Verbesserung der Lebensbedingungen unter Wahrung der Lebenschancen der künftigen Generation voraus. Neben dem Schutz der natürlichen Lebensgrundlagen bedeutet das auch die Bekämpfung der weltweiten Armut. Eine nachhaltige Entwicklung (sustainable development) berücksichtigt die Erfahrungen und Fehler der ▶ Industrieländer, um so sinnvolle Maßnahmen in den ▶ Entwicklungsländern durchzuführen.

Naherholung, kurzzeitige Erholung in der Freizeit, die häufig am Wochenende und in Naherholungsgebieten wahrgenommen wird. Die Naherholungsgebiete liegen in der Nähe zu Großstädten und Ballungsräumen wie das Sauerland zum Ruhrgebiet oder die oberbayerischen Seen zu München. Naherholungsgebiete sind geprägt durch reizvolle Landschaften, die sehr gut erschlossen und ausgestattet sind. Wegen der unterschiedlichen Ansprüche an ein Naherholungsgebiet können sich Konflikte zwischen den Erholungssuchenden und dem Naturschutz ergeben.

Nährstoffkreislauf, Bezeichnung für den Auf- und Abbau von wichtigen Nährstoffen in der Natur. Dabei werden abgestorbene Pflanzenteile und Überreste von Tieren im ▶ Boden von Kleinstlebewesen zersetzt. Die entstandenen Mineralsalze können von den Pflanzen über die Wurzeln aufgenommen werden und fördern wiederum das Wachstum der Pflanzen. Wird dieser Nährstoffkreislauf unterbrochen, indem die Pflanzen zum Beispiel geerntet werden, muss entweder Dünger zugeführt werden, der die Mineralsalze im Boden ersetzt, oder der Boden wird mit der Zeit unfruchtbar. Dieses Problem besteht besonders im ▶ tropischen Regenwald, wo die Nährstoffe in einem geschlossenen Nährstoffkreislauf gebunden sind. Besondere Pilze, die die Wurzeln der Regenwaldpflanzen umspinnen, führen ihnen direkt die Nährstoffe zu. Wird der Wald gerodet, sterben die Pilze ab und die Nährstoffe werden durch den ständigen Niederschlag ausgewaschen.

Napoleon I.

Napoleon I. (1769–1821), war von 1804 bis 1814/15 Kaiser der Franzosen. Er übernahm 1799 durch einen Staatsstreich die Staatsgewalt in Frankreich und krönte sich 1804 selbst zum Kaiser. Napoleon garantierte die wichtigsten Errungenschaften der französischen Revolution im neuen Gesetzbuch, dem „Code Civil“, das zum Vorbild der europäischen Gesetzbücher wurde. Nach mehreren Kriegen stand ganz Europa außer England und Russland unter französischer Herrschaft. Der Feldzug gegen Russland 1812 endete mit der vollständigen Niederlage Napoleons. Er wurde auf die Insel Elba im Mittelmeer verbannt, kehrte aber nach Frankreich zurück und wurde nach der Herrschaft der 100 Tage 1815 von Preußen und Engländern bei Waterloo (Belgien) endgültig besiegt. Napoleon wurde auf die Insel St. Helena im Atlantik verbannt, wo er 1821 starb. Sein Leichnam ruht heute im Invalidendom in Paris.

Nation bedeutet die Gesamtheit von Menschen, die in ihrer überwiegenden Mehrheit das Bewusstsein oder das Gefühl haben zusammenzugehören. Dieses Bewusstsein ist entstanden über lange Zeiträume mit einer gemeinsamen Sprache, Religion, Lebensraum und einer gemeinsamen kulturellen und politischen Tradition. Seit dem 19. Jahrhundert fallen Nation und Staat meistens zusammen zum Nationalstaat, dessen Basis die nationale Einheit ist. Im 20. Jahrhundert wurde das Nationalgefühl übersteigert zum ▶ Nationalismus, der den Wert und die Bedeutung des eigenen Volkes im Vergleich zu anderen Nationen ungebührlich hervorhebt.

Nationalismus, Bezeichnung für ein übersteigertes Nationalbewusstsein und für das Empfinden, anderen Völkern gegenüber überlegen zu sein. Der Nationalismus begann im Zeitalter der ▶ Französischen Revolution und war Ursache vieler Kriege. Heute streben vor allem die europäischen Staaten seine Überwindung an, um eine Völkergemeinschaft (▶ EU) zu bilden.

Nationalpark, großräumige Landschaft, die besonderen Schutzbedingungen unterliegt. Nationalparks werden von Menschen nur wenig beeinflusst und dienen dem Schutz der natürlichen Lebensräume für die Pflanzen- und Tierwelt. Dieser Schutz hat Vorrang gegenüber der wirtschaftlichen Nutzung – Forstwirtschaft, Fischfang, Landwirtschaft, Besiedlung – und der Erholung. Nationalparks genießen einen höheren Schutz als ▶ Naturparks. In Deutschland gibt es zurzeit 12 Nationalparks (▶ Landschaftsschutzgebiet).

Nationalpark Schleswig-Holsteinisches Wattenmeer

Nationalsozialismus, deutsche Form des ▶ Faschismus unter der Führung von ▶ Adolf Hitler. Im Mittelpunkt des Nationalsozialismus standen der übersteigerte ▶ Nationalismus und der menschenverachtende Rassismus. Der Einzelne musste sich bedingungslos unterordnen („Du bist nichts, dein Volk ist alles"). Jeder gehorchte dem Führer Adolf Hitler („Führer befiehl, wir folgen dir"), dessen Wille Gesetz war. Der Nationalsozialismus hatte die Ziele, das Judentum zu vernichten und auf Kosten der Slawen „Lebensraum" im Osten zu erobern. Er löste den Zweiten Weltkrieg aus und brach 1945 zusammen.

N

Adolf Hitler bei einer Rede 1933 im Berliner Sportpalast

Nationalsozialistische Deutsche Arbeiterpartei, war 1919 eine der vielen Parteien, die nach dem Ersten Weltkrieg gegründet wurde und seit 1920 den Namen NSDAP trug. Sie stand von 1921 an unter der Führung ▶Adolf Hitlers und wurde in der Weltwirtschaftskrise am Ende der 20er-Jahre zur stärksten Partei im Deutschen Reichstag. Nach 1933 war sie die einzige zugelassene Partei in Deutschland. Zur NSDAP gehörten viele Sonderorganisationen wie die Hitlerjugend, die ▶SS oder die ▶SA.

Nationalversammlung, Versammlung von gewählten Volksvertretern, die zu besonderen Zwecken wie der Festsetzung einer neuen Verfassung einberufen wird. Beispiele aus der Vergangenheit sind die französische Nationalversammlung von 1789, die Frankfurter Nationalversammlung von 1848 und die Weimarer Nationalversammlung von 1919.

NATO (**N**orth **A**tlantic **T**reaty **O**rganisation, Organisation des Nordatlantikvertrags), militärisches Verteidigungsbündnis westlicher Länder, das 1949 zwischen zwölf Staaten Nordamerikas und Westeuropas gegründet wurde. Deutschland wurde 1955 Mitglied. Heute gehören diesem Bündnis 19 Staaten an, darunter Polen, Tschechien und Ungarn, die früher Mitglieder des ▶Warschauer Pakts waren.

Naturpark, Landschaftsbereich, der sich durch natürliche Schönheit, Eigenart und Erholungswert auszeichnet. Natur und Landschaft sind in diesem Gebiet besonders geschützt und sollen in ihrem gegenwärtigen Zustand erhalten werden. Wild wachsende Pflanzen dürfen nicht gepflückt und Tiere nicht gestört oder aufgeschreckt werden. Verstöße gegen die Regeln können bestraft werden.

Neue Medien, neue Informations- und Kommunikationstechniken, die in allen Lebensbereichen mittlerweile eine herausragende Bedeutung gewonnen haben. Dazu zählen ▶ Fernsehen, Video, CD, Computer und ▶ Multimedia. Sie sind wie das ▶ Internet entscheidende Quellen von Wissen und Informationen.

Neues Testament, für die christliche Kirche der zweite Teil der Bibel (Heilige Schrift). Das neue Testament ist in griechischer Sprache geschrieben. Es enthält die vier Evangelien sowie Schriften der Apostel und kündet von der Wiederkunft des auferstandenen Sohnes Gottes (Jesus Christus). Von ▶ Martin Luther wurde das neue Testament erstmals ins Deutsche übersetzt.

Neuzeit, Bezeichnung für den geschichtlichen Zeitraum von etwa 1500 n. Chr. bis zur Französischen Revolution 1789. Danach spricht man von der jüngeren Neuzeit.

Niagara-Fälle (indianisch: donnerndes Wasser), weltberühmte Wasserfälle zwischen den Staaten New York (USA) und Ontario (Kanada). Auf der kanadischen Seite donnert das Wasser des Niagaraflusses, der den Ontariosee mit dem Eriesee verbindet, beim so genannten „horseshoefall" auf einer Breite von 640 m 54 m in die Tiefe. Auf der amerikanischen Seite stürzt das Wasser auf einer Breite von 340 m 55 m tief. Jährlich besuchen über 1 Mio. Menschen diese Naturattraktion.

Niedersachsen, im Norden Deutschlands gelegenes Bundesland mit einer Fläche von 47613 km² und 7,8 Mio. (1999) Einwohnern. Landeshauptstadt ist Hannover. Das Land erstreckt sich von den Ostfriesischen Inseln in der Nordsee

Computermesse Cebit in Hannover

über die Norddeutsche Tiefebene bis zu den Mittelgebirgen. Höchste Erhebung ist mit 971m der Wurmberg im Harz. Auf dem Gebiet des Bundeslandes bestanden seit dem Mittelalter mehrere kleine Staaten. Hannover wurde 1814 Königreich. Nach dem Zweiten Weltkrieg entstand aus den Ländern Braunschweig, Schaumburg-Lippe und Oldenburg sowie der Provinz Hannover das Bundesland Niedersachsen.

Niederschlag, Gesamtbezeichnung für jede Form von Wasser, das aus der ▶ Atmosphäre auf die Erdoberfläche gelangt. Flüssiger Niederschlag fällt als Regen oder setzt sich als Tau oder Nebel nieder. Fester Niederschlag gelangt als Schnee, Hagel, Graupel oder Reif zur Erde.

Nil, längster Fluss der Erde (6671 km). Er bezieht sein Wasser aus mehreren Quellflüssen. Der Blaue Nil und Atbara entspringen im Hochland von Äthiopien, der Weiße Nil nahe des Äquators im ostafrikanischen Seengebiet.

Nomaden, Angehörige eines Volkes, die als Viehhirten regelmäßig (meist saisonbedingt) Wanderungen zum Zwecke der Weidenutzung unternehmen. Dabei wird das bewegliche Eigentum mitgenommen. Nomaden leben meist in Zelten, da diese einfach und schnell auf- und abgebaut werden können.

Nomaden

Nord-Süd-Konflikt umschreibt den Interessengegensatz zwischen den ▶ Industrieländern und den ▶ Entwicklungsländern. Der Nord-Süd-Konflikt zeigt sich z. B. auf dem Weltmarkt, wo die Länder der ▶ Dritten Welt gegenüber den reichen Industrieländern deutlich benachteiligt sind: Sie können nur Agrarprodukte und ▶ Bodenschätze exportieren und sind völlig von Preisschwankungen auf dem Weltmarkt abhängig. Umgekehrt müssen sie Produkte der Elektronik, des Werkzeug- und Maschinenbaus und der chemischen Industrie für hohe Preise einführen.

Nordrhein-Westfalen, mit 17,9 Mio. Einwohnern (1999) das bevölkerungsreichste Bundesland. Es liegt im Nordwesten der Bundesrepublik an der Grenze zu Holland und Belgien und nimmt eine Fläche von 34078 km² ein. Landeshauptstadt ist Düsseldorf. Nordrhein-Westfalen hat Anteil am Norddeutschen Tiefland (etwa ein Drittel des Landes) und an der Mittelgebirgszone (etwa zwei Drittel des Landes). Der Kahler Asten im Rothaargebirge ist mit 841 m die höchste Erhebung des Landes. Nordrhein-Westfalen hat große Vorkommen an Braun- und Steinkohle (Rheinisches Braunkohlenrevier und Ruhrgebiet). Nach dem Zweiten Weltkrieg entstand das heutige Bundesland aus den ehemaligen preußischen Provinzen Westfalen, dem Nordteil der Rheinprovinz und dem Land Lippe.

Normal Null Höhe (NN), eine international festgelegte Größe, die als Basis für die Höhenmessung gilt. Gemeint ist die mittlere Wasserhöhe des Meeresspiegels. Er hat die Höhenangabe Null Meter. Erhebungen auf der Erdoberfläche erhalten bei der Höhenangabe den Zusatz ü.NN (über Normal Null). So hat z.B. die Zugspitze, der höchste Berg Deutschlands, die Höhenangabe 2963 ü.NN.

Notverordnung, Bezeichnung für den Artikel 48 der ▶ Weimarer Verfassung. Er übertrug in Krisenzeiten dem ▶ Reichspräsidenten das Recht, den Ausnahmezustand zu verkünden und den Reichskanzler zu ermächtigen, ohne Zustimmung des ▶ Reichstages zu regieren. Besonders am Ende der ▶ Weimarer Republik wurden immer mehr Notverordnungen erlassen und führten zu einer Aushöhlung der Verfassung.

NSDAP, ▶ Nationalsozialistische Deutsche Arbeiterpartei.

Nürnberger Prozesse. Nach dem Ende des Zweiten Weltkrieges bestraften die ▶ Alliierten (nach 1946 auch die

Nürnberger Prozesse: Blick auf die Anklagebank (1. Reihe v. links: Göring, Heß, Ribbentrop, Keitel; 2. Reihe v. links: Dönitz, Raeder, von Schirach, Saukel, Jodl)

deutschen Länder) in mehreren Prozessen die Nationalsozialisten und lösten ihre Organisationen (▶ NSDAP, SA, SS usw.) auf. Die bedeutendsten Prozesse fanden in Nürnberg von 1945 bis 1946 statt. Hier standen die noch lebenden Hauptverantwortlichen vor einem alliierten Gericht. Sie wurden vor allem wegen Verbrechen gegen die Menschlichkeit und dem Führen eines Angriffskrieges angeklagt und zum „Tode durch den Strang“ oder zu langen Haftstrafen verurteilt (▶ Entnazifizierung).

Nutzpflanzen, Kulturpflanzen, die im Ackerbau (Getreide, Hackfrüchte, Ölfrüchte, Gemüse), im Obst-, Wein- und Gartenbau sowie in der Forstwirtschaft (Nutzhölzer) angebaut werden. Sie dienen der Ernährung von Mensch und Tier und werden durch die Industrie weiterverarbeitet.

O

Oase, fruchtbarer „Garten“ innerhalb der subtropischen Trockengebiete oder am Rande und im Inneren von Wüsten. Hier kommt Grundwasser an die Oberfläche (Grundwasseroasen) oder es ist eine Quelle vorhanden (Quelloasen). Oasen werden intensiv landwirtschaftlich genutzt, sind meist dicht besiedelt und Zentren des Handels und des Handwerks. Wichtigste Pflanze der Oasen ist die ▶ Dattelpalme.

Verstädterte Oase Ghardaia in Algerien

Oder-Neiße-Grenze, Grenze zwischen der Bundesrepublik Deutschland und Polen entlang der beiden Flüsse Oder und Neiße. Sie wurde im ▶ Potsdamer Abkommen von 1945 festgelegt und 1970 im Warschauer Vertrag mit Polen (▶ Ostverträge) als unverletzlich anerkannt. Das 1990 vereinte Deutschland hat die Unantastbarkeit der Oder-Neiße-Grenze garantiert.

OECD (**O**rganization for **E**conomic **C**ooperation and **D**evelopment) ist die Nachfolgeorganisation der 1948 gegründeten Organisation für europäische wirtschaftliche Zusammenarbeit (OEEC). 1960 traten die USA, Kanada, Japan, Australien und Neuseeland bei und machten die OECD zu einem Verband der wichtigsten Industrieländer der Welt. Ziel der OECD ist die Planung, Vertiefung und Koordinierung der wirtschaftlichen Zusammenarbeit zwischen den beigetretenen Staaten. Außerdem soll die ▶ Entwicklungshilfe koordiniert werden.

Ökologie ist die Lehre von den Beziehungen zwischen den Lebewesen (Menschen, Pflanzen und Tiere) und ihren Lebensbedingungen (▶ Klima, ▶ Boden, Nahrung, andere Lebewesen) in ihrer Umwelt.

ökologischer Landbau, alternative Landwirtschaftsmethode, die ökologische Zusammenhänge der Natur beachtet. Im Vergleich zur intensiven Nutzung des Bodens bei der herkömmlichen Landwirtschaft oder zur ▶ Massentierhaltung wird beim ökologischen Landbau auf mineralische Stickstoffdünger und chemische Pflanzenschutzmittel zugunsten von organischem Dünger und biologischem Pflanzenschutz verzichtet. Der ökologische Landbau liefert Nahrungsmittel ohne chemische Stoffe, verbraucht wenig Energie und pflegt die Landschaft durch vielseitige und naturnahe Bodennutzung und geringen Viehbestand.

Ökonomie, Bezeichnung für die Wirtschaftswissenschaften, aber auch ein allgemeiner Begriff für Wirtschaft oder Wirtschaftlichkeit.

Ökosystem, Wirkungsgefüge von unterschiedlichen Umweltfaktoren. Faktoren sind die belebte Natur (Lebewesen), die unbelebte Natur (Licht, Wärme, Wasser, Mineralstoffe, Sauerstoff und Kohlendioxid) und die technischen

Faktoren (Gebäude, Verkehrssysteme). Es besteht eine Wechselwirkung zwischen den Faktoren. Bis zu einem gewissen Grad verfügt dieses System über die Fähigkeit zur Selbstregulierung und es herrscht ein Gleichgewicht zwischen Aufbau (Produktion) und Abbau (Zerstörung). Bei Überbelastung besteht die Gefahr, dass das Ökosystem zu kippen beginnt oder gar völlig zerstört wird. Typische Ökosysteme sind ▶ Boden, ▶ Wald, Gewässer, Seen, Feuchtgebiete, Wiesen und Hecken.

Olive, Frucht des Olivenbaumes (Ölbaumes). Fruchtfleisch und Samen enthalten bis zu 22 % Olivenöl. Der Olivenbaum gehört zur Familie der Ölbaumgewächse und kann mehrere hundert Jahre alt werden. Er ist im Mittelmeerraum und im vorderen Orient beheimatet. Neben der Verarbeitung der Oliven zu Öl sind sie auch wichtiger Bestandteil der Ernährung in den Mittelmeerländern.

OPEC, (**O**rganization of **P**etroleum **E**xporting **C**ountries, Organisation der Erdölexportierenden Staaten). Die Organisation verfolgt das Ziel, eine gemeinsame Erdölpolitik in den Förderstaaten abzustimmen, um so die Weltmarktpreise für Erdöl zu stabilisieren. Die OPEC wurde 1960 durch Irak, Iran, Kuwait, Saudi-Arabien und Venezuela gegründet. Seither sind weitere Staaten der Organisation beigetreten: Algerien, Indonesien, Katar, Libyen, Nigeria und die Vereinigten Arabischen Emirate.

ÖPNV (öffentlicher Personennahverkehr), Personenverkehr mit öffentlichen Transportmittel wie Bus, Bahn, S- oder U-Bahn in Städten, Ballungsräumen und auf dem Lande. Viele Pendler nutzen den öffentlichen Personenahverkehr, um täglich zur Arbeit und zurück zur Wohnung zu gelangen. Durch Vernetzung der verschiedenen Verkehrsmittel soll der ÖPNV auch für Autofahrer attraktiver werden.

Verbreitung des Olivenbaums im Mittelmeerraum

Geistlicher der russisch-orthodoxen Kirche weiht Wasser

Opposition (lateinisch: einwenden). Parteien, die nicht der Regierung angehören, bilden im ▶ Parlament die Opposition. Sie soll die Regierung kontrollieren und damit Machtmissbrauch verhindern sowie Alternativvorschläge für die Gesetzgebung einbringen. In ▶ Diktaturen wird die Opposition in der Regel verfolgt und damit ausgeschaltet.

Orden, Gemeinschaft von Menschen weltlicher oder geistlicher Art, die nach bestimmten Regeln und Ordnungen (Ordensregeln) zusammenleben. Bedeutende christliche Ordensgemeinschaften sind z.B. die ▶ Augustiner-Chorherren und -Eremiten, die ▶ Benediktiner, die ▶ Franziskaner, die ▶ Jesuiten. Es gibt männliche und weibliche Ordensgemeinschaften (Männer- und Frauenklöster).

Orient (lateinisch: Morgenland), alle Länder des östlichen Mittelmeeraumes. Sie liegen von Europa aus betrachtet in Richtung der aufgehenden Sonne. Zu den Ländern des Orient gehören beispielsweise Ägypten und Syrien.

Orientdreibund, Zusammenschluss von England, Italien und Österreich-Ungarn 1887 mit der Verpflichtung, den Territorialbesitz der Türkei gegen russische Angriffe zu schützen.

orthodoxe Christen (griechisch: rechtgläubige). Sie gehören zu dem Zweig des ▶ Christentums, der im östlichen Mittelmeerraum entstand und sich vor allem in Osteuropa verbreitete. Seit der Teilung des ▶ Römischen Reiches kam es nach wiederholten Streitigkeiten (u.a. über die Stellung des Papstes) 1054 zur endgültigen Spaltung zwischen der West- und Ostkirche. Die Ostkirche ist im Gegensatz zur katholischen Kirche nicht zentral ausgerichtet, sondern besteht aus verschiedenen, miteinander verbundenen Landes- bzw. Staatskirchen. Dabei nimmt der Patriarch von Konstantinopel eine besondere Stellung ein. Heute leben ca. 250 Mio. orthodoxe Christen auf der ganzen Welt.

Osmanisches Reich, Bezeichnung für das Türkische Reich in der Zeit von 1300 bis 1920. Das Osmanische Reich geht auf Osman I. zurück, der 1300 sein Lehensverhältnis mit dem zerfallenden Seldschukenreich löste und in erfolgreichen Kämpfen sein Herrschaftsgebiet vergrößerte. Bis zum Ende des 17. Jahrhunderts blieb das Osmanische Reich eine ständige Bedrohung Europas. Danach zerfiel es langsam bis 1922 der letzte Sultan durch die türkische Nationalregierung in Ankara abgesetzt wurde.

Österreich-Ungarn, Kaiserreich, das zwischen 1867 und 1918 als Doppelmonarchie und Vielvölkerstaat existierte. Nach dem Ausscheiden Österreichs aus dem ▶ Deutschen Bund 1866 trug der Kaiser von Österreich gleichzeitig die Krone des Königreichs Ungarn. Beide Staaten blieben selbstständig, betrieben aber ihre Finanzverwaltung sowie Außen- und Kriegspolitik gemeinsam. Im Kaiserreich lebten neben den Deutsch-Österreichern und Ungarn Millionen Angehörige anderer, oft slawischer Nationalitäten. Da diese sich häufig benachteiligt fühlten, waren sie ein innenpolitischer Unruheherd.

Ostpreußen war ein Teil des Deutschen Reiches mit der Hauptstadt Königsberg (Kaliningrad) und wurde 1945 bis zur Unterzeichnung eines Friedensvertrages unter polnische und sowjetische Verwaltung gestellt (▶ Preußen).

Oströmisches Reich, auch Byzantinisches Reich genannt. Es entstand 395 n. Chr. nach dem endgültigen Zerfall des römischen Weltreiches und der Trennung vom Weströmischen Reich. Hauptstadt des Oströmischen Reiches

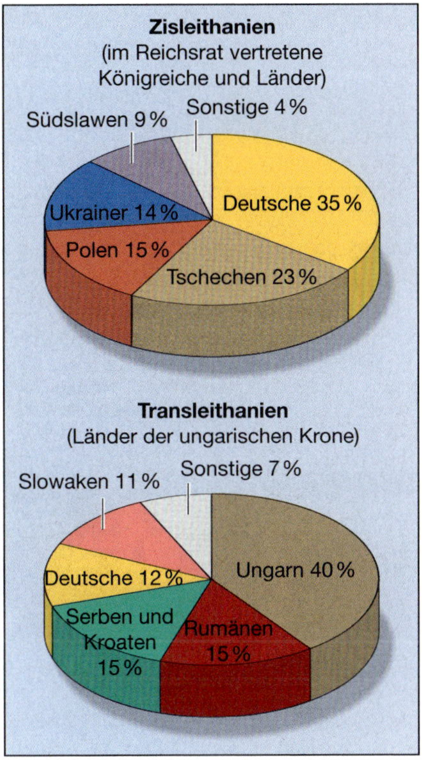

Bevölkerungsanteile in Österreich-Ungarn

Ostpreußen

O

OSZE–Beobachter bei einem Einsatz im früheren Jugoslawien

war Konstantinopel (▶ Byzanz). Seine bedeutendste Zeit erlebte es unter dem makedonischen Königshaus 867 bis 1056 n. Chr. Das Oströmische Reich zerfiel nach der Eroberung Konstantinopels durch die Türken 1453 n. Chr.

Ostverträge sind der Moskauer und Warschauer Vertrag aus dem Jahr 1970. Sie wurden unter der Regierung des damaligen Bundeskanzlers Willy Brandt mit der Sowjetunion und Polen abgeschlossen. In den Ostverträgen garantieren die Vertragspartner den Status quo (gegenwärtigen Zustand), die Unverletzlichkeit der Grenzen und einen gegenseitigen Gewaltverzicht (▶ Bundesrepublik Deutschland).

OSZE (**O**rganisation für **S**icherheit und **Z**usammenarbeit in **E**uropa). Sie wird als Folgekonferenz der ▶ KSZE seit 1995 unter Leitung der ▶ Vereinten Nationen weitergeführt. Durch die Entstehung neuer Staaten in Europa hat sich die Zahl ihrer Mitgliedsstaaten auf 55 erhöht (1999).

Ozeane sind die großen, zusammenhängenden Wasserflächen der Erde. Mit 361 Mio. km^2 bedecken sie rund 71 % der Erdoberfläche. Die gesamte Wasserfläche wird durch die ▶ Kontinente in drei Einzelgroßräume gegliedert, den Atlantischen, den Pazifischen und den Indischen Ozean. Mit den Ozeanen sind Randmeere verbunden. Dazu zählen die so genannten Mittelmeere, die zwischen den Kontinenten liegen wie z.B. zwischen Europa und Afrika, die Nebenmeere wie z.B. die Nordsee und die Binnenmeere wie z.B. die Ostsee.

ozeanisches Klima (maritimes Klima), ein ▶ Klima, das vom Meer beeinflusst ist. Das ozeanische Klima der außertropischen Regionen ist durch einen ausgeglichenen Jahresgang der Temperaturen mit mildem Herbst und Winter, kühlem Frühjahr und mäßig warmem Sommer gekennzeichnet. Die Niederschlagsmengen sind höher als im Innern des Festlandes. Ein ozeanisches Klima ist in der ▶ gemäßigten Zone zu finden, vor allem an der Westküste Europas und Nordamerikas.

Ozonloch bezeichnet die zurückgehende Konzentration des Ozons in der Stratosphäre (▶ Atmosphäre). Das Ozon filtert die für Lebewesen schädliche kurzwellige ultraviolette Strahlung der Sonne. Die Zerstörung der Ozonschicht hat ein erhöhtes Hautkrebsrisiko, eine mögliche Schädigung des Immunsystems, die Zunahme von Augenerkrankungen und geringere landwirtschaftliche Erträge zur Folge. Ein Ozonloch wurde von Wissenschaftlern zuerst über der Antarktis, später auch über der Nordhalbkugel festgestellt.

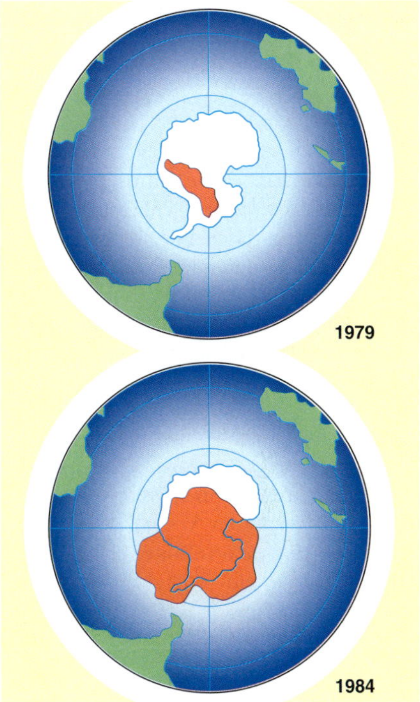

Ozonloch

P

Palästinenser, Bezeichnung für die arabischen Bewohner Palästinas. Nach der Gründung des Staates ▶ Israel 1948 und den Kriegen gegen dessen arabische Nachbarn leben viele Palästinenser in Israel oder in Gebieten, die von Israel besetzt sind. Das Ziel der Palästinenser ist die Errichtung eines palästinensischen Staates.

Panslawismus, politische Bewegung im 19. Jahrhundert in Russland mit dem Ziel, alle slawischen Völker unter russischer Führung zu vereinigen. Der Panslawismus führte im Vorfeld des Ersten Weltkrieges zu politischen Aktivitäten Russlands, um auf dem Balkan an Einfluss zu gewinnen.

Papst, Titel des ▶ Bischofs von Rom und des Oberhaupts der römisch-katholischen Kirche. Der Papst ist auch der weltliche Souverän des Staates der Vatikanstadt.

Parlament (französisch: reden), eine vom Volk auf Zeit gewählte Vertretung, die die Aufgabe hat, Gesetze zu geben sowie Regierung und Verwaltung zu kontrollieren. Mitglieder von ▶ Parlamenten sind Abgeordnete. Diese sind vor Strafverfolgung geschützt (Immunität) und auch vor Bestrafung wegen ihres Verhaltens bei Abstimmungen oder Äußerungen im Parlament.

parlamentarische Demokratie, Staatsform, bei der die Staatsgewalt durch ein vom Volk gewähltes ▶ Parlament ausgeübt wird. Die Abgeordneten des Parlaments werden vom Volk in allgemeiner, freier, gleicher, geheimer und direkter Wahl auf bestimmte Zeit gewählt und haben großen Einfluss auf die Politik des Landes. Sie kontrollieren z. B. die Regierung und verabschieden die Gesetze. Die meisten Staaten Europas haben sich für eine parlamentarische Demokratie entschieden.

Partei(en), darunter versteht man Zusammenschlüsse von Menschen, die gemeinsame politische Ziele verfolgen. Diese werden in Grundsatzprogrammen festgeschrieben. Um die Ziele erreichen zu können, nehmen Parteien an Wahlen teil; sie stellen Kandidaten auf und informieren die Wahlberechtigten über ihre politischen Absichten für die nächsten Jahre.

Pass, geografischer Begriff für die niedrigste Stelle eines Übergangs in Gebirgen. Der bekannteste Alpenpass ist der Brenner zwischen Italien und Österreich.

Stau auf der Brennerautobahn

Passat, stetige Nordostwinde (Nordhalbkugel) und Südostwinde (Südhalbkugel), die von den Wendekreisen zum ▶ Äquator wehen. Sie entstehen durch das Luftdruckgefälle zwischen den subtropischen Hochdruckgürteln und der äquatorialen Tiefdruckrinne. Passatwinde gehören zu den großen Windsystemen der Erde. Sie sind im Allgemeinen trockene, niederschlagsarme Winde.

pazifischer Feuergürtel, relativ schmales Gebiet rund um den Pazifik, in dem sich auffällig viele Vulkane befinden und wo sehr häufig Erdbeben auftreten. Diese Gebiete markieren die Grenzen von Kontinentalplatten (▶ Plattentektonik).

PDS (**P**artei des **D**emokratischen **S**ozialismus). Sie ist die Nachfolgeorganisation der ▶ SED. Im Verlauf der ▶ Wende und des Zusammenbruchs des DDR-Regimes verzichtete die SED auf ihren politischen Führungsanspruch. Im Dezember 1989 wählte sie einen neuen Parteivorstand und trägt seit Februar 1990 nur noch den Namen PDS. Die Partei bekennt sich zwar zu einzelnen Fehlern ihrer SED-Vergangenheit, sieht sich aber nach wie vor den Ideen von ▶ Karl Marx und Friedrich Engels verbunden. Seit 1990 ist die PDS im Bundestag vertreten.

Pendler, Personen, die regelmäßig zwischen Wohnort und Arbeitsstätte hin- und herfahren (pendeln). Pendler fahren mit dem Auto alleine oder in Fahrgemeinschaften oder benutzen den öffentlichen Personennahverkehr (▶ ÖPNV). Einige wohnen 100 km und mehr von ihrem Arbeitsplatz entfernt. Sie nehmen längere Fahrzeiten in Kauf, weil sie in der Umgebung ihres Wohnortes keinen geeigneten Arbeitsplatz finden.

Personenverkehr, Transport von Personen im Nah- und Fernverkehr mit verschiedenen Verkehrsmitteln. Statistisch gesehen werden dabei acht von zehn Kilometern im Auto zurückgelegt. Die übrigen zwei Kilometer teilen sich Bus, Eisenbahn, Straßen- und U-Bahn (1999).

Französischer Arzt mit Pestschutzkleidung. Mantel, Maske und Handschuhe sollen vor Ansteckung schützen (Kupferstich um 1720)

Pest, eine vor allem im Mittelalter weit verbreitete Infektionskrankheit mit damals meist tödlichem Verlauf. Die „Große Pest“, auch der „Schwarze Tod“ genannt, brach in Europa Mitte des 14. Jahrhunderts aus und konnte erst Ende des 19. Jahrhunderts eingedämmt werden. Die „Große Pest” raffte ein Drittel der europäischen Bevölkerung dahin. Heute ist der tödliche Verlauf der Pest durch moderne Medikamente stark zurückgegangen.

Petitionsrecht (lateinisch: wünschen, fordern), Grundrecht, das in Artikel 17 des Grundgesetzes verankert ist. Jeder Bürger, der sich z.B. durch Behörden-

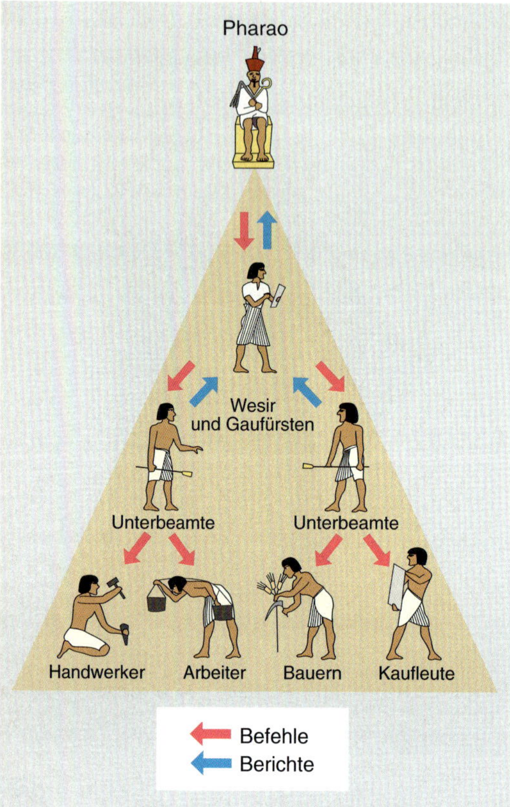

Aufbau der Gesellschaft im alten Ägypten

entscheidungen benachteiligt fühlt, hat das Recht, eine Bittschrift (Petition) an sein Landesparlament bzw. an den Bundestag zu richten. Diese Bittschrift wird von einem Petitionsausschuss beim Landtag bzw. Bundestag geprüft.

Pfalz, Stützpunkt oder Wohnsitz der Könige im Mittelalter. Die fränkischen Könige z.B. hatten keine Hauptstadt, sondern regierten ihr Reich von den Stützpunkten aus, auf denen sie sich gerade aufhielten. Diese bestanden aus Stallungen, Vorratsräumen, Wirtschaftshof und Wohngebäuden. Pfalzen waren über das ganze Reichsgebiet verstreut (▶ Franken, Graf).

Pharao, seit Mitte des 2. Jahrtausends v. Chr. der Titel für ägyptische Könige. Der Pharao besaß im alten Ägypten eine gottgleiche Stellung. Er stand als Alleinherrscher an der Spitze des Staates, war oberster Befehlshaber und Priester und erhob die Steuern. Da die Ägypter an ein Weiterleben nach dem Tod glaubten, brauchte der Pharao für seinen Leichnam einen zweiten Palast als Grabstätte. Die Pharaonen ließen sich deshalb schon zu Lebzeiten ▶ Pyramiden errichten.

Phosphat, Düngemittel, das aus Sedimenten aus phosphorreichem Kalk gewonnen wird. Reiche Phosphatvorkommen finden sich in Nordafrika.

physische Karte, gibt über die Oberflächenformen der Erde Auskunft. Physische Karten enthalten Farben, Zeichen und Namen. Die Farben geben die Höhengliederung der Landschaft wieder (▶ Höhenschichten). Grüne Farben bedeuten dabei Tiefland. Hochland und Gebirge sind in verschiedenen Brauntönen eingefärbt. Allgemein gilt: Je dunkler das Grün ist, desto tiefer liegt die Landschaft, je dunkler das Braun ist, desto höher liegt die Landschaft.

Pioniere, staatliche Jugendorganisation in der DDR. Vom 6. bis zum 10. Lebensjahr gehörten fast alle Kinder zu den Jungen Pionieren, danach zu den Thälmann-Pionieren (Ernst Thälmann war der Begründer der Kommunistischen Partei 1919 und wurde 1944 im Konzentrationslager ermordet). Die Jugendlichen vom 14. bis zum 25. Lebensjahr waren in der ▶ FDJ organisiert.

Pipeline, Rohrleitung aus Stahl oder Beton, die zum Transport einer Flüssigkeit dient. Darüber hinaus transportiert man in ihr Gase oder feinkörnige Feststoffe, die mit Wasser vermischt sind. Besondere Bedeutung erlangen Pipelines

Ernte auf einer Bananenplantage in Mittelamerika

beim Transport von Erdöl und Erdgas, da er häufig über lange Strecken erfolgt. Zu diesem Zweck verlegt man die Rohrleitungen je nach klimatischen Verhältnissen über- oder unterirdisch. Auch auf dem Meeresboden werden Pipelines verlegt. Eine der bekanntesten Pipelines ist die Alaska-Pipeline (▶ Alaska).

Planet, ein Himmelskörper, der sich in einer festen Umlaufbahn um eine Sonne bewegt (▶ Sonnensystem).

Plankton, mikroskopisch kleine, meist nur einzellige, im Wasser schwebende Pflanzen und Tiere. Plankton ist die wichtigste Nahrungsgrundlage vieler Wassertiere. In den Weltmeeren gedeiht es besonders in den Schelfgebieten (▶ Schelf) in oberflächennahen Wasserschichten mithilfe von Sonnenlicht. Durch die zunehmende Verschmutzung der Meere sind die Planktonbestände in manchen Meeresgebieten gefährdet.

Plantage, Bezeichnung für einen landwirtschaftlichen Großbetrieb, der vor allem in den ▶ Tropen oder ▶ Subtropen auf riesigen Flächen meistens nur ein landwirtschaftliches Produkt für den Weltmarkt anbaut (z. B Bananen, Kaffee, Kakao, Kautschuk, Sisal oder Tee). Diese Spezialisierung wird als ▶ Monokultur bezeichnet. Die Aufbereitung und Verarbeitung der Produkte erfolgt nach der Ernte in der Regel vor Ort. Auf Plantagen werden viele Arbeitskräfte eingesetzt. Die Plantagen gehören überwiegend großen Gesellschaften oder dem Staat.

Planwirtschaft, Wirtschaftsordnung, in der die Produktion der Waren und das Angebot der Dienstleistungen durch eine zentrale Planungsbehörde bestimmt wird. Die zentrale Planungsbehörde legt fest, welche Produkte in welcher Anzahl hergestellt werden und wie viele Arbeitskräfte und welcher Kapitaleinsatz dafür benötigt werden. Die Planwirtschaft war die Wirtschaftsordnung der DDR und anderer kommunistischer Staaten.

Plattentektonik, ▶ Exkurs (S. 147)

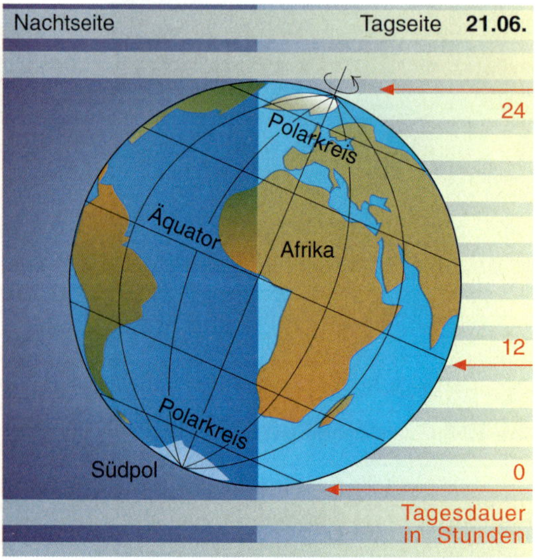

Polarnacht am Südpol

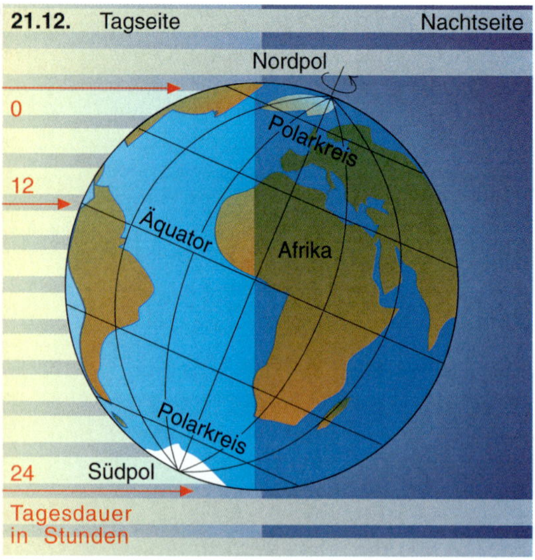

Polartag am Südpol

Polarkreis, die beiden Breitenkreise 66,5° nördlicher Breite und 66,5° südlicher Breite. Die Polarkreise begrenzen die Polarzonen, in denen die besonderen Beleuchtungsverhältnisse ▶ Polartag, ▶ Polarnacht und ▶ Mitternachtssonne vorkommen.

Polarnacht ist der Zeitraum, in dem innerhalb der ▶ Polarkreise die Sonne länger als 24 Stunden nicht über dem Horizont erscheint, also Dunkelheit herrscht. Die Dauer der Polarnacht ist je nach der Breitenlage unterschiedlich. An den Polarkreisen beträgt sie einen Tag, an den Polen ein halbes Jahr.

Polartag ist der Zeitraum, in dem innerhalb der ▶ Polarkreise die Sonne länger als 24 Stunden nicht unter den Horizont sinkt, also ständig zu sehen ist. Die Dauer des Polartags ist je nach der Breitenlage unterschiedlich. An den Polarkreisen beträgt er einen Tag, an den Polen ein halbes Jahr. Polartag, ▶ Polarnacht und ▶ Mitternachtssonne werden durch die Schrägstellung der ▶ Erdachse verursacht. Dadurch liegen die Gebiete innerhalb des nördlichen und südlichen Polarkreises im Jahresverlauf zu unterschiedlichen Zeiten ganz im Sonnenlicht oder gar nicht (siehe die beiden Abbildungen links).

Pole, die beiden Punkte, die an den Enden der gedachten ▶ Erdachse liegen (geografischer Nordpol und Südpol). Die Magnetpole der Erde, zu deren Richtung die Nadel eines ▶ Kompasses ausgerichtet wird, liegen weit entfernt von diesen Punkten. Der magnetische Nordpol befindet sich etwa 1600 km vom geografischen Nordpol entfernt in der Nähe von Bathurst Island in Nordkanada. Der magnetische Südpol liegt in der Nähe der Adéliеküste in der Antarktis, etwa 2600 km vom geografischen Südpol entfernt.

Plattentektonik

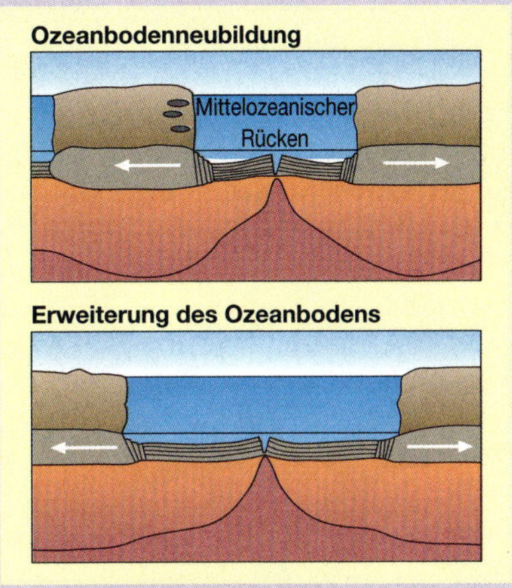

Erdkruste entsteht

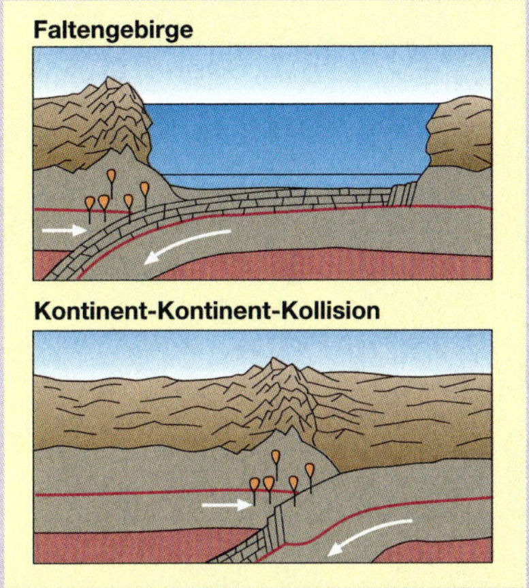

Erdkruste wird „verschluckt"

Plattentektonik ist die Theorie von der Entwicklung, der Struktur und der Dynamik der Erdkruste (▶ Erdaufbau).

Platten gliedern die Erdkruste

Nach dieser Theorie gliedert sich die Erdkruste in sechs große und einige kleinere Platten, die durch Fließbewegungen des Materials im Erdmantel horizontal bewegt werden. Dieses Material ist im Wesentlichen fest, fließt aber sehr langsam. Der Grund dafür ist die ungleiche Wärmeverteilung in den oberen Schichten des Erdmantels. Heißeres Material steigt langsam auf. Es schiebt sich horizontal unter die Kruste, kühlt sich ab und sinkt an anderer Stelle wieder ab.

Neue Erdkruste entsteht

Bei den Strömungsprozessen werden die Platten wie auf einem Förderband mitgeschleppt. Im Aufstrombereich des Mantelmaterials entfernen sie sich dabei voneinander. Es entsteht eine „Lücke" in der Kruste, die jedoch laufend durch aufsteigendes Material wieder geschlossen wird. Es erstarrt und wird ein neuer Teil der Kruste. Das ist an den ▶ Mittelozeanischen Rücken der Fall, in deren zentralem Teil so dauernd neuer Ozeanboden entsteht. Dieser Vorgang wird Ozeanbodenspreizung (sea floor spreading) genannt.

Erdkruste wird „verschluckt"

Wenn sich jedoch einerseits ständig neue Erdkruste bildet, muss es andererseits auch Stellen geben, an denen Teile von ihr verschwinden, da sich sonst die Erde ausdehnen würde. Das geschieht im Abstrombereich des Mantelmaterials, den so genannten Subduktionszonen. Hier bewegen sich zwei Platten aufeinander zu. Die eine Platte schiebt sich über die andere, drückt sie nach unten und die feste Kruste wird in der Tiefe aufgeschmolzen.

Die Grenzen der Platten, insbesondere im Bereich der Subduktion, sind Schwächezonen in der Erdkruste, in denen es besonders häufig zu Erdbeben und vulkanischer Tätigkeit kommt (▶ Erdbeben, Vulkanismus).

Potsdamer Konferenz mit Vertretern der drei Siegermächte USA, Sowjetunion und Großbritannien

Potsdamer Abkommen, gemeinsame Entschließung der Siegermächte USA, ▶ Sowjetunion und Großbritannien über die weitere Behandlung Deutschlands nach dem ▶ Zweiten Weltkrieg. Zwei Monate nach dem Ende des Krieges trafen sich die Regierungschefs und Außenminister der Siegermächte in Potsdam bei Berlin. Im Potsdamer Abkommen legten sie unter anderem fest, dass Deutschland in Besatzungszonen aufgeteilt wird, ein ▶ Kontrollrat die Regierungsgewalt übernimmt und Teile Ostdeutschlands bis zu einem Friedensvertrag unter die Verwaltung der Sowjetunion und Polens gestellt werden. Weiterhin sollte Deutschland entmilitarisiert, entnazifiziert und demokratisiert werden.

Presse, umfasst alle Zeitungen und Zeitschriften. Diese werden finanziert durch Verkauf und Werbeanzeigen. Nach der Erscheinungshäufigkeit unterscheidet man Tages- und Wochenzeitungen, nach dem Vertrieb Abonnement- und Boulevardzeitung. Boulevardzeitungen müssen sich auf der Straße verkaufen und haben entsprechend aufreißerische Titelseiten. In demokratischen Staaten darf die Presse frei berichten. In Deutschland wird die Pressefreiheit im Artikel 5 des Grundgesetzes garantiert.

Preußen, ursprünglich ein Volksstamm an der Ostsee östlich der Weichsel. Dieses Gebiet wurde im 13. Jahrhundert vom Deutschen Ritterorden unterworfen. Der Beginn des politischen Gebildes „Preußen" kann mit den Jahren 1415/1417 angesetzt werden, als die Mark Brandenburg an die ▶ Hohenzollern überging. Das Herzogtum Preußen, das dem gesamten Herrschaftsgebiet den

Namen gab, wurde erst 1618 erworben. Die größte territoriale Ausdehnung erlangte Preußen 1866 nach den Kriegen gegen Dänemark und Österreich, als ganz Norddeutschland von „der Maas bis an die Memel" – außer Mecklenburg und wenigen kleinen Herzogtümern – vom preußischen König aus der Hauptstadt Berlin regiert wurde. Nach dem Ersten Weltkrieg und dem Zusammenbruch des Kaiserreichs bildete der Freistaat Preußen innerhalb der ▶ Weimarer Republik immer noch das größte Staatsgebiet.

Produktionsfaktoren, alle Mittel, mit denen die Menschen zum Zwecke der Befriedigung ihrer Bedürfnisse Güter produzieren. Dabei unterscheidet man im Wesentlichen drei Gruppen: erstens die Arbeit, zweitens der Boden/die Natur und drittens das Kapital. Unter Arbeit versteht man alle menschlichen Kräfte, die in der Produktion wirksam werden und die im weitesten Sinne das bearbeitete Material wertvoller machen. Unter Boden/Natur versteht man im weiteren Sinne alle in der Natur vorkommenden Elemente und Gegebenheiten, die nicht von den Menschen produziert oder bearbeitet worden sind wie z.B. ▶ Bodenschätze, Luft, Pflanzen, Tiere und Wasser. Der Boden dient im engeren Sinne als Nutzungsfläche. Unter Kapital versteht man in erster Linie alle Geldmittel, die zur Anschaffung von Investitionsgütern (Güter, die zur Produktion eines Unternehmens dienen) im Unternehmen zur Verfügung stehen. In zweiter Linie bezeichnet man damit alle Investitionsgüter, mit denen die Produktion eines Unternehmens betrieben wird, in die also bereits Geldmittel investiert worden sind.

Produktivität, Verhältnis zwischen den in einem Betrieb eingesetzten ▶ Produktionsfaktoren und dem Ergebnis der Produktion. Man unterscheidet zwischen Arbeitsproduktivität, d.h. dem Ergebnis pro eingesetzter Arbeitsstunde, und der Kapitalproduktivität. Damit ist das Ergebnis pro eingesetzter Kapitaleinheit gemeint.

Profil, senkrechter Querschnitt entlang der Erdoberfläche bzw. durch die Erdkruste. Profile werden oft in Verbindung mit Karten eingesetzt, um bestimmte Sachverhalte zu erläutern. Topografische Profile verdeutlichen z.B. das ▶ Relief eines geografischen Raumes, geologische Profile Lagerungsverhältnisse der Gesteine und Schichten sowie die Strukturformen der Erdkruste.

Proletarier (lateinisch: Besitzlose) hießen im alten Rom die ärmsten Bevölkerungsschichten. Mit diesem Begriff bezeichnete ▶ Karl Marx die besitzlosen Lohnarbeiter, die als Arbeiterklasse um die Verwirklichung des ▶ Kommunismus kämpften.

Protektorat, Schutzherrschaft eines Staates über ein von ihm erobertes Gebiet. In der Innenpolitik bleiben die Staaten dabei selbstständig, die Außenpolitik wird durch die Schutzmacht wahrgenommen. ▶ Hitler errichtete 1939 nach dem Einmarsch in die Rest-Tschechoslowakei das Protektorat Böhmen und Mähren, was für das Gebiet die Angliederung an das ▶ Deutsche Reich bedeutete.

Protestant, wörtlich „einer, der Einspruch einlegt". Protestanten sind Anhänger der aus der Reformation hervorgegangenen religiösen Bewegung und Bekenner des lutherischen und reformierten Glaubens. Die Bezeichnung geht auf das Jahr 1529 zurück, als der Reichstag von Speyer einen für die Evangelischen günstigen Beschluss aufhob, und dagegen die evangelischen Stände „Protestation" (Einspruch) einlegten.

Pyramiden bei Gise

Putsch, gewaltsamer Umsturz bzw. Umsturzversuch zur Beseitigung einer Regierung. In vielen ▶ Entwicklungsländern kam das Militär auf diese Weise an die Macht.

Pyramiden, Tempel oder Grabbauten bei mehreren alten Kulturvölkern. Eine erste stufenförmige Pyramide wurde in Ägypten für König Djoser in Sakkara gebaut. Später folgten Pyramiden mit glatten Seitenwänden. Die berühmtesten stehen in ▶ Gise in der Nähe von Kairo. Die größte von ihnen wurde für König Cheops (um 2500 v. Chr.) errichtet. Sie hat eine Grundfläche von 230 m und war ursprünglich 146 m hoch. Erbaut wurde sie aus mehr als 2 Mio. Kalksteinblöcken. Die Pyramiden dienten der Verewigung des gottähnlichen ▶ Pharaos.

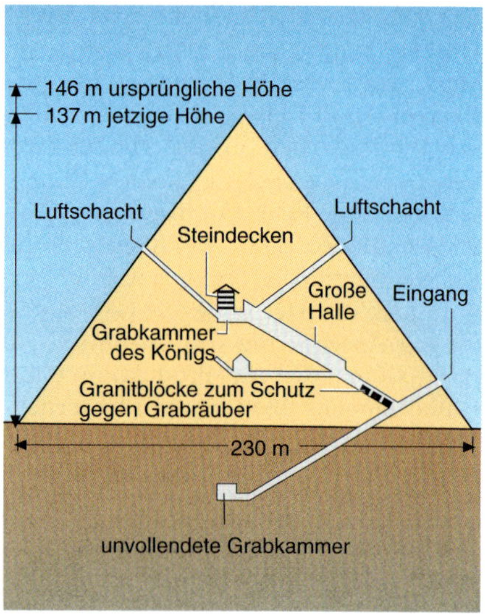

Schnitt durch die Cheopspyramide

R

RAF (**R**ote **A**rmee **F**raktion), die nach ihren Mitbegründern auch Baader-Meinhof-Gruppe genannt wurde. Die RAF war 1968 entstanden und hatte ihre Wurzeln in der ▶ APO. Ihr Ziel war es, mit terroristischen Mitteln das Gesellschaftssystem der Bundesrepublik Deutschland zu ändern. Zu den Aktionen der RAF gehörten vor allem Attentate auf Repräsentanten des Staates und der Wirtschaft.

Entführung des Arbeitgeberpräsidenten Hanns Martin Schleyer (1977)

Raffinerie, Fabrikationsanlage zur Aufbereitung des Rohstoffes Erdöl. In einer Erdölraffinerie werden unterschiedliche Verfahren wie z.B. die Destillation oder die chemische Umwandlung bzw. Reinigung einiger Produkte eingesetzt, um Mineralölprodukte zu erzeugen.

Ranch, nordamerikanische Bezeichnung für einen Viehwirtschaftsbetrieb mit ▶ extensiver Weidewirtschaft, vor allem im Westen der USA und in Kanada.

Rassismus meint, dass Menschen unterschiedlichen Rassen angehören und ihnen unterschiedliche politische und kulturelle Fähigkeiten zuzuschreiben sind. Daraus leitet es sich ab, dass Rassen höher- und minderwertig sind und die bessere Rasse über die niedere Rasse herrscht. Die schlimmste Ausprägung fand der Rassismus im ▶ Antisemitismus der Nationalsozialisten, als Millionen von Juden, russischen Kriegsgefangenen, Sinti und Roma ermordet wurden. Heute unterscheidet man die verschiedenen kulturellen Leistungen einer Rasse nach ihrer Art und führt die Unterschiede auf die klimatischen Bedingungen zurück.

Räterepublik, Bezeichnung für ein Staatswesen, in der Arbeiter- und Soldatenräte die Macht ausüben sollen, um so nach der Theorie von ▶ Karl Marx eine „Diktatur des Proletariates" zu errichten. Nach dem Grundsatz „Alle Macht den Räten!" sind sie Träger der gesamten Staatsgewalt. Deshalb gibt es im Gegensatz zur ▶ parlamentarischen Demokratie keine ▶ Gewaltenteilung. Die ▶ Bolschewiki führten die Räterepublik in Form von Arbeiter-, Soldaten- und Bauernräten (Sowjets) nach der Oktoberrevolution 1917 als Regierungssystem in Russland ein. Der Versuch, nach dem Ersten Weltkrieg diese Regierungsform auch in Deutschland zu verwirklichen, scheiterte mit dem Ausbau und der Stabilisierung der ▶ Weimarer Republik.

Raubbau, eine Wirtschaftsweise, die keine Rücksicht auf die natürlichen Grundlagen nimmt, sondern nur kurzfristige optimale Erträge im Blick hat. Der kurzfristige Profit steht dabei der ▶ Nachhaltigkeit in der Bewirtschaftung gegenüber. Beispiele für den Raubbau an der Natur sind die ▶ Brandrodungen im tropischen Regenwald oder der großflächige Kahlschlag von Wäldern in der borealen Nadelwaldzone.

Rechtsstaat, in Artikel 20 des Grundgesetzes verankertes Grundprinzip unseres Staates. Alle Lebensbereiche werden durch Gesetze und Verordnungen geregelt, die den einzelnen Bürger vor Staatsgewalt schützen und für alle gleichermaßen verbindlich sind. Gerichte auf Landes- und Bundesebene (Judikative) sind als Teil der ▶ Gewaltenteilung unabhängig in der Rechtsprechung.

Recycling (englisch: Rückführung). Die Wiederverwertung von Abfällen wie Glas, Aluminium, Papier, Blech, Kunststoffe und Textilfasern wird als Recycling bezeichnet. Dazu müssen die Materialien getrennt gesammelt und danach aufbereitet werden. Die Trennung dieser Abfallmaterialien ist in vielen ▶ Gemeinden vorgeschrieben.

Mülltrennung („Gelber Sack")

Reformation bezeichnet die durch Martin ▶ Luther hervorgerufene religiöse Erneuerungsbewegung im 16. Jahrhundert, durch die vom Papst in Rom unabhängige Kirchen entstanden. Ursprünglich ging es den Reformatoren nur um die Beseitigung von Missständen (z.B. Ablasshandel) in der (katholischen) Kirche. Ihre Aktivitäten führten aber gegen die eigentliche Absicht zur Spaltung der Kirche. So kam es schließlich in Deutschland zur Gründung lutherischer Landeskirchen. Auch in anderen Ländern Europas kam es zu reformatorischen Bewegungen.

Regenfeldbau, Form des ▶ Ackerbaus, bei dem die Pflanzen ihren Wasserbedarf ausschließlich und unmittelbar aus den Niederschlägen decken. Eine künstliche Bewässerung findet nicht statt. In den inneren Tropen ist Feldbau immer möglich, in den ▶ Savannen ist der Regenfeldbau von der ▶ Regenzeit abhängig. Die Grenze der Verbreitung, die durch den Niederschlag bedingt ist, heißt ▶ Trockengrenze.

Regenzeit, Jahreszeit, die mit regelmäßigen und reichlichen Niederschlägen auf eine im Verhältnis trockene Zeit erfolgt. Regenzeiten sind für die ▶ tropische und ▶ subtropische Zone charakteristisch. Hier folgt die Regenzeit auf die jeweiligen Sonnenhöchststände (▶ Zenitalregen).

Regierung, oberstes ausführendes Organ im Staat (Exekutive). In der Bundesrepublik Deutschland steht an der Spitze der Regierung auf Bundesebene der ▶ Bundeskanzler, auf Landesebene die Ministerpräsidenten (in Berlin der Regierende Bürgermeister, in Hamburg der Erste Bürgermeister, in Bremen der Bürgermeister). Sie werden von Ministern (Bundesminister, Landesminister bzw. Senatoren) unterstützt.

Regierungsbezirk, Verwaltungseinheit, die unterhalb eines Bundeslandes angesiedelt ist. Ein Regierungsbezirk umfasst mehrere Stadt- und Landkreise; er wird von einem Regierungspräsidenten geleitet und untersteht der Aufsicht des jeweiligen Innenministeriums.

Ausgebrannte Synagoge

Reichspogromnacht, die Nacht vom 9. auf den 10. November 1938, als die Nationalsozialisten fast alle jüdischen Gotteshäuser (Synagogen) zerstören und viele Juden inhaftieren ließen. Sie verharmlosten den Pogrom mit der Bezeichnung „Reichskristallnacht“. Das Wort Pogrom stammt aus der russischen Sprache und bedeutet Zerstörung und Verwüstung. Die Juden mussten die Schäden der Reichspogromnacht ersetzen und eine Milliarde Reichsmark zahlen.

Reichspräsident, Staatsoberhaupt von 1919 bis 1934. Der Reichspräsident besaß eine starke Stellung, da er den Oberbefehl über die Reichswehr innehatte, ferner die Reichsregierung ernennen und entlassen sowie den ▶ Reichstag auflösen konnte. Der Reichspräsident wurde direkt vom Volk auf sieben Jahre gewählt. Das Amt bekleideten Friedrich Ebert (1919–25) und Paul von Hindenburg (1925–34). ▶ Hitler vereinigte 1934 das Amt rechtswidrig mit dem des Reichskanzlers.

Reichstag, Bezeichnung für eine Versammlung mit gesetzgebender Aufgabe. Einen Reichstag gab es im ▶ Heiligen Römischen Reich bis 1806, im ▶ Deutschen Reich 1871 bis 1918 und während der ▶ Weimarer Republik. Im März 1933 stimmte dieser Reichstag mit Zweidrittelmehrheit dem ▶ Ermächtigungsgesetz zu und gab damit das Gesetzgebungsrecht an die Regierung ab.

Reis, wichtigste Getreideart der Welt. Vor allem für die bevölkerungsreichsten Länder der Erde wie China und Indien ist er Grundnahrungsmittel. 90 % der Weltproduktion werden in Asien geerntet. Reis verlangt in seiner Hauptwachstumszeit Temperaturen von 20 °C. In den asiatischen Nassreisregionen sind mindestens zwei Ernten im Jahr möglich.

Rekultivierung. Der Begriff bezeichnet Maßnahmen, die zur Wiederherstellung einer zerstörten Landschaft dienen. Nach der Förderung von ▶ Bodenschätzen im Tagebau wird versucht, die Abbaufläche wieder in den ursprünglichen natürlichen Zustand zurückzuverwandeln. Dies geschieht zum Teil durch Auffüllen der Gruben mit Abraummaterial (▶ Abraum) und Bedecken mit Erde. Seen, Felder und Wälder werden angelegt. Es entstehen auch neue Verkehrswege. Dieser Vorgang kann viele Jahre dauern. Die umgestaltete Landschaft wird häufig zur Erholung oder für die Land- und Forstwirtschaft genutzt.

Rekultivierter Tagebau

Verherrlichung der Revolution: „Die Freiheit führt das Volk an" (Eugène Delacroix)

Relief bezeichnet die Oberflächenformen der Erde, d.h. die Höhenverhältnisse des Festlandes oder des Meeresbodens. Daneben wird der Begriff auch für ein dreidimensionales Geländemodell benutzt, das die Formen eines Ausschnitts der Erdoberfläche darstellt.

Rente, Versorgungszahlung des Staates für Personen, die aus dem Arbeitsprozess ausgeschieden sind (Alters- oder Erwerbsunfähigkeitsrente). Während des Berufslebens führt jeder Arbeitnehmer mit der Auszahlung des Lohns Beiträge in die Rentenversicherung ab und erwirbt damit nach einer bestimmten Zeit einen gesetzlichen Rentenanspruch. Die Höhe der Rente richtet sich unter anderem nach der Dauer der Einzahlungen und nach der Höhe der monatlichen Beiträge (▶ Generationenvertrag).

Republik, Staatsform, in der die Staatsgewalt vom Volk ausgeht. Im Gegensatz zur ▶ Monarchie üben in einer Republik auf Zeit gewählte Volksvertreter die Macht aus.

Ressourcen, Sammelbegriff für Grundlagen des Lebens. Dies sind Rohstoffe (z.B. Erze, Erdöl, Holz), Naturgüter (Wasser, Boden, Luft) und geistige Güter (Wissen, Ideen). Unter dem Aspekt der Endlichkeit einzelner Ressourcen wird in erneuerbare (Wasserkraft, Solarenergie, Holz) und endliche (Rohstoffe) unterschieden. Eine begrenzte Fähigkeit zur Regeneration besitzt Boden, Wasser und Luft (▶ Nachhaltigkeit).

Revolution, gewaltsamer Umsturz einer bestehenden staatlichen Ordnung, um eine grundlegende Umgestaltung in gesellschaftlicher, wirtschaftlicher oder kultureller Hinsicht durchzusetzen. Bekannt sind die ▶ Französische Revolution 1789 und die ▶ Russische Revolution 1917.

Rheinland-Pfalz gehört mit einer Fläche von 19846 km² und einer Bevölkerung von 4,0 Mio. (1999) zu den mittelgroßen Bundesländern. Landeshauptstadt ist Mainz. Zu den landschaftlichen Schönheiten gehören das Rhein- und Moseltal, ferner die Eifel, der Westerwald und der Pfälzerwald. In der Rheinebene und an den Hängen von Rhein und Mosel finden sich die größten Weinanbaugebiete Deutschlands. Das Land hat keine einheitliche Territorialgeschichte. Rheinland-Pfalz entstand 1946 aus der bayerischen Pfalz, Rheinhessen, den ehemals preußischen Regierungsbezirken Koblenz und Trier und den früher zu Hessen-Nassau gehörenden Westerwaldkreisen.

Richterskala, Erdbebenskala, mit der die Stärke von Erdbeben angegeben wird. Erdbebenwellen werden mithilfe von Seismometern gemessen und von Seismografen aufgezeichnet. Die Richterskala erstreckt sich von Null (sehr schwache Erdbeben) bis 8,5 (sehr starke Erdbeben), ist aber nach oben nicht begrenzt.

Ritter, im Mittelalter die Bezeichnung für einen berittenen und gepanzerten Angehörigen des Berufskrieger-Standes. Das Rittertum hatte seine Blütezeit in der Zeit der Kreuzzüge.

Rodung, Abholzung von großen Waldflächen zur Gewinnung von Anbauflächen. Vor allem im Bereich des ▶ tropischen Regenwaldes erfolgt dies durch Abbrennen der natürlichen Vegetation (▶ Brandrodung).

Rohstoffe, Ausgangsmaterial, das zur Herstellung von Gütern benötigt wird. Je nach ihrer Herkunft unterscheidet man zwischen Rohstoffen pflanzlicher Herkunft wie z.B. Baumwolle oder Kautschuk und tierischer Herkunft wie Wolle. Auch Bodenschätze sind (mineralische) Rohstoffe. Sie werden noch einmal unterteilt in Energierohstoffe (z.B. Erdöl, Kohle) und Nichtenergieträger. Hierzu gehören z.B. Metalle, Steine oder Erden.

Römische Soldaten beim Straßenbau

Römerstraße

Römerstraßen. Sie führten als Verkehrs- und Handelswege durch das ganze ▶ Römische Reich und waren ursprünglich nicht befestigt. Gebaut wurden sie aus politischen und militärischen Gründen, um die Provinzen und andere dem Reich angegliederte Gebiete besser miteinander zu verbinden.

römische Provinzen. So hießen die außerhalb Italiens beherrschten und verwalteten Gebiete des ▶ Römischen Reiches, die hohen Regierungsbeamten unterstanden. Diese Statthalter trieben Abgaben ein und sprachen Recht. Nach dem 1. Punischen Krieg gegen ▶ Karthago wurde Sizilien 241 v. Chr. erste römische Provinz.

Römisches Reich (Imperium Romanum), umfasste als Weltreich im Altertum den gesamten Mittelmeerraum und angrenzende Länder. Die Anfänge gehen bis ins 7. Jahrhundert v. Chr. zurück. Im 2. Jahrhundert n. Chr. erreichte das Reich seine größte Ausdehnung; es wurde aber 395 n. Chr. geteilt und Konstantinopel (Byzanz) wurde die neue Hauptstadt. Während der weströmische Teil im 5. Jahrhundert fast ganz von germanischen Stämmen besetzt wurde, blieb der oströmische Teil (▶ Byzanz) noch etwa 1000 Jahre bestehen.

Rotation, die Drehung der Erde um die ▶ Erdachse. Die Erde dreht sich vom Nordpol aus gesehen von Westen nach Osten. Für eine vollständige Umdrehung benötigt sie 24 Stunden. Dabei wird immer nur eine Hälfte der Erde von der Sonne beleuchtet (Tag), die andere Hälfte liegt im Dunkeln (Nacht). Die Hell-Dunkel-Grenze verschiebt sich durch die Rotation ständig (Wechsel von Tag und Nacht).

Rückversicherungsvertrag, geheimer Vertrag von 1887 zwischen Deutschland und Russland, der 1890 ohne Verlängerung auslief. Darin verpflichteten sich die Vertragspartner zur wohlwollenden Neutralität, falls sich einer von ihnen im Krieg mit einer dritten Großmacht befindet.

Die römische Wölfin, das Wahrzeichen Roms, mit Romulus und Remus

Russische Revolution, gewaltsamer Umsturz und Ende der Zarenherrschaft in Russland im Jahre 1917 durch die so genannte „Oktoberrevolution“. Die Ursachen liegen unter anderem in der Armut und der jahrhundertlangen Unterdrückung des russischen Volkes. Im Ersten Weltkrieg verschärfte sich im Winter 1917 die Wirtschaftslage. Anhänger der „Russischen Sozialistischen Partei“ riefen zum Protest und Widerstand auf. Soldaten der Regierung schlossen sich der Protestbewegung an. Die Aufständischen besetzten alle wichtigen Stellen in Petersburg und verhafteten die Regierung. Der Zar musste abdanken. Lenin, der Führer der „Russischen Sozialistischen Partei“ wurde Chef der neuen Regierung.

Russisches Reich, begann unter Peter dem Großen 1689 und dauerte bis 1917 (▶ Russische Revolution). In dieser Zeit erfolgte eine Modernisierung der Verwaltung nach westeuropäischem Vorbild. Seit Katharina II. (1762–1776) war das Zarenreich unter den europäischen Mächten eine anerkannte Großmacht. Die nachfolgenden Zaren konnten im Laufe der Zeit das Gebiet des Russischen Reiches in Richtung Polen und zum Schwarzen Meer hin ausdehnen. Später eroberten sie Schritt für Schritt Sibirien und erreichten schließlich den Pazifik im Osten.

Russlandfeldzug, ▶ Napoleon versuchte mit diesem Krieg, seine Vormachtstellung in Europa zu sichern. Mit der aus Truppen mehrerer Nationen bestehenden Großen Armee griff er im Juni 1812 Russland ohne vorherige Kriegserklärung an. Seine Truppen konnten im September 1812 Moskau besetzen. Der Brand Moskaus und der Wintereinbruch zwangen Napoleon jedoch zum Rückzug, bei dem der größte Teil der Armee durch Hunger und Kälte ums Leben kam.

Lenin spricht vor Arbeitern 1917

Brennendes Moskau 1812

S

SA, Abkürzung für Sturmabteilung. Die SA war die braun uniformierte Kampftruppe der Nationalsozialisten, die häufig in Saalschlachten und bei Demonstrationen die politischen Gegner bekämpfte.

SA-Männer fordern zum Boykott auf

Saarland, im Westen an Frankreich angrenzendes Bundesland. Mit einer Fläche von 2570 km² und etwas mehr als einer Million Einwohnern ist es der kleinste Flächenstaat der Bundesrepublik Deutschland. Das Saarland hatte im Laufe der Jahrhunderte eine stark wechselnde Geschichte zwischen Deutschland und Frankreich. Nach dem Ersten Weltkrieg wurde das Saargebiet dem Völkerbund unterstellt, jedoch 1935 durch Volksabstimmung wieder dem Deutschen Reich angegliedert. Nach dem Zweiten Weltkrieg besetzte Frankreich das Saargebiet und stellte es unter französische Verwaltung. In einer Volksabstimmung 1955 sprach sich die Bevölkerung mit 67,7 Prozent für die Eingliederung in die Bundesrepublik Deutschland aus. Seit 1957 ist das Saarland ein Bundesland Deutschlands.

Sachsen, im östlichen Teil Deuschlands gelegenes Bundesland mit einer Fläche von 18412 km² und 4,4 Mio. (1999) Einwohnern. Landeshauptstadt ist Dresden. Das Land hat im Norden Anteil am Norddeutschen Tiefland (Leipziger Bucht). Nach Süden hin folgt das fruchtbare, dicht besiedelte Lösshügelland, das übergeht in die Mittelgebirgszone. Als höchstes Gebirge markiert das Erzgebirge zugleich auch die Grenze zu Tschechien. Im Osten bildet die Neiße die Grenze zu Polen. Im Zweiten Weltkrieg wurde Dresden durch Bomben stark zerstört. Nach 1945 gehörte das Gebiet Sachsens zur sowjetischen Besatzungszone, später zur DDR. Seit 1990 ist Sachsen ein Bundesland (Freistaat) Deutschlands.

Sachsen-Anhalt, eines der so genannten neuen Bundesländer mit einer Fläche von 20446 km² und 2,6 Mio. (1999) Einwohnern. Landeshauptstadt ist Magdeburg. Die Landschaft Sachsen-Anhalts ist vielfältig: Sie erstreckt sich von der Altmark im Norden über die Magdeburger Börde und dem Mittelgebirge des Harzes bis hin zu den Industrieregionen im Süden. Höchste Erhebung des Landes ist mit 1142 m der Brocken im Harz. Nach dem Zweiten Weltkrieg wurde der Freistaat Anhalt und die Provinzen Magdeburg und Halle-Merseburg zum Land Sachsen-Anhalt vereint, später jedoch in zwei Bezirke der DDR geteilt. Erst nach dem Zusammenbruch der DDR wurde das Land Sachsen-Anhalt wiederhergestellt und mit der Wiedervereinigung 1990 ein Bundesland der Bundesrepublik Deutschland.

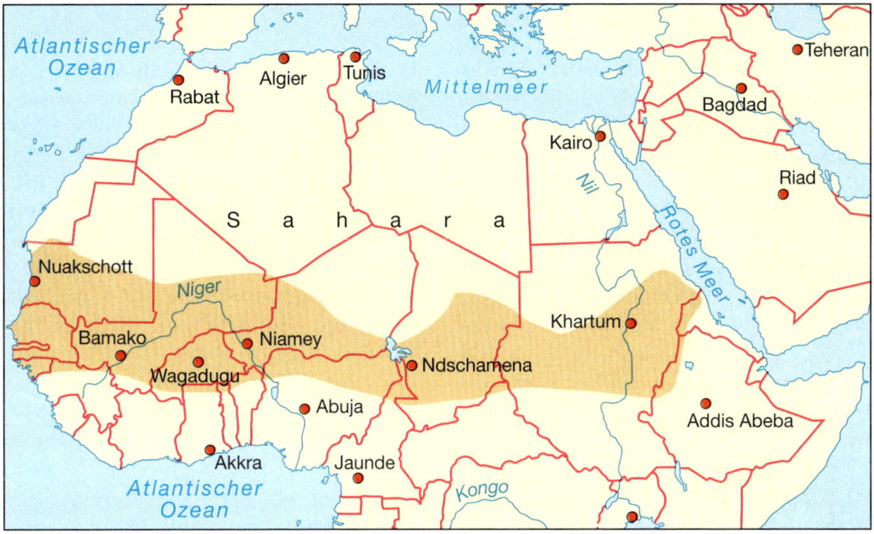

Sahelzone

Sahara (arabisch: weite, rötliche Ebene). Die größte ▶ Wüste der Erde liegt in Nordafrika zwischen dem Atlantischen Ozean und dem Roten Meer und ist mit etwa 8,6 Mio. km^2 fast so groß wie Australien. Da die Sahara im Bereich des Nördlichen ▶ Wendekreises liegt, wird sie auch als Wendekreiswüste bezeichnet.

Sahelzone. Der Begriff „Sahel" stammt aus dem Arabischen und bedeutet „Ufer". Er bezeichnet in Afrika den Übergangsraum zwischen der ▶ Sahara im Norden und den ▶ Feuchtsavannengebieten im Süden. Das Gebiet wird immer wieder von Dürreperioden heimgesucht, die aber eine klimatische Normalität darstellen. Der Einfluss des Menschen bewirkte im Laufe der Zeit eine großflächige ▶ Desertifikation.

Säkularisation bedeutet die Überführung des Kirchenbesitzes (meist Vermögen und Ländereien oder Territorien) in weltlichen Besitz. In Deutschland erfolgte Anfang des 19. Jahrhunderts die umfassendste Überführung kirchlichen Besitzes in weltlichen Besitz: Insgesamt vier Erzbistümer, 18 Bistümer sowie etwa 300 Abteien, Stifte und Klöster gingen als Entschädigung für an Frankreich verlorene linksrheinische Besitzungen an weltliche Fürsten über.

Salzstock, dom-, stock- und pilzförmige Aufbeulungen von Salzmassen großer Dicke und Mächtigkeit. Das Salz dringt in Schwächezonen im überlagernden Gestein, in Risse und Spalten und drückt ganze Pakete der Gesteinsschichten nach oben. An der Erdoberfläche kann man Salzstöcke durch die Erhebungen, Hügel oder Höhenzüge bis zu 100 km Länge, erkennen. Charakteristisch sind an den Flanken die Senken, die oft als feuchte Niederungen ausgebildet sind.

sanfter Tourismus, eine Form des ▶ Fremdenverkehrs, der die Belange von Natur, Landschaft und einheimischer Bevölkerung weitgehend berücksichtigt. Die Urlauber werden dazu aufgefordert, die Landschaft zu schützen.

Ziel des sanften Tourismus ist es, einen umweltverträglichen Fremdenverkehr zu verwirlichen. Im Nationalpark Niedersächsisches Wattenmeer dürfen unter dem Aspekt des sanften Tourismus auf einigen Inseln beispielsweise keine Autos fahren und keine mehrgeschossigen Gebäude errichtet werden.

Sarajevo, Hauptstadt von ▶ Bosnien-Herzegowina und Ort des Attentats vom 28. Juni 1914, dem der österreichische Thronfolger und seine Gemahlin erlagen. Dieses Attentat führte zum Ausbruch des ▶ Ersten Weltkrieges.

Satellitenbild, ein von einem Satelliten (künstlicher Erdtrabant) aufgenommenes Bild der Erdoberfläche und der ▶ Atmosphäre. Solche Bilder können wichtige Informationen liefern, z.B. für die Wetterkunde, zur Untersuchung von Landschaften, zur Darstellung von Umweltproblemen oder für militärische Zwecke.

Savanne, Hauptvegetationsformation der wechselfeuchten Tropen und Subtropen. Savannen liegen nördlich und südlich der immerfeuchten Tropen. Die Gebiete sind durch den Wechsel von trockenen und feuchten Monaten gekennzeichnet. Zu den Wendekreisen hin werden die Trockenzeiten immer länger. Dadurch wird die Art der vorkommenden Vegetation bestimmt. Nach ihren typischen Merkmalen unterscheidet man die ▶ Feuchtsavanne, die ▶ Trockensavanne und ▶ die Dornstrauchsavanne.

Satellitenbild von Schleswig-Holstein

Schelf, Teil des Kontinentalsockels, der unter dem Meeresspiegel liegt. Schelfgebiete werden noch zu den Kontinenten gezählt. Zu ihnen gehören alle Bereiche an der Küste mit einer Wassertiefe von weniger als 200 m. Sie haben z.B. wegen ihres Fischreichtums und dem Vorkommen von Bodenschätzen eine große wirtschaftliche Bedeutung. Meere, die hier liegen, werden Schelfmeere genannt. Zu ihnen gehören unter anderem die Nordsee, die Ostsee sowie das Ost- und das Südchinesische Meer.

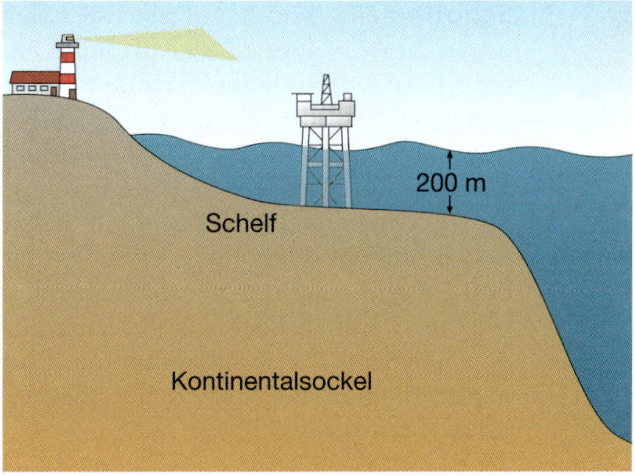

Schelf

Schengener Abkommen, vertragliche Vereinbarung zwischen einigen Staaten der Europäischen Union (▶ EU) über den Wegfall der Personenkontrolle an ihren gemeinsamen Grenzen sowie deren Verlegung an die EU-Außengrenzen. Das Schengener Abkommen haben Belgien, die Niederlande, Luxemburg, Frankreich Deutschland, Portugal und Spanien unterschrieben.

Schleswig-Holstein, nördlichstes Bundesland Deutschlands mit einer Fläche von 15 770 km² und 2,7 Mio. (1999) Einwohnern. Landeshauptstadt ist Kiel. Schleswig-Holstein liegt zwischen der Nordsee und der Ostsee. Der Westen wird durch die Wattenküste und das flache Marschland, der Osten durch ein hügeliges, von der letzten Eiszeit geformtes Land, geprägt. Dazwischen erstreckt sich ein meist flachwelliges oder kuppiges Gebiet. Der Nord-Ostsee-Kanal verbindet Nord- und Ostsee miteinander. Nach dem Zweiten Weltkrieg wurde aus der preußischen Provinz das Bundesland Schleswig-Holstein gebildet.

Schlieffen-Plan, deutscher Kriegsplan, den der preußische General Alfred Graf von Schlieffen 1905 im Hinblick auf einen Zweifrontenkrieg gegen Frankreich und Russland entwickelt hatte. Er sah vor, in einem raschen Feldzug durch das neutrale Belgien französische Befestigungslinien zu umgehen und zu zerstören, um sich dann mit aller Kraft auf den Gegner im Osten konzentrieren zu können.

Schmalkaldischer Bund, protestantisches Militärbündnis im 16. Jahrhundert. Als Folge des Verbots der protestantischen Lehre auf dem Reichstag von 1530 gründeten die protestantischen Fürsten und Reichsstädte 1531 in Schmalkalden ein militärisches Bündnis. Der Kaiser entschloss sich 1544 zum Krieg gegen die Protestanten, um so die kaiserliche Zentralmacht gegen die Reichsfürsten zu stärken. Der Schmalkaldische Bund war in dem zweijährigen Glaubenskrieg (1546/47) jedoch militärisch erfolgreich (▶ Augsburger Religionsfrieden).

Schneegrenze, Höhengrenze zwischen den ganzjährig schneebedeckten und den im Sommer schneefreien Gebieten. Die Höhe der Schneegrenze ist von den mittleren Temperaturen und den Niederschlagsverhältnissen einer Klimazone abhängig. Sie reicht in polaren Regionen bis auf Meereshöhe und steigt in tropischen Gebieten auf über 5 000 m an.

Scholle, ein Teil der Erdkruste, der durch Verwerfungen oder Brüche begrenzt ist. Oft sind die Schollen gehoben, gekippt oder abgesenkt.

Schott, nordafrikanische Bezeichnung für Salztonebenen. In Teilen der ▶ Sahara kommt in Mulden durch Versickerung und Verdunstung der oberflächige Wasserabfluss zum Erliegen. Es bleiben auf den abgelagerten Feinsedimenten (Tone) nach dem Verdunsten des Wassers Salzkrusten zurück.

Schott (Salzwüste)

Schwedentrunk, Foltermethode schwedischer Soldaten im Dreißigjährigen Krieg (1618–1648), mit der man Opfer zur Preisgabe von Geheimnissen zwang und/oder sie zu Tode marterte.

Schwellenländer bedeutet, dass einzelne ▶ Entwicklungsländer die Schwelle zur ▶ Industrialisierung überschritten haben. Die Weltbank definiert darunter Entwicklungsländer mit einem ▶ Bruttosozialprodukt von über 500 US-Dollar pro Person und Jahr. Zu den Schwellenländern zählen beispielsweise Südafrika, China oder Brasilien. Die so genannten ▶ Tigerstaaten werden dagegen zu den ▶ Industriestaaten gerechnet.

Sechs-Tage-Krieg. Er begann am 5. Juni 1967, als ▶ Israel in einer vorbeugenden Maßnahme ägyptische Militärflugplätze im Sinai-Gebiet angriff, weil es sich von seinen arabischen Nachbarstaaten bedroht fühlte. Während des Blitzkriegs, an dem auch noch Jordanien, Syrien und der Irak beteiligt waren, eroberte Israel das ▶ Westjordanland, den ▶ Gazastreifen und die ▶ Golanhöhen. Der östliche Teil Jerusalems und der Sinai wurden besetzt. Israel wurde somit Besatzungsmacht über 1,5 Mio. ▶ Palästinenser.

SED (**S**ozialistische **E**inheitspartei **D**eutschlands), Partei, die 1946 in der sowjetischen ▶ Besatzungszone entstand. Sie ging hervor aus dem erzwungenen Zusammenschluss der Kommunistischen Partei Deutschlands (KPD) und der Sozialdemokratischen Partei Deutschlands (SPD). Die ▶ DDR entwickelte sich unter der Führung der SED zu einem sozialistischen Staat.

Sediment, verwittertes Gesteinsmaterial, das durch Wind, Wasser oder Eis abgelagert wurde. Sedimente können, je nachdem wie sie transportiert und wo sie abgelagert wurden, unterschiedlich beschaffen sein (z.B. sandartig, grobkörnig) oder sich bereits z.B. zu Sand- und Kalkstein verfestigt haben.

Seebad, Badeort auf den Nordseeinseln und an der Ostseeküste, in denen Einrichtungen zur Erholung und Genesung existieren. Örtliche Kurmittel und ein nachgewiesenes Heilklima müssen vorhanden sein. Bekannte Seebäder in Deutschland sind Westerland auf Sylt oder die Badeorte auf Rügen und Usedom.

Seismologie, Erdbebenkunde und Erdbebenforschung. Es ist die Lehre bzw. Wissenschaft von Ursachen, Ausbreitung und Wirkung von Erdbeben.

Die vier Sektoren Berlins

Sektoren. Als Deutschland 1945 in Besatzungszonen aufgeteilt wurde, teilten die Siegermächte auch die Reichshauptstadt Berlin in vier Gebiete ein, die Sektoren genannt wurden. Es gab den amerikanschen, britischen, französischen und sowjetischen Sektor. Die drei erst genannten Sektoren entsprachen dem Gebiet Westberlins, der sowjetische Sektor dem Gebiet Ostberlins.

Sekundärwald, Bäume und Sträucher, die nach der Rodung des Primärwaldes (z.B. des ▶tropischen Regenwaldes) nachwachsen. Der Sekundärwald ist artenärmer, kleinwüchsiger und enthält keine Edelhölzer.

Selvas (portugiesisch: Wälder), Bezeichnung für die ▶tropischen Regenwälder im Amazonastiefland.

Serengeti-Nationalpark, mit einer Fläche von etwa 12500 km² ein Teil der Serengeti-Hochfläche im Norden Tansanias. Die ▶Dornstrauch- und ▶Trockensavanne des Nationalparks ist eines der wildreichsten Gebiete Afrikas.

Signaturen, die in einer ▶Karte vorkommenden Zeichen und Farben. Eine Karte kann z.B. Häuser, Straßen oder Oberflächenformen nicht so zeigen, wie sie in der Wirklichkeit zu sehen sind. Die Darstellung erfolgt durch Farben (▶physische Karte) und Zeichen. Die Bedeutung der Signaturen wird in der ▶Legende (Zeichenerklärung) erklärt.

Silicon Valley, südlich von San Francisco liegender Teilabschnitt des Kalifornischen Längstales. Auf einer Fläche von 450 km² liegt hier das weltweit größte Industriegebiet für Elektrotechnik. In den vergangen Jahrzehnten haben sich über 3000 Firmen der Elektronikbranche mit mehr als 600000 Beschäftigten angesiedelt. Ein Schwerpunkt ist die Herstellung von Mikrochips. Diese werden aus dem Element Silicium (silicon) gefertigt, wovon sich der Name des Tales ableitet.

Sisal, Hartfaser, die aus den Blättern der Sisalagave gewonnen wird. Die Pflanze ist in den subtropischen Trockengebieten der Erde beheimatet. Sisal ist sehr widerstandsfähig und wird vorwiegend zur Herstellung von Seilen, Matten, Teppichen und Teppichböden verwendet.

Sisal-Plantage

S

Slawen, osteuropäischer Volksstamm, der in vorchristlicher Zeit zwischen den Karpaten und dem Dnjepr lebte. Seit dem 4. Jahrhundert n. Chr. breiteten sich die Slawen aus und erreichten im 6. Jahrhundert im Westen die Elbe. Im 8. und 9. Jahrhundert waren die Slawen die östlichen Nachbarn des ▶ Frankenreiches und wurden von ▶ Karl dem Großen teilweise unterworfen und tributpflichtig gemacht.

Slum, Wohnviertel am Rande von Großstädten oder innerstädtische Verfallsgebiete. Slums sind geprägt durch eine hohe Arbeitslosigkeit und Kriminalität, den Verfall sozialer Beziehungen, eine schlecht ausgestattete ▶ Infrastruktur und eine schlechte Bausubstanz. In den Ländern der ▶ Dritten Welt sind die Slums meist Auffangstationen für die städtischen Zuwanderer.

Solaranlage

Smog, Kunstwort aus „smoke" (Rauch) und „fog" (Nebel). Smog ist die Bezeichnung für eine starke Luftverschmutzung über Großstädten oder industriellen ▶ Ballungsräumen. Sie bildet sich z.B. dann, wenn warme Luft über kalter Luft liegt und nur ein geringer Luftaustausch erfolgen kann (Inversionswetterlage). Für das Entstehen des Smogs sind Industrieabgase, Hausbrand und Autoabgase verantwortlich.

Soja, Nutzpflanze aus der Familie der Hülsenfrüchte, die in tropischen und warmen Gebieten wächst. Sie stellt an Klima und Boden ähnliche Bedingungen wie ▶ Mais. Die Bohnen werden als Gemüse und Sojakeimlinge verwendet, aber auch zur Öl-, Margarine- und Mehlherstellung. Zur Sicherung der Ernährung der stark anwachsenden Weltbevölkerung wird Soja als Fleischersatz immer wichtiger.

Solarenergie ist eine ▶ alternative Energiequelle. Hierbei wird die direkte Sonneneinstrahlung zur Erzeugung von Energie genutzt. Das kann durch eine direkte Energieumwandlung über Solarzellen in elektrischen Strom erfolgen. Diese Technik fand zuerst in der Raumfahrt Anwendung (Energieversorgung von Satelliten). Eine weitere Art, Sonnenenergie zu nutzen, findet über Sonnenkollektoren statt und wird zur Wasseraufbereitung eingesetzt.

Sonderkulturen, Anbau von landwirtschaftlichen ▶ Nutzpflanzen wie Obst, Wein, Gemüse (z.B. Spargel), Hopfen, Tabak auf geringer Anbaufläche, der besonders abhängig von Höhenlage, Klima und Bodenbeschaffenheit ist.

Sonnensystem, ▶ Exkurs (S. 165)

Sowjetunion, Union der Sozialistischen Sowjetrepubliken (UdSSR). Sie entstand nach der ▶ Russischen Revolution 1922 und hatte bis zum Zerfall 1991 Bestand. Unter dem russischen Wort „Sowjet" versteht man einen von Arbeitern, Bauern und Soldaten gewählten Rat, der als eine Art Regierung Entscheidungen treffen soll. Die UdSSR war mit Abstand der flächengrößte Staat der

Sonnensystem

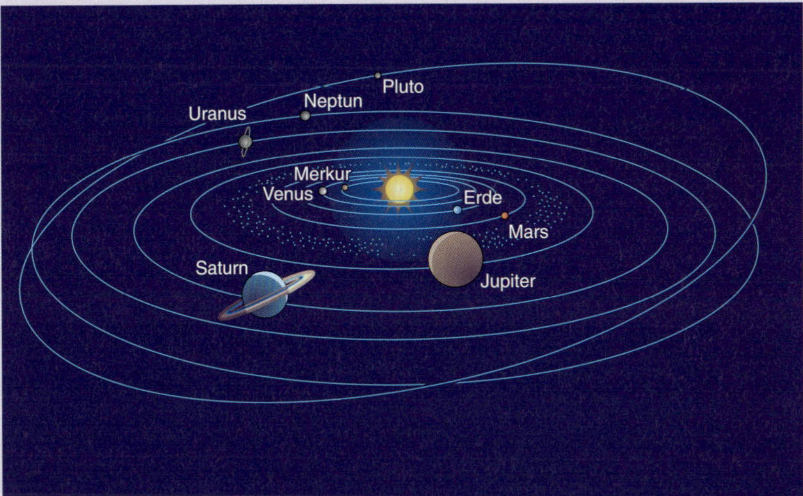

Pluto	∅ 6 000 km	Saturn	∅ 120 670 km	Mars	∅ 6 770 km
Neptun	∅ 50 000 km	Jupiter	∅ 143 650 km	Erde	∅ 12 756 km
Uranus	∅ 47 100 km	Merkur	∅ 4 840 km	Venus	∅ 12 228 km

Die Planeten unseres Sonnensystem

Sonnensystem ist die Bezeichnung für die Gesamtheit aller Himmelskörper, die sich um eine Sonne bewegen.

Aufbau unseres Sonnensystems
Zu unserem Sonnensystem gehören neben der Sonne im Zentrum neun Planeten mit ihren Monden sowie unzählige andere kleinere Himmelskörper wie z.B. Meteoriten. Die Planeten werden nach ihrer Entfernung von der Sonne in die so genannten „inneren" Planeten (Merkur, Venus, Erde, Mars) und die „äußeren" Planeten (Jupiter, Saturn, Uranus, Neptun, Pluto) eingeteilt. Alle Planeten bewegen sich auf ihrer Umlaufbahn gegen den Uhrzeigersinn um die Sonne. Die Form der Bahnen gleicht einer Ellipse, d.h. der Sonnenabstand ist unterschiedlich groß.

Teil des Universums
Die Ausmaße unseres Sonnensystems sind für uns fast unvorstellbar. Könnte man z.B. mit einem Zug von der Erde zur Sonne fahren, so würde man man bei einer Geschwindigkeit von 180 km/h rund 100 Jahre benötigen. Von der Erde zum Pluto wären es fast 4000 Jahre! Dennoch ist unser Sonnensystem nur ein winziger Teil des Weltraums. Zusammen mit Millionen anderen Sonnensystemen bildet es eine so genannte Galaxie. Dieses Sternensystem, die Milchstraße, ist wiederum nur eines von vielen anderen im Universum.

Sowjetunion

Sowjetunion

Erde und erstreckte sich von der polnischen Grenze bis zum Pazifischen Ozean und vom Nordpolarmeer bis an die Grenzen der Türkei, Irans, Afghanistans, Chinas und der Mongolei. Nach dem Zweiten Weltkrieg trat die UdSSR im ▶ Kalten Krieg in Konfrontation zur westlichen Welt. Dies führte 1961 bis an den Rand eines atomaren Krieges. Schrittweise Annäherungen der Großmächte führten zu beiderseitigen Abrüstungen und schließlich unter dem ersten und letzten Präsidenten der Sowjetunion Michail Gorbatschow zur innenpoli-

tischen Wende. Nach der Auflösung der Sowjetunion schlossen sich viele ehemalige Staaten 1991 zur Gemeinschaft der unabhängigen Staaten (GUS) zusammen.

soziale Marktwirtschaft, ▶ Exkurs (S. 169)

Sozialismus, politische Bewegung, die im Zeitalter der ▶ Industrialisierung im 19. Jahrhundert entstand. Ziel des Sozialismus ist es, den Gegensatz zwischen Reich und Arm abzubauen und eine Gesellschaft aufzubauen, in der das Gemeinwohl im Vordergrund steht. Die ▶ DDR versuchte nach ihrer Gründung 1949, den Sozialismus in ihrem Land aufzubauen. Dazu wurden viele Unternehmen verstaatlicht (Volkseigener Betrieb) und enteignete Bauernhöfe zu Landwirtschaftlichen Produktionsgenossenschaften (LPGs) zusammengefasst.

Sozialistengesetz, ein von ▶ Bismarck 1878 durchgesetztes Ausnahmegesetz gegen die „gemeingefährlichen Bestrebungen der Sozialdemokratie". Bismarck wollte die als revolutionär und regierungsfeindlich empfundenen Tendenzen der Arbeiterbewegung gewaltsam unterdrücken und die Arbeiterschaft durch Reformen für den neuen deutschen Staat gewinnen. 1890 wurde das Sozialistengesetz gegen den Widerstand Bismarcks wieder aufgehoben.

Sozialpolitik, Gesamtheit der Maßnahmen im Bereich der sozialen Sicherung. Ziel der Sozialpolitik ist es, sozial schwächere oder benachteiligte Gruppen zu schützen. Die Maßnahmen dazu werden vorrangig von staatlicher Seite erbracht. Sie können nicht finanzieller Art sein und z.B. in Form von Geboten und Verboten wie Kündigungsschutz ihren Niederschlag finden. Maßnahmen finanzieller Art dagegen umfassen z.B. Steuererleichterung oder finanzielle Zuwendungen für eindeutig abgrenzbare Gruppen in Form von Ausbildungsförderung, Sozialhilfe, Eigenheimzulage usw. Auch die Bereitstellung öffentlicher Einrichtungen wie Büchereien, Schwimmbäder oder Verkehrsmittel zählen zu den Maßnahmen der Sozialpolitik.

Sozialversicherung umfasst die Renten-, Kranken-, Unfall- und Arbeitslosenversicherung. Die Sozialversicherung ist gesetzlich geregelt und wird vom monatlichen Einkommen eines Arbeitnehmers automatisch durch den Arbeitgeber an die Versicherungsanstalten abgeführt. Die Beiträge werden von Arbeitnehmern und Arbeitgebern gemeinsam aufgebracht (ausgenommen die Arbeitslosenversicherung, für die der Arbeitnehmer zu 100 % aufkommt).

Sozialstaat. Die Bundesrepublik Deutschland ist laut Artikel 20 des Grundgesetzes ein „sozialer Bundesstaat". Durch Gesetze und Regulierungsmaßnahmen wird sichergestellt, dass jeder Bürger ein menschenwürdiges Leben führen kann. Zur sozialen Absicherung gehört das „soziale Netz" mit Leistungen wie z. B. Kindergeld, Erziehungsgeld, Lohnfortzahlung im Krankheitsfall oder Arbeitslosengeld (▶ Sozialpolitik).

Spanische Niederlande, ▶ Vereinigte Niederlande.

SPD (**S**ozialdemokratische **P**artei **D**eutschlands). Die SPD trägt diesen Namen seit 1890 und ist die älteste Partei in Deutschland. Während der ▶ Weimarer Republik stellte sie den ersten Reichspräsidenten. Nach ihrem Verbot durch die Nationalsozialisten 1933 wurden viele ihrer Mitglieder verhaftet, andere emigrierten oder beteiligten sich am Widerstand. 1945 wurde die Partei neu gegründet. In der sowjetischen Besatzungszone wurde sie 1946 zur Vereinigung mit der ▶ KPD gezwungen (▶ SED). Als Regierungspartei in der Bundesrepublik Deutschland unter Willy Brandt (1969–1974) bemühte sie sich um eine Aussöhnung mit dem Osten. 1998 übernahm sie erneut Regierungsverantwortung auf Bundesebene.

SS, Abkürzung für Schutzstaffel. Die SS, die ursprünglich aus der SA als Leibgarde Hitlers gebildet wurde, entwickelte sich zur stärksten Organisation im Dritten Reich. Sie war zuständig für die Organisation der Konzentrations- und Vernichtungslager und die Morde an Juden und Kriegsgefangenen (▶ Nationalsozialismus).

Appell der SS beim Reichsparteitag 1935

Staat ist die politische Ordnung einer Gesellschaft in einem bestimmten Gebiet. Ein Staat zeichnet sich somit durch ein Staatsvolk, ein Staatsgebiet und die Staatsgewalt aus. Der deutsche Staat ist nach seiner ▶ Verfassung eine ▶ Demokratie, ein ▶ Rechtsstaat, ein ▶ Sozialstaat und ein Bundesstaat.

Staatssicherheit ist in einem totalitären Staat eine Behörde, die politisch Andersdenkende überwacht und verfolgt. In der DDR gab es ein eigenes Ministerium für Staatssicherheit (MfS), das westliche Besucher und Telefongespräche in der DDR überwachte, Spione in den Westen einschleuste und die Massenorganisationen (u. a. ▶ FDJ) im eigenen Land kontrollierte.

soziale Marktwirtschaft

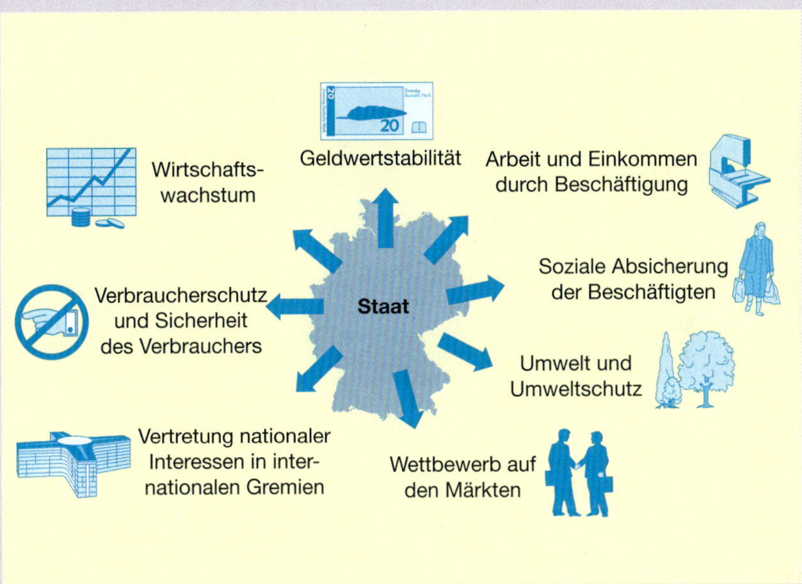

Soziale Marktwirtschaft

Das Wesen der sozialen Marktwirtschaft beruht auf dem Grundgedanken, „das Prinzip der Freiheit auf dem Markte mit dem des sozialen Ausgleichs zu verbinden", und unterscheidet sich damit vom System der freien ▶ Marktwirtschaft. Die wesentlichen Elemente der sozialen Marktwirtschaft sind:

Die Konsumfreiheit: Der Verbraucher entscheidet, wie er sein Einkommen verwenden und welche Produkte er erwerben will.

Unternehmerfreiheit: Der Unternehmer entscheidet in eigener Verantwortung, was er produzieren und auf dem Markt zum Kauf anbieten will.

Freiheit der Berufswahl: Jede Person hat das Recht, den Beruf und den Arbeitsplatz selbst auszuwählen.

Gewerbefreiheit: Jeder hat grundsätzlich die Möglichkeit, ein Gewerbe frei zu wählen und an einem selbst bestimmten Ort auszuüben.

Preisbildung durch Angebot und Nachfrage: Auf dem ▶ Markt treffen das Angebot an Waren und die Nachfrage der Verbraucher aufeinander. Aus dem sich daraus ergebenden Wechselspiel bestimmt sich der ▶ Preis eines Produktes.

Sozialer Ausgleich: Die negativen Begleiterscheinungen der freien Marktwirtschaft werden in einer sozialen Marktwirtschaft durch zahlreiche staatliche Eingriffe gemildert, z.B. durch Lohnfortzahlung im Krankheitsfall, Festlegung von Mindesturlaub, Gewährung von Mutterschutzurlaub, Mitbestimmung der Arbeitnehmer usw.

Kampf um Stalingrad 1942/43

Stadt, größere geschlossene Siedlung, meist mit zentraler wirtschaftlicher, politischer und kultureller Funktion für das Umland. Die ersten Städte entwickelten sich aus zentralen Handelsplätzen, militärischen Stützpunkten, Flussübergängen, Bischofssitzen und burgnahen Siedlungen im Mittelalter (▶ mittelalterliche Stadt). Im Lauf der Zeit wurden sie mit besonderen Rechten ausgestattet (z.B. Marktrecht, eigene Gerichtsbarkeit). Mit zunehmender Industrialisierung entstanden in Mitteleuropa größere Städte; in den ▶ Entwicklungsländern führte die Landflucht in der zweiten Hälfte des 20. Jahrhunderts zur Bildung von ▶ Metropolen und Megastädten.

Stalhof, Handelsniederlassung der Hanse in London. Im Jahr 1598 wurde der Stalhof durch Königin Elisabeth geschlossen (▶ Hanse, Hansestadt, Kontor).

Stalingrad heißt heute Wolgograd und ist eine Stadt in Russland zwischen Schwarzem und Kaspischem Meer. Hier kapitulierte 1943 die von der Roten Armee eingeschlossene 6. Armee der deutschen Wehrmacht. Diese Niederlage stellte den Wendepunkt des ▶ Zweiten Weltkrieges dar.

Ständegesellschaft, ▶ Exkurs (S. 171)

Standortfaktoren, Einflussgrößen, die bei der Auswahl eines Standortes für ein Unternehmen eine wichtige Rolle spielen. Aufgrund der Bewertung der Standortfaktoren wird die Entscheidung über den Standort getroffen. Zu den Standortfaktoren zählt man unter anderem das Lohnniveau, das Mietniveau, das Angebot an Fachkräften, die Entfernung zum Absatzmarkt, die Infrastruktur usw.

Steigungsregen, Niederschläge an Gebirgen. Steigungsregen entsteht, wenn feuchte Luftmassen durch die Gebirge zum Aufsteigen gezwungen werden. Der Wasserdampf kondensiert durch die Abkühlung und regnet ganz oder teilweise aus.

Ständegesellschaft

Mit Stand bezeichnet man allgemein eine geschlossene und von einer gemeinsamen Wertvorstellung (Standesbewusstsein) geprägte gesellschaftliche Gruppe. Ein solcher Stand nimmt meistens in der Gesellschaft eine besondere Stellung aufgrund von Beruf, Bildung, Herkunft, ökonomischer Lage usw. ein.

Stände prägen das Mittelalter
Im Mittelalter war die Gesellschaft im Deutschen Reich ständisch gegliedert. Man unterschied im Wesentlichen drei Stände, nämlich den Adel (1. Stand), die Geistlichkeit (2. Stand) und die Bauern (3. Stand). Seit dem sozialen und rechtlichen Aufstieg der Städte sind auch die Bürger der Städte dem dritten Stand hinzuzurechnen. Die Stände hatten unterschiedlichen Anteil an den Staatsgeschäften. Somit waren die mittelalterlichen Stände auch rechtlich voneinander getrennte Gesellschaftsschichten.

Darstellung der Ständegesellschaft

Die Zugehörigkeit zu einem Stand wurde im Wesentlichen durch die Geburt erworben. Typisch für die Ständegesellschaft des Mittelalters ist das Verhältnis der Über- bzw. Unterordnung der verschiedenen Stände; d.h. jeder Stand hatte in der Gesellschaft eine bestimmte Stellung inne und verfügte über verschiedene Rechte und Pflichten, sodass auf diese Weise eine soziale und politische Abstufung zwischen den Ständen bestand.

Dabei hatte diese Ständeordnung über einen langen Zeitraum uneingeschränkte Gültigkeit, da diese Ordnung als gottgewollt und damit unumstößlich galt: Freie stammten von Freien, Unfreie von Unfreien, Adlige von Adligen.

Man verglich damals den Aufbau der Ständegesellschaft z.B. mit einem Kirchengebäude. Die geistlichen und weltlichen Fürsten, der Adel also, so meinte man, entspräche den Pfeilern und Mauern, die das Kirchengebäude trugen und es zusammen hielten. Das Dach symbolisierten die Ritter, die das Gebäude schützten. Die Gelehrten verglich man mit den Fenstern, die das Licht hereinließen. Das einfache Volk stellte in dieser bildlichen Vorstellung den Fußboden des Gebäudes dar.

Streik für kürzere Arbeitszeiten

Steinzeit, Zeitabschnitt der Vorgeschichte, benannt nach dem Stein, der das wichtigste Material zu Herstellung von Waffen und Werkzeugen war. Man unterscheidet die ▶ Altsteinzeit und die ▶ Jungsteinzeit.

Steppe, sehr verbreitete, im Allgemeinen meist baumlose bis baumarme Vegetationsformation der außertropischen Klimazonen. Sie besteht wegen zu trockener bzw. zu kalter Bedingungen vor allem aus Gräsern und Stauden. Steppen findet man in der ▶ subtropischen Zone als Übergangsbereich zu den ▶ Wüsten und in den kontinentalen Gebieten der ▶ gemäßigten Zone. Hier erstreckt sich ein großer geschlossener Steppengürtel in Eurasien von der Ukraine bis in das Vorland des Altai.

Stockwerkanbau, Bezeichnung für die landwirtschaftliche Anbauform in ▶ Oasen. Hier werden die Anbaufrüchte stockwerkartig gepflanzt, damit der Boden möglichst intensiv genutzt werden kann und die Pflanzen möglichst gut gegen die Sonneneinstrahlung geschützt sind. Höhere Bäume, meist Dattelpalmen, dienen dabei als Schattenspender für die anderen Pflanzen.

Stockwerkbau, natürlicher Aufbau des ▶ tropischen Regenwaldes in drei oder vier Pflanzenstockwerke. Über der Bodenschicht oder Krautschicht (bis 5 m) befindet sich die untere Strauch- oder Baumschicht (bis 20 m). Darauf folgt die Baumschicht mit ausgewachsenen Bäumen (bis 40 m). Über diese ragen nur noch die Wipfel der Urwaldriesen (bis 70 m).

Streik, Kampfmaßnahme der Arbeitnehmer, durch eine gemeinsame und geplante Arbeitsniederlegung Druck auf die ▶ Arbeitgeber auszuüben. Ziele von Streiks können z.B. die Durchsetzung höherer Löhne, aber auch besserer Arbeitsbedingungen sein. In der Regel werden Streiks durch Gewerkschaften ausgerufen. Die Aussperrung ist die Gegenmaßnahme der Arbeitgeber bei Streiks. Die Arbeitnehmer dürfen das Betriebsgelände nicht mehr betreten und ihre Arbeitstätigkeit vorübergehend nicht mehr ausüben. Streik und Aussperrung sind mit dem Grundgesetz vereinbar.

Stromkulturen, Bezeichnung für die ▶ Hochkulturen, die in einem Stromtal entstanden sind. Dort siedelten sich auf-

Stockwerkanbau

Stockwerkbau des tropischen Regenwaldes

grund des fruchtbaren Bodens viele Menschen an, bildeten Gemeinschaften und organisierten unter einem Herrscher ihr Zusammenleben, d. h. ein Staat entstand. Stromkulturen gab es an Euphrat und Tigris (▶ Mesopotamien), am Nil in Ägypten, am Indus (▶ Induskultur) und am Hwangho im heutigen China.

Strukturwandel, langfristige und grundsätzliche Veränderungen in der Struktur der Wirtschaft eines Gebietes. Der Strukturwandel hängt sowohl von wirtschaftlichen als auch anderen Faktoren ab und kann durch politische Maßnahmen beeinflusst werden. Typisches Beispiel ist das Ruhrgebiet, das früher durch den Bergbau und die Schwerindustrie geprägt war. Heute ist deren Bedeutung stark zurückgegangen. Dafür haben sich neue Industrien wie die Automobilindustrie und ▶ Dienstleistungsbetriebe angesiedelt.

Subsistenzwirtschaft, Wirtschaftsform von Naturvölkern, die alles, was sie zum Leben brauchen, selbst erzeugen. Auch in vielen kleinen landwirtschaftlichen Betrieben in den ▶ Entwicklungsländern produzieren Familien Nahrungsmittel und Waren, die sie ausschließlich zur eigenen Versorgung verwenden.

subtropische Zone/Subtropen, Klimazone, die etwa von den Wendekreisen bis maximal zu den Breitenkreisen mit 45° reicht. Das Klima ist durch deutliche Jahresschwankungen der Temperatur gekennzeichnet, mit hoher Wärme im Sommer und milden Wintern. Die Niederschlagsmengen sind abhängig von der Breitenlage; zwischen null und zwölf ▶ humiden Monaten sind möglich. Zur subtropischen Zone gehören Regionen mit ▶ Mittelmeerklima und die Trockengebiete im Einflussbereich der ▶ Passatwinde.

Sudetenland

Sudetenland, Gebiet in Böhmen und Mähren, das seit dem 12. Jahrhundert n.Chr. von Deutschen besiedelt wurde. Im ▶ Münchener Abkommen vom September 1938 erzwang Hitler die Abtretung des Sudetenlandes von der Tschechoslowakei und die Eingliederung in das ▶ Deutsche Reich (1. Oktober 1938). Seit 1945 gehörte das Sudetenland wieder der Tschechoslowakei.

Sueskrieg, Einmarsch israelischer Truppen in den Sinai und den ▶ Gazastreifen. Der Grund dafür war, dass im Juli 1956 Ägyptens Präsident Nasser die Sueskanalgesellschaft verstaatlichte und den Kanal für israelische und nach Israel fahrende Schiffe blockiert hatte. Großbritannien und Frankreich landeten Truppen am Sueskanal. Nach einem von den USA und der UdSSR durchgesetzten Waffenstillstand musste Israel sich bis März 1957 aus den besetzten Gebieten zurückziehen.

Sunbelt, Bezeichnung für die wirtschaftlichen Wachstumsregionen im Süden und Südwesten der USA. Am Golf von Mexiko sorgten vor allem die Erdöl- und Erdgasvorkommen für ein rasches Wachstum der petrochemischen Industrie. Der pazifische Westen verzeichnet seit Jahrzehnten die höchsten Wachstumsraten der USA. Die Schwerpunkte der Industrie liegen auf hoch spezialisierten Betrieben der Computer- und Elektronikindustrie (▶ „Silicon Valley“, Belt).

T

Tafelland, flache Landschaft, die aus horizontal gelagerten Gesteinsschichten aufgebaut ist. Dabei kann die Schichtfläche als Ursache für die Flachform angesehen werden. Die Tafel als Grundlage des Tafellandes besitzt nur wenige Kleinformen, sie ist allenfalls durch Rauheit gegliedert und entspricht in etwa einer Ebene. Ist die Tafel räumlich begrenzt, spricht man vom Tafelberg, der als Einzelberg den Schichttafeln aufsitzt. Der bekannteste Tafelberg ist der von Kapstadt in Südafrika.

Tag der deutschen Einheit. Am 17. Juni 1953 kam es in Ostberlin zu einem Arbeiter- und Volksaufstand. Die Unruhen breiteten sich schnell auf das ganze Land aus und konnten erst mithilfe der sowjetischen Panzer unterdrückt werden. Der Deutsche ▶ Bundestag erklärte den 17. Juni als „Tag der deutschen Einheit" zum gesetzlichen Feiertag. 1990 löste der 3. Oktober, der Tag der Wiedervereinigung, den 17. Juni als gesetzlichen Feiertag ab (▶ Wende, Wiedervereinigung).

Tageszeitenklima, Klima, das besonders durch Schwankungen wichtiger ▶ Klimaelemente im Tagesverlauf gekennzeichnet ist, wie z. B. der Temperatur. Die Tagesschwankungen sind größer als die jahreszeitlichen Schwankungen. Ein Tageszeitenklima kommt vor allem in der ▶ tropischen Zone vor (▶ Jahreszeitenklima).

Taifun, ▶ tropischer Wirbelsturm im ostasiatischen Raum. Taifune bringen oft große Regenfälle mit und können zu Sturmfluten führen.

Taiga, Bezeichnung für den Landschaftstyp der ▶ borealen Nadelwälder in Eurasien. Die Taiga ist das größte zusammenhängende Nadelwaldgebiet der Erde. Fichte, Lärche, Kiefer, Tanne sowie die Birke sind die Hauptbaumarten der Taiga. Weite Teile sind unerschlossen. Ursprüngliche Wälder, die oft von riesigen Sumpfgebieten unterbrochen werden, bestimmen das Landschaftsbild. Solche Waldsümpfe mit nur geringem Baumbestand werden auch Sumpftaiga genannt.

Tal der Könige, Talkessel in Theben-West in der Nähe der Stadt Luxor. In diesem Tal wurden mit Ausnahme Echnatons alle ▶ Pharaonen der 18. bis 20. Dynastie begraben. Von den mehr als 60 bekannten Gräbern sind 17 zugänglich. Das bekannteste, wenn auch kleinste Grab ist das von Tut-ench-Amun, das erst 1922 von Howard Carter entdeckt wurde und das noch den Grabschatz enthielt.

Sarkophag des Pharaos Tut-ench-Amun

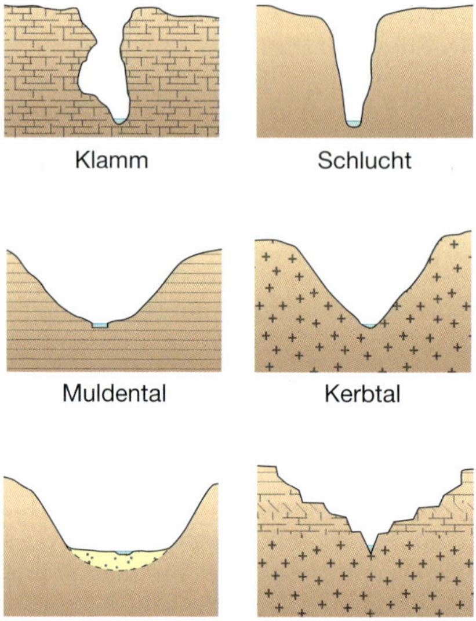

Klamm

Talformen

Talformen. Täler entstehen durch die Kraft des Wassers und des Eises. Ihre Formen sind je nach Art des Gesteinsuntergrundes, des Gefälles und der Wassermenge verschieden. Ein sehr steiler und enger Talabschnitt mit senkrechten und manchmal sogar überhängenden Felswänden wird Klamm genannt. Schluchten sind nicht ganz so steilwandig und eng. Nach ihrer Form werden sie auch als Kerb- oder V-Täler bezeichnet. Sohlentäler mit Prall- und Gleithängen entstehen bei einem geringen Gefälle. In Karstgebieten gibt es Täler ohne Oberflächengewässer, die so genannten Trockentäler. Durch ▶ Gletscher können Täler umgeformt werden. Aus einem Kerbtal mit V-förmigem Profil wird durch Verbreiterung des Talbodens und Versteilung der Hänge ein U- oder Trogtal.

Tarifautonomie, das Recht der ▶ Tarifparteien, die Löhne, Gehälter und Arbeitsbedingungen der Beschäftigten in Tarifverhandlungen – frei von staatlichen Einflüssen – selbst zu bestimmen.

Tarifparteien sind die Vertreter der Arbeitnehmer und Arbeitgeber, die sich bei Tarifverhandlungen gegenübersitzen, um einen neuen ▶ Tarifvertrag abzuschließen. Die Arbeitnehmer werden dabei durch die ▶ Gewerkschaften, die Arbeitgeber durch die ▶ Arbeitgeberverbände vertreten.

Tarifvertrag, zwischen den ▶ Tarifparteien abgeschlossene vertragliche Vereinbarung, die den Zweck hat, die Arbeitsbedingungen, Löhne und Gehälter an die veränderten wirtschaftlichen Bedingungen anzupassen. Scheitern die Tarifverhandlungen, kann es zum ▶ Streik und zur Aussperrung kommen. Nach Abschluss des neuen Tarifvertrages sind Arbeitgeber und Arbeitnehmer während der Laufzeit des Vertrages an die getroffenen Regelungen gebunden.

Tee wird aus den gerollten, getrockneten Blattknospen und jungen Blättern des Teestrauches gewonnen. Er gedeiht in den tropischen und subtropischen Zonen und benötigt viel Wärme und Feuchtigkeit. Je nach Herstellung unterscheidet man schwarzen Tee (fermentiert), grünen Tee (unfermentiert) und halbfermentierten Tee. Durch das Fermentieren entwickelt sich beim schwarzen Tee das Aroma. Der Teestrauch wurde bereits 2700 v. Chr. in chinesischen Quellen erwähnt.

Tektonik, Lehre vom Bau der Erdkruste und den Kräften, die Bewegungsvorgänge verursachen. Sie erforscht die Lagerungsverhältnisse der Gesteine z. B. in Faltengebirgen und versucht zu erklären, wie sich diese Lagerungsverhältnisse entwickelt und welche Kräfte dabei gewirkt haben.

Temperatur, das Maß für den Wärmezustand von festen Körpern, flüssigen und gasförmigen Stoffen und Gemischen. Die Temperatur wird nach unterschiedlichen Skalen in Grad gemessen. Im Bereich der Klimatologie ist unter anderem die Celsiusskala (°C) gebräuchlich. 0 °C entspricht dem Gefrierpunkt, 100 °C dem Siedepunkt des Wassers.

Terms of Trade geben an, wie viele Einheiten von Importgütern ein Land gegen den Austausch seiner Exporte erhält. Daran kann man erkennen, ob ein Land aus dem Außenhandel Vorteile zieht und wie groß sie sind. Bei den ▶ Entwicklungsländern werden die Austauschverhältnisse immer ungünstiger, da die Exportpreise für ▶ Rohstoffe oft sinken, während die Preise für ▶ Importe – vor allem für neueste Technologie und Energie – ständig steigen. Beispiel: Ursprünglich sollte der Preis für eine Fleischfabrik in Tansania 1,8 Mio. Dollar betragen, der tatsächliche Preis nach der Fertigstellung betrug 7,1 Mio. Dollar. Anstatt der ursprünglich vorgesehenen 7000 t Sisal musste der Staat Tansania jetzt 24000 t Sisal aufbringen.

Tertiarisierung. Man unterscheidet in der Volkswirtschaft den primären, den sekundären und den tertiären Sektor. Mit dem Begriff Tertiarisierung ist gemeint, dass sich seit Jahrzehnten in der Weltwirtschaft das wirtschaftliche Gewicht vom primären Sektor (Land- und Forstwirtschaft, Fischerei) und dem sekundären Sektor (Waren produzierendes Gewerbe) auf den tertiären Sektor (Handel, Banken, Versicherungen, Verwaltung, Gesundheitswesen) verlagert.

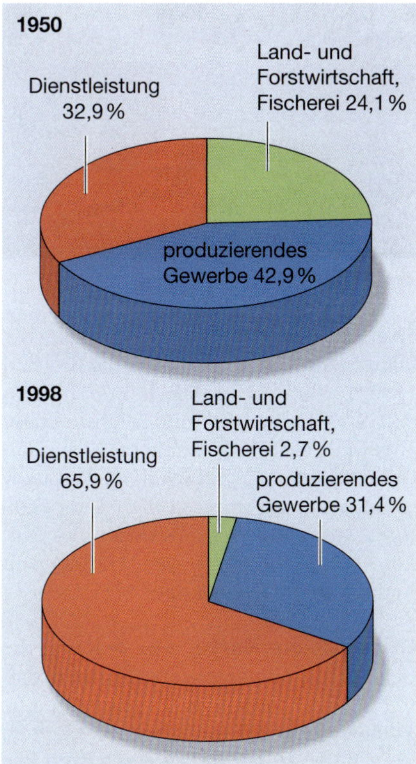

Entwicklung des primären, sekundären und tertiären Sektors in Deutschland

Juden beim Lesen der Thora

Theben, mit Unterbrechungen die Hauptstadt Ägyptens zwischen 2100 und 1100 v. Chr., die politisch und religiös bedeutendste, größte und reichste Stadt, eine Weltstadt der damaligen Zeit. Zum Gebiet Thebens gehörten auch Luxor und Karnak mit ihren großen Tempelanlagen sowie auf dem Westufer des Nils der Terrassentempel der Hatschepsut und das ▶ Tal der Könige.

thematische Karte, eine ▶ Karte, die ein Thema oder mehrere Themen darstellt. Dies können z. B. geschichtliche Themen sein oder auch spezielle Themen wie z. B. die Lage von Bodenschätzen, die Bodennutzung oder die Vegetationszonen eines Kontinents. Im Gegensatz zu ▶ physischen Karten stellen die Flächenfarben dieser Karten keine Landhöhen dar. Sie sind je nach Kartenthema anderen Inhalten zugeordnet. Ihre Bedeutung muss der Zeichenerklärung entnommen werden.

Thing, Bezeichnung für die germanische Volks-, Heeres- und Gerichtsversammlung. Den Vorsitz führte der König (Stammesoberhaupt), teilnehmen durften nur freie Männer mit ihren Waffen. Die Versammlungen dauerten manchmal mehrere Tage; sie fanden unter freiem Himmel und an bestimmten Versammlungsorten statt. Beschlüsse mussten einstimmig gefällt werden.

Thora (hebräisch: Gesetz, Lehre), die Grundlage des jüdischen Glaubens, die in den so genannten fünf Büchern Moses (Altes Testament) auf Pergamentrollen niedergeschrieben ist. Die Thora wird in den Synagogen aufbewahrt und während des Gottesdienstes zum Vorlesen hervorgeholt.

Thüringen, in der Mitte Deutschlands gelegenes Bundesland mit einer Fläche von 16171 km^2 und einer Einwohnerzahl von 2,4 Mio. (1999). Die Landeshauptstadt ist Erfurt. Thüringen wird von den Bundesländern Bayern, Hessen, Niedersachsen, Sachsen-Anhalt und Sachsen begrenzt. Die bekanntesten Landschaften sind das Thüringer Becken und der Thüringer Wald, der als Wandergebiet sehr beliebt ist. Hier liegt mit 982 m der Große Beerberg, die höchste Erhebung des Landes. Im Laufe der Geschichte war Thüringen immer wieder geteilt. Nach dem ▶ Zweiten Weltkrieg gehörte das Gebiet zur sowjetischen Besatzungszone. Thüringen wurde nach dem Zusammenbruch der ▶ DDR 1990 wieder als Land errichtet.

Tidenhub bezeichnet den Unterschied zwischen Niedrigwasser (▶ Ebbe) und Hochwasser (▶ Flut). An der Nordseeküste beträgt er zwischen 2 und 3 m. Der weltweit größte Tidenhub wurde an der kanadischen Ostküste in der Fundybai mit fast 27 m gemessen.

Tiefdruckgebiet (Tief), Luftmasse, in der im Vergleich zur benachbarten Umgebung tiefer ▶ Luftdruck herrscht. Aus den Bereichen mit höherem Druck strömt die Luft von außen nach innen ein. Je größer der Druckunterschied ist, desto stärker ist der Wind. Von besonderer Bedeutung für das ▶ Wetter sind die wandernden Tiefdruckwirbel, die ▶ Zyklone.

Tiefland, größeres Gebiet der Erdoberfläche mit geringen Höhenunterschieden. Es liegt im Bereich zwischen der Meereshöhe und bis zu 200 m ü. NN wie z. B das Norddeutsche Tiefland.

Tiefseegraben, lang gestreckte, schmale Rinne im Meeresboden. Tiefseegräben verlaufen meist am Rande der Ozeane parallel zur Küste. Der tiefste gemessene Punkt befindet sich im pazifischen Marianengraben 11 022 m unter der Meeresoberfläche.

Tigerstaaten werden die asiatischen Staaten Singapur, Taiwan, Malaysia, Indonesien, Thailand und Südkorea genannt. Sie haben ohne nennenswerte ▶ Rohstoffvorkommen die Entwicklung zum ▶ Industrieland in kurzer Zeit geschafft. Der Erfolg dieser Staaten beruht auf niedrigen Steuern, wenig Staatsbürokratie, langen Arbeitszeiten, Förderung hoher Sparquoten und einem offenen Markt. Wichtige Merkmale der Tigerstaaten sind ein hoher Alphabetisierungsgrad (über 90 %), hohe Lebenserwartung, Dauer des Schulbesuchs über sieben Jahre und eine Kaufkraft pro Kopf von über 10 000 US-Dollar.

Tigerstaaten

T

topografische Karte, Grundtyp einer ▶ Karte zur Darstellung von Teilen der Erdoberfläche. Sie zeigt neben der Geländeform auch Verkehrswege wie Straßen und Eisenbahnlinien sowie Siedlungen, Gewässer und die Bodenbedeckung. Die unterschiedlichen Höhenlagen werden durch ▶ Höhenlinien verdeutlicht. Topografische Karten basieren auf der Vermessung im Gelände und werden durch die Landesvermessungsämter und eine Bundesbehörde herausgegeben.

Tornado, zerstörischer Wirbelsturm, der sich auf dem Festland fortbewegt. Tornados haben einen Durchmesser von wenigen 100 m, eine kurze Lebensdauer und treten vor allem im Mittleren Westen der USA auf. Der schlauchartige Wirbel, der bis zum Boden reicht, rotiert mit besonders hoher Geschwindigkeit. Im Zentrum des Tornados, dem „Auge“, herrscht extremer Unterdruck, am Rand entsteht ein starker Sog nach oben. Tornados hinterlassen auf ihrem Weg schwerste Verwüstungen. Ganze Gebäude zerbersten oder werden einfach mitgerissen.

Totalitarismus, Bezeichnung für ein politisches System, dessen herrschende Gruppe alle Bereiche des öffentlichen und weite Bereiche des privaten Lebens kontrolliert. Abweichende Ideen und Gruppierungen werden verfolgt. In Deutschland wurde im ▶ Dritten Reich eine totalitäre Herrschaft weitgehend verwirklicht. Auch die früheren kommunistischen osteuropäischen Staaten waren totalitäre Staaten.

Tourismus beschreibt den grenzüberschreitenden ▶ Fremdenverkehr. Der Fremdenverkehr im Inland wird häufig nicht erfasst, obwohl er rund 80 % des gesamten Reiseverkehrs auf der Erde ausmacht.

Transfair, Warenzeichen auf Produkten mit der Bestätigung, dass diese von Kleinproduzenten in Entwicklungsländern stammen und „fair“ gehandelt werden. Dies bedeutet, dass den Erzeugern beim Handel ein Mindesteinkaufspreis garantiert wird und langfristige Abnahmeverträge existieren. Neben Kaffee werden Kakao, Tee, Bananen, Honig, Textilien und Holzspielwaren als Transfair-Produkte angeboten.

Verwüstung durch einen Tornado in den USA

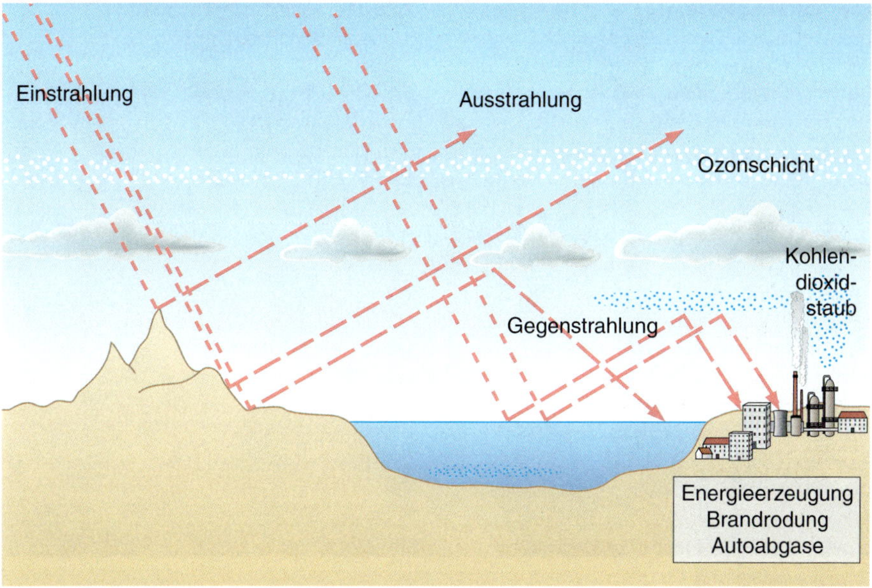

Treibhauseffekt

Transsibirische Eisenbahn, eine über 9000 km lange Eisenbahnstrecke von Moskau bis Wladiwostok am Pazifischen Ozean. Der Bau der „Transsib" wurde Ende des 19. Jahrhunderts begonnen und schrittweise zu Beginn des 20. Jahrhunderts vollendet. Extreme klimatische Bedingungen erschwerten die Bauarbeiten.

Treibhauseffekt, Bezeichnung für die Erwärmung der ▶ Atmosphäre. Durch die Lufthülle kann die kurzwellige Sonnenstrahlung bis zur Erdoberfläche vordringen, diese aufheizen und von dort reflektiert werden. Als langwellige Abstrahlung der Erdoberfläche dringt sie nicht mehr durch die mit Kohlendioxid, Wasserdampf und Ozon angereicherte Atmosphäre und sorgt dadurch für eine allmähliche Erwärmung der Erdatmosphäre. Dieser Vorgang ist mit der Erwärmung unter einem Glasdach vergleichbar und wird deshalb Treibhauseffekt genannt. Der Treibhauseffekt beeinflusst global den Wärmehaushalt der Erde und kann langfristig zu einer weltweiten Erhöhung der Temperatur führen. Klimaänderungen mit verheerenden Auswirkungen sind denkbar.

Tripelentente (französisch: Dreiverband), Bezeichnung für ein politisch-militärisches Bündnis zwischen Großbritannien, Frankreich und Russland. Es wurde 1907 als Gegengewicht zu dem seit 1882 existierenden ▶ Dreibund geschlossen, der aus Deutschland, Österreich-Ungarn und Italien bestand. Beide Bündnisse führten zu den Kriegskoaltionen im Ersten Weltkrieg.

Trockengrenze, bedeutende klimatische Trennlinie zwischen Gebieten mit Niederschlagsüberschuss (▶ humid) und Gebieten mit Niederschlagsdefizit (▶ arid). An der Trockengrenze entspricht im jährlichen Durchschnitt die Niederschlagsmenge der Verdunstungsmenge.

Tropfsteinhöhle

Trockensavanne, Vegetations- und Landschaftstyp der wechselfeuchten Tropenzone mit überwiegendem Gras- und Buschbewuchs. Gebietsweise wachsen in der Trockensavanne schirmkronige, bis zu 10 m hohe Bäume, die meistens nur in der Regenzeit Blätter tragen. Die Jahresniederschläge liegen, bei fünf bis sieben ▶ ariden Monaten, zwischen 500 mm und 1000 mm.

Tropfbewässerung, ein aus der Wüste Israels stammendes Verfahren, das den ▶ Bewässerungsfeldbau effizienter und kostengünstiger gestaltet. Wasser wird durch Schläuche geführt, in denen in bestimmten Abständen feine Düsen, so genannte Tropfer, angebracht sind. So kann das Wasser bis an jede einzelne Pflanze gebracht und tropfenweise verabreicht werden. Tropfbewässerung hat den Vorteil, dass nicht mehr Wasser als nötig verbraucht wird. Zusätzlich können über das Wasser auch Flüssigdünger und chemische Mittel zur Schädlingsbekämpfung zugeführt werden.

Tropfstein, Steine, die in Höhlen aus Kalkstein vorkommen und durch kalkhaltiges, von der Decke tropfendes Wasser gebildet werden. Dabei bilden sich an der Höhlendecke die spitzen, hängenden Stalaktiten und auf dem Höhlenboden die Stalagmiten. Letztere sind stumpf und haben einen größeren Durchmesser. Verläuft dieser Prozess über sehr lange Zeit, dann können beide zusammenwachsen und Tropfsteinsäulen bilden.

tropische Zone/Tropen, Gebiet auf der Erde, über dem die Sonne mindestens zweimal im Jahr im ▶ Zenit steht. Die Tropen befinden sich nördlich und südlich des ▶ Äquators und werden von den Wendekreisen begrenzt. Ein weiteres Merkmal der Tropen sind die dem Höchststand der Sonne folgenden Zenitalregen. Je nach Höhe und Verteilung der Niederschläge werden sie in immerfeuchte und wechselfeuchte Tropen unterschieden. Die Jahresdurchschnittstemperatur liegt bei ungefähr 25 °C.

tropischer Regenwald, immergrüner Wald in der tropischen Zone. Der Tropische Regenwald zeichnet sich durch eine einzigartige Artenvielfalt, ein üppiges Wachstum und seinen ▶ Stockwerkaufbau aus. Grundlage für das üppige Wachstum sind neben ganzjährig hohen Temperaturen und Niederschlägen die sich in einem geschlossenen Kreislauf befindlichen Nährstoffe (▶ Nährstoffkreislauf).

tropischer Wirbelsturm, wandernder Luftwirbel. Tropische Wirbelstürme entstehen über weiten, mindestens 26 °C warmen Meeresgebieten in Äquatornähe, wenn feuchtwarme Luftmassen in große Höhen aufsteigen. Der Luftwirbel dreht sich um eine Tiefdruckzone im Zentrum, dem so genannten „Auge". In dieser Zone von 15 bis 20 km Durchmesser herrscht nahezu Windstille. Große Wolkentürme rotieren mit Windgeschwindigkeiten von bis zu 200 km/h um den Kern. Die zerstörende Wirkung der tropischen Wirbelstürme ist vor allem in küstennahen Räumen zu spüren. Über dem Festland lösen sie sich wegen der Abkühlung rasch auf.

Tschernobyl, am 26. April 1986 ereignete sich in Tschernobyl, in der heutigen Ukraine, der **g**rößte **a**nzunehmende **U**nfall (GAU) in einem ▶ Kernkraftwerk. Dabei schmolz der Reaktor und setzte über vier Tonnen radioaktive Stoffe in die ▶ Atmosphäre frei. Die radioaktiven Niederschläge gelangten mit dem Wind bis nach Mitteleuropa und Nordamerika und lassen sich noch heute durch Messungen nachweisen.

Zerstörtes Kernkraftwerk Tschernobyl 1986

Tsunami, sehr große, lang gestreckte Wellen, die die Ozeane mit hoher Geschwindigkeit (bis etwa 1000 km/h) durchqueren und an den Küsten große Verwüstungen hervorrufen können. Sie entstehen durch Seebeben oder küstennahe Erdbeben, aber auch durch vulkanische Explosionen oder untermeerische Rutschungen.

Tundra, überwiegend baumlose Steppe, die den größten Teil der Landfläche nördlich der ▶ borealen Nadelwälder bedeckt. Für die Tundra ist der ▶ Dauerfrostboden und der lange, kalte Winter mit Schneebedeckung bis zu 300 Tagen im Jahr charakteristisch. Wegen der geringen Wachstumszeit durch die kurzen Sommer können sich nur wenige, überwiegend kleinwüchsige Pflanzenarten entwickeln. Zur typischen Vegetation der Tundra gehören Wollgras, Sauergräser, Zwergheiden, Moose und Flechten.

U

Überfischung, ein Begriff der Seefischerei, bei der es durch die Anwendung modernster Fischfangtechniken und der damit verbundenen Erhöhung der Fangmengen innerhalb kurzer Zeiträume zur Verringerung der Fischbestände kommt. Vor allem in der Nordsee, im Nordatlantik und im Europäischen Nordmeer kam es Ende der 50er-Jahre zu großen Problemen. Zur Behebung des Problems wurden die Fischereizonen erweitert, Fischfangbeschränkungen erlassen und die Maschengröße der Netze heraufgesetzt.

Umweltschutz. Er versucht die natürlichen Lebensräume von Menschen, Tieren und Pflanzen zu erhalten. Dabei sollte als oberstes Prinzip die Vermeidung von schädlichen Umweltfaktoren und die Erhaltung der natürlichen ▶ Ressourcen stehen. Der Schutz der Umwelt ist eine Gemeinschaftsaufgabe der gesamten Erdbevölkerung.

Umweltschutzorganisationen, Organisationen, die sich gebildet haben, um den Gedanken des Umweltschutzes mehr Gehör und auch politisches Gewicht zu verleihen. Sie betrachten den Schutz der Natur als vordringlichste Aufgabe unserer Gesellschaft. Zu den Umweltschutzorganisationen gehören z.B. der „Bund für Umwelt und Natur" (BUND), Greenpeace oder der „World Wide Fund for Nature" (WWF).

UN/UNO (United Nations/United Nations Organisation), auch Vereinte Nationen genannt. 1945 geschaffener Zusammenschluss von Staaten mit dem Ziel, den Frieden in der Welt zu bewahren. Darüber hinaus wollen die UN die Menschenrechte sichern, internationale Zusammenarbeit fördern und den Lebensstandard heben. Die wichtigsten Organe der UN sind die Generalversammlung, der ▶ UN-Sicherheitsrat, der

Sitzung des UN-Sicherheitsrates

Internationale Gerichtshof und das Sekretariat mit dem Generalsekretär an der Spitze. Daneben gibt es viele Sonderorganisationen, z. B. die UNESCO oder die ▶ UNICEF. Heute sind fast alle Staaten der Welt Mitglied der UN. Die Bundesrepublik Deutschland und die ehemalige DDR wurden 1973 in die UNO aufgenommen.

UN-Sicherheitsrat. Dieses Gremium besteht aus fünfzehn Mitgliedern. Die fünf ständigen Mitglieder sind China, Frankreich, Großbritannien, USA und Russland, zusätzlich werden zehn nichtständige Mitglieder auf zwei Jahre von der Generalversammlung gewählt. Der Sicherheitsrat ist zuständig für die Wahrung des Friedens. Er versucht bei Konflikten zunächst zu vermitteln, er kann auch UN-Friedenstruppen (▶ Blauhelme) entsenden, wenn die Konfliktparteien zustimmen. Bei Beschlüssen des Sicherheitsrates, die mit mindestens neun Stimmen getroffen werden müssen, haben die ständigen Mitglieder ein Vetorecht.

UN-Teilungsplan 1947, Plan der UNO zur Teilung Palästinas zwischen Juden und Arabern, nachdem Großbritannien dieses Mandatsgebiet 1947 abgegeben hatte. Jerusalem sollte internationales Gebiet werden. Der UN-Teilungsplan wurde von jüdischer Seite akzeptiert, die Araber lehnten ab.

UNICEF, Weltkinderhilfswerk der ▶ UN mit Sitz in New York. Die UNICEF hat es sich zur Aufgabe gemacht, bedürftigen Kindern – besonders in den ▶ Entwicklungsländern – zu helfen.

Union, militärisches Bündnis der protestantischen Reichsstände (1608). Als Folge dieses Bündnisschlusses bildeten die katholischen Reichsstände die ▶ Liga. Diese beiden Militärbündnisse waren die Hauptgegner im ▶ Dreißigjährigen Krieg (▶ Fenstersturz zu Prag).

Unternehmer, Inhaber eines von ihm geführten ▶ Betriebes, den er eigenverantwortlich leitet. Der Unternehmer, dem das Betriebskapital gehört, trifft alle notwendigen Entscheidungen zur Führung des Unternehmens und trägt das finanzielle Risiko. Er kann zur Führung eines Unternehmens auch einen oder mehrere Geschäftsführer anstellen, die das Unternehmen als leitende Angestellte führen, aber nicht Eigentümer des Betriebskapitals sind.

Indianer in Nordamerika (Foto um 1870)

Ureinwohner, Menschen, die in einem Gebiet seit frühester Zeit leben. Nachdem diese Gebiete von den Europäern entdeckt und erobert wurden, hat man die Ureinwohner häufig verfolgt, getötet und die Übriggebliebenen an den Rand der Gesellschaft gedrängt, sodass ihre Zahl stark dezimiert wurde. Zu den Ureinwohnern zählt man z. B. die ▶ Indianer Nordamerikas und die ▶ Aborigines Australiens.

Urkontinent, erdgeschichtlich sehr alte Massen, die einen Bereich der Kontinente bilden. Der Kontinent Europa setzt sich aus mehreren alten Festlandteilen zusammen. Den Keim bildet Ureuropa mit dem Baltischen Schild im Norden und der flachen Russischen Tafel im Osten.

USA (Vereinigte Staaten von Amerika), Staatenbund aus 50 Staaten mit der Hauptstadt Washington. Die ersten Einwanderer waren die Pilgerväter, die 1620 im heutigen Massachusetts an Land gingen. Die bald entstandenen englischen Kolonien erlangten 1776 von England die Unabhängigkeit und schlossen sich zu den Vereinigten Staaten zusammen. Die USA entwickelte sich um 1900 zur größten Industrie- und ▶ Weltmacht. Im Ersten und Zweiten Weltkrieg kämpften die USA mit Erfolg auf der Seite der ▶ Alliierten. Nach dem Zweiten Weltkrieg kam es zwischen den USA und der ▶ Sowjetunion zum ▶ Kalten Krieg. Nach dem Zerfall der Sowjetunion Ende 1991 ist die USA derzeit die führende Weltmacht.

Staat	Hauptstadt	Einwohner in Mio.		
		insgesamt	davon Hispanics	davon Schwarze
Alabama	Montgomery	4,4	0,04	1,1
Alaska	Juneau	0,6	0,02	0,02
Arizona	Phoenix	4,7	1,0	0,2
Arkansas	Little Rock	2,5	0,05	0,4
Colorado	Denver	4,0	0,6	0,2
Connecticut	Hartford	3,3	0,3	0,3
Delaware	Dover	0,7	0,03	0,1
District of Columbia	Washington	0,5	0,04	0,3
Florida	Tallahassee	14,9	2,2	2,3
Georgia	Atlanta	7,6	0,2	2,2
Hawaii	Honolulu	1,2	0,1	0,03
Idaho	Boise	1,2	0,09	0,007
Illinois	Springfield	12,0	1,2	1,8
Indiana	Indianapolis	5,9	0,1	0,5
Iowa	Des Moines	2,9	0,06	0,06
Kalifornien	Sacramento	32,7	10,1	2,5
Kansas	Topeka	2,6	0,1	0,2
Kentucky	Frankfort	3,9	0,03	0,3
Louisiana	Baton Rouge	4,4	0,1	1,4
Maine	Augusta	1,2	0,009	0,006
Maryland	Annapolis	5,1	0,2	1,4
Massachusetts	Boston	6,1	0,4	0,4
Michigan	Lansing	9,8	0,3	1,4
Minnesota	Saint Paul	4,7	0,09	0,1
Mississippi	Jackson	2,8	0,02	1,0
Missouri	Jefferson City	5,4	0,09	0,6

Die Bundesstaaten der USA

Montana	Helena	0,9	0,02	0,003
Nebraska	Lincoln	1,7	0,07	0,07
Nevada	Carson City	1,7	0,3	0,1
New Hampshire	Concord	1,2	0,02	0,008
New Jersey	Trenton	8,1	1,0	1,2
New Mexiko	Santa Fe	1,7	0,7	0,05
New York	New York	18,2	2,6	3,2
North Carolina	Raleigh	7,5	0,2	1,7
North Dakota	Bismarck	0,6	0,007	0,004
Ohio	Columbus	11,2	0,2	1,3
Oklahoma	Oklahoma City	3,3	0,1	0,3
Oregon	Salem	3,3	0,2	0,06
Pennsylvania	Harrisburg	12,0	0,3	1,2
Rhode Island	Providence	1,0	0,06	0,05
South Carolina	Columbia	3,8	0,05	1,1
South Dakota	Pierre	0,7	0,008	0,005
Tennessee	Nashville	5,4	0,06	0,9
Texas	Austin	19,8	5,9	2,4
Utah	Salt Lake City	2,1	0,1	0,02
Vermont	Montpelier	0,6	0,005	0,003
Virginia	Richmond	6,8	0,3	1,4
Washington	Olympia	5,7	0,4	0,2
West Virginia	Charleston	1,8	0,01	0,06
Wisconsin	Madison	5,2	0,1	0,3
Wyoming	Cheyenne	0,5	0,03	0,004

Die Bundesstaaten der USA

V

Variskische Faltung, Gebirgsbildungsprozess, der vor etwa 400 Mio. Jahren stattfand. Die Überreste dieser Faltungsphase sind z.B. das französische Zentralplateau, die Bretagne, die deutschen Mittelgebirge und die Sudeten. Von großer wirtschaftlicher Bedeutung waren die in diesen Gebirgen vorhandenen reichen Bodenschätze wie z. B. Silber, Blei, Zink. In den Vorsenken des Variskischen Gebirges in Deutschland, den USA und England entstanden die Steinkohlenlagerstätten.

Vasall, Bezeichnung für den Lehensmann im ▶ Frankenreich. Ein Vasall erhielt von seinem Lehensherrn ein ▶ Lehen (z.B. ein Landgut), das er selbst nutzen durfte. Dafür musste er seinem Lehensherrn Dienste (Waffendienst) leisten und Treue schwören (▶ Feudalismus, Lehenswesen).

VEB, Volkseigener Betrieb, ▶ Kollektivierung.

Vegetation, ▶ Exkurs (S. 189)

Vegetationsstufen, Abfolge der Höhenstufen der Vegetation in den Gebirgen. Ursache für den Wandel der Vegetation ist die Veränderung der ▶ Klimaelemente mit zunehmender Höhe. So sinkt die Temperatur während die Niederschlagsmenge meistens ansteigt. Vegetationsstufen treten in allen Klimazonen der Erde auf.

Vegetationszeit (Wachstumszeit), Zeitdauer, in der pflanzliches Wachstum möglich ist. Die Vegetationszeit hängt in erster Linie von der Temperatur ab. Daher werden mit dem Begriff die Anzahl der Tage definiert, in denen die Mitteltemperaturen über 5 °C liegen. Im Gebirge entspricht die Vegetationszeit etwa der schneefreien Zeit.

Verdun, Stadt in Frankreich (Lothringen). Im ▶ Ersten Weltkrieg fand dort zwischen der französischen und der deutschen Armee monatelang eine Schlacht um eine Festung statt. Dieser militärisch völlig bedeutungslose Stellungskrieg forderte ca. 680 000 Tote.

Schützengraben im Ersten Weltkrieg

Verdunstung ist im Kreislauf des Wassers auf der Erde der langsame Übergang von Wasser in die ▶ Atmosphäre. Die Verdunstung setzt sich insgesamt aus der direkten Verdunstung der Wasser- und Bodenflächen und der Verdunstung durch die Pflanzendecke (Transpiration) zusammen. Der Vorgang der Verdunstung ist im Wesentlichen von der Sonneneinstrahlung, der Luftbewegung sowie von der Temperatur auf der verdunstenden Oberfläche abhängig.

Vereinigte Niederlande. Die Vereinigten Niederlande gingen aus einer militärischen Auseinandersetzung zwischen Spanien und den Niederlanden

Vegetation

Regenwald auf Tasmanien (Australien)

Der Begriff Vegetation umfasst alle Pflanzen einer bestimmten Region oder Landschaft. Die Verbreitung und Ausbildung der Vegetation ist im Wesentlichen abhängig von der Sonneneinstrahlung, der Temperatur und den Niederschlagsmengen. Daneben hängt das Wachstum der Pflanzen auch von der Beschaffenheit und dem Nährstoffhaushalt des Bodens ab.

In den verschiedenen Klimazonen der Erde (▶ Klima) ergeben sich zum Teil sehr unterschiedliche Wachstumsvoraussetzungen und Lebensbedingungen für die Pflanzen. Der enge Zusammenhang zwischen Klima und Vegetation wird in der zonalen Gliederung deutlich. Die Vegetationszonen der Erde und die Klimazonen haben einen annähernd gleichen gürtelartigen Verlauf.

Art und Umfang der Vegetation spielt im globalen Klimasystem eine wesentliche Rolle. Sie ist ein wichtiger Bestandteil des Wasserkreislaufes (▶ Verdunstung) und gleichzeitig ein Klimaregulator. Wälder z.B. speichern das Treibhausgas Kohlendioxid (CO_2) und senken dadurch die Konzentration des Gases in der ▶ Atmosphäre. Massive Landnutzungsänderungen oder die Zerstörung der natürlichen Vegetation haben unmittelbare Folgen für den Klimahaushalt der Erde und führen letztlich zu lokalen und globalen Klimaveränderungen.

In den letzten zwei Jahrtausenden sind durch menschliche Eingriffe in allen Vegetationszonen Veränderungen der Pflanzenwelt eingetreten. Im 16. bis 19. Jahrhundert war vor allem die Zunahme der Bevölkerung der Grund, dass die Urwälder der gemäßigten Breiten Europas durch ackerbauliche Nutzung umgestaltet wurden. In der Neuzeit droht besonders den Regenwäldern der Tropen und den borealen Nadelwäldern die großflächige Vernichtung durch Raubbau und Brandrodung (▶ Ökosystem, Vegetationsstufe, Vegetationszeit).

im 16. Jahrhundert hervor. Die Bewohner der konfessionell und wirtschaftlich sehr unterschiedlich strukturierten Niederlande wehrten sich gegen die Fremdherrschaft durch das katholische Spanien. Infolge der anschließenden militärischen Kämpfe kam es zur Teilung der Niederlande: Der katholische Süden blieb weiterhin bei Spanien (Spanische Niederlande), die nördlichen Provinzen wurden als Vereinigte Niederlande eine unabhängige holländische Republik.

Verfassung, gesetzliche Grundordnung eines Staates. Darin sind unter anderem die Rechte und Pflichten der Bürger und die Formen der Machtausübung des Staates festgelegt. Die Bedeutung der Verfassung liegt darin, dass sie der Staatsausübung Grenzen setzt. Die Verfassung der Bundesrepublik Deutschland ist das ▶ Grundgesetz. Es wurde 1949 beschlossen und nach der ▶ Wiedervereinigung den veränderten Gegebenheiten angepasst.

Verhältniswahl. Sie wird auch Listenwahl genannt, da die ▶ Parteien vor der Wahl Listen mit den Namen ihrer Kandidatinnen und Kandidaten aufstellen. Dabei erhält jede Partei nach der Wahl in demselben Verhältnis, in dem sie die Stimmen der Wahlberechtigten bekommen hat, auch die Sitze im ▶ Parlament.

Territoriale Veränderungen für das Deutsche Reich aufgrund des Versailler Vertrags

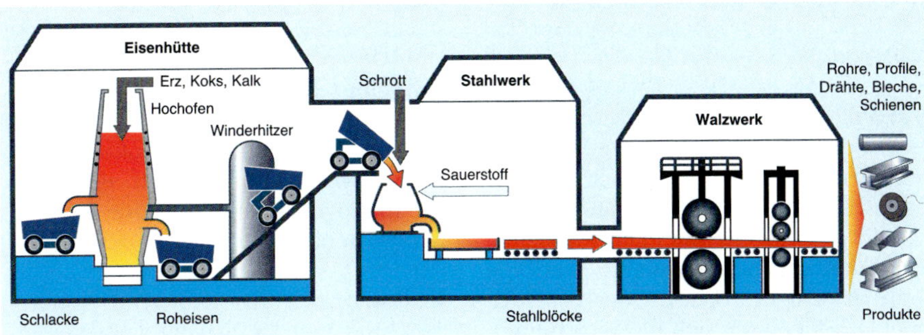

Vom Erz zum Stahl

Verhüttung, die Gewinnung von Metallen aus Erz und die Verarbeitung zu Endprodukten. Dabei wird das Metall durch Erhitzen, mittels chemischer Ausfällung oder mithilfe von Strom aus dem Erz gewonnen (▶ Hüttenwerk).

Verkehr, alle Einrichtungen, die der räumlichen Fortbewegung von Personen und Gütern (auch Nachrichten) dienen. Verkehrsmittel sind Transportmittel wie Schiffe, Eisenbahnen, Flugzeuge und Kraftfahrzeuge. Diese benutzen das vorhandene Verkehrsnetz am Boden (Wege, Straßen, Autobahnen), zu Wasser (Kanäle, Seewege) und in der Luft.

Verklappung, Einleitung von flüssigen Abfällen wie Dünnsäure oder Klärschlamm auf hoher See. Die Verklappung führt zu einer gefährlichen ▶ Meeresverschmutzung und ist als Entsorgungsmöglichkeit höchst umstritten (▶ Atommüllverklappung).

Versailles, Vertrag von, am 28. Juni 1919 von den ▶ Alliierten und Deutschland unterzeichneter Friedensvertrag, mit dem der ▶ Erste Weltkrieg beendet wurde. Der Vertrag, der Deutschland die Kriegsschuld gab, sah die Zahlung von Reparationen vor, dazu die fast völlige Entwaffnung des ▶ Deutschen Reiches. Dieses verlor ferner alle Kolonien und es musste Gebiete abtreten: das Memelgebiet, das Hultschiner Ländchen, Westpreußen und Posen sowie ▶ Elsass-Lothringen. Nach Abstimmungen mussten Nordschleswig, Eupen-Malmedy und Oberschlesien abgegeben werden.

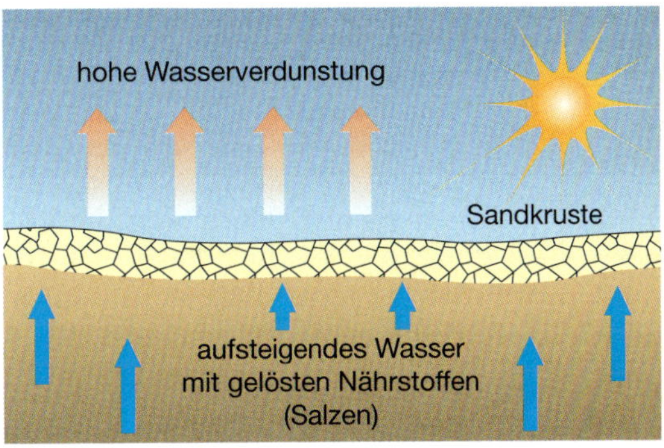

Versalzung

Versalzung, eine Begleiterscheinung der künstlichen ▶ Bewässerung in Gebieten mit einer hohen Wasserverdunstung (Trockengebiete). Durch übermäßige Bewässerung lösen sich im Boden vorhandene Nährstoffsalze. Nach der Bewässerung steigt durch die hohe Lufttemperatur das im Boden gespeicherte Wasser rasch an die Oberfläche, verdunstet dort und lässt eine Salzkruste zurück. Auf diesem Boden wachsen keine Pflanzen mehr. Eine Bewässerung mit gleichzeitiger Entwässerung oder eine richtig dosierte Bewässerung verhindert die Versalzung des Bodens (▶ Tropfbewässerung).

Verwerfung, Veränderung eines Gesteinskomplexes, hervorgerufen durch tektonische Ereignisse. Je nach der Wirkungsrichtung von Kräften im Erdinneren bricht ein vorher nicht beeinträchtigter Gesteinskörper auseinander und die Teile verschieben sich an der Bruchfläche. Dabei können sich die Schichten in horizontaler und vertikaler Richtung oder schräg gegeneinander versetzen. An der Erdoberfläche sind Verwerfungen oft durch Geländestufen erkennbar.

Verwitterung, Zerfall der mineralischen Struktur der ▶ Gesteine an der Erdoberfläche durch Wirkung von Wasser, Sonneneinstrahlung, Wind, Frost/Eis und chemische Einflüsse. Die Verwitterung ist die Voraussetzung für die Abtragung von Oberflächen. Es werden drei Verwitterungsarten unterschieden: die mechanische Verwitterung (Frostsprengung, Windschliff), die chemische Verwitterung durch kohlen- oder schwefelsäurehaltiges Wasser und die biologische Verwitterung (z.B. Wurzelsprengung).

Viehwirtschaft, nach dem ▶ Ackerbau der wichtigste Zweig der ▶ Landwirtschaft. Die Grundlage der Viehwirtschaft ist das Vermehren und Züchten von Tieren, insbesondere von Rindern, Schweinen, Ziegen, Schafen und Geflügel. Moderne Viehwirtschaft findet heute auch als Tierhaltung in Großbeständen (▶ Massentierhaltung) statt und steht oft in enger Verbindung zur ▶ Grünlandwirtschaft.

Völkerbund. Er existierte zwischen 1920 und 1946 als internationale Vereinigung von bis zu 63 Staaten. Entstanden war er als Teil des ▶ Wilson-Planes und des ▶ Versailler Vertrages mit dem Ziel, den Frieden zu sichern und Konflikte friedlich zu lösen. Die Besiegten des ▶ Ersten Weltkrieges und Sowjet-Russland durften zunächst nicht Mitglied werden. Deutschland wurde 1926 aufgenommen, trat aber bereits 1933 wieder aus. Die USA waren nie Mitglied. Im ▶ Zweiten Weltkrieg zeigte sich die politische Bedeutungslosigkeit des Völkerbundes. Nach Gründung der ▶ Vereinten Nationen wurde er aufgelöst.

Volkskammer, Volksvertretung der ▶ DDR. Die 500 Abgeordneten gehörten bis zur ▶ Wende meistens der ▶ SED oder anderen Blockparteien an.

Vulkanismus, ▶ Exkurs (S. 193)

Verwitterung durch Wind und Frost

Vulkanismus

Vulkanismus umfasst alle Vorgänge, die mit dem Austritt flüssiger, gasförmiger oder fester Stoffe aus dem Erdinnern an die Oberfläche in Zusammenhang stehen. Diese vulkanischen Ergüsse bestehen aus dünnflüssiger oder zähflüssiger Lava, Aschen (Tuffe, Bims), Gasen, Wasserdampf und heißem Wasser (Geysire, Therme). Die wichtigsten Erscheinungen des Vulkanismus sind die Vulkane. Man kann fünf Haupttypen unterscheiden:

a) **Lavavulkane,** die überwiegend aus Lava aufgebaut sind und meist aus mehreren Ergussdecken aus mehreren Ausbrüchen bestehen. Zu den Lavavulkanen gehören die Schildvulkane in Island und auf Hawaii.

b) **Schichtvulkane** bestehen aus einem Wechsel von Lavaergüssen und Lockermaterial. Ihre Form ist meist kegelartig, wobei die Spitze durch den Hauptkrater gekappt ist. Typischer Vertreter ist der Vesuv.

c) **Aschenvulkane** entstehen, wenn nur Lockermaterial und keine Lava an die Oberfläche gelangt. Ihre Form bildet ein Aschenkegel.

d) **Maare** sind Gasvulkane als Folge von reinen Gasausbrüchen. Die Maare in der Eifel sind nur von einem niedrigen Wall aus ausgeschleudertem Material umgeben.

e) **Vulkanische Decken** entstehen durch die Aufwölbung von Deckschollen durch das hochgepresste Magma, das im Schlot stecken bleibt. Wird das umgebende Gestein abgetragen, bleiben die erstarrten Magmamassen als Bergkuppe stehen.

Gegenwärtig gibt es auf der Erde rund 600 aktive Vulkane.

Geysir

Vulkankrater

Vulkanschlot

W

Wadi, ausgetrocknetes Flusstal in der ▶ Wüste, das sich bei den seltenen, aber heftigen Wolkenbrüchen für kurze Zeit in einen reißenden Fluss verwandelt.

Wahlkreis. Um Wahlen zum Parlament durchführen zu können, ist die ▶ Bundesrepublik Deutschland in 328 Wahlkreise unterteilt, die jeweils mehrere Wahlbezirke umfassen. Ab 2002 soll die Zahl der Abgeordneten im Deutschen ▶ Bundestag verringert werden, es wird dann nur noch 299 Wahlkreise geben.

Wahlrecht bedeutet das Recht zu wählen (aktives Wahlrecht) und gewählt zu werden (passives Wahlrecht). Dieses Recht haben alle Deutschen, die 18 Jahre alt sind und seit mindestens drei Monaten in Deutschland leben. Artikel 38 des ▶ Grundgesetzes legt die Wahlrechtsgrundsätze fest: „Die Abgeordneten des Deutschen Bundestages werden in allgemeiner, unmittelbarer, freier, gleicher und geheimer Wahl gewählt." Bei der Bundestagswahl gilt ein gemischtes System, das personalisierte ▶ Verhältniswahlrecht. Dabei gibt man die ▶ Erststimme für die Kandidatin oder den Kandidaten einer Partei ab. Die ▶ Zweitstimme, die entscheidend dafür ist, wie viele Sitze eine Partei im Parlament erhält, wird für eine der ▶ Parteien abgegeben.

Währungsreform, fand auf Anordnung der Besatzungsmächte 1948 in den westlichen ▶ Besatzungszonen statt, als die Reichsmark (RM) durch die Deutsche Mark (DM) ersetzt wurde. Das gesamte Bargeld wurde abgegeben und alle Bürgerinnen und Bürger erhielten ein Kopfgeld von 40 DM. Zwei Tage später wurde in der sowjetischen Besat-

Das Wahlrecht in der Bundesrepublik Deutschland

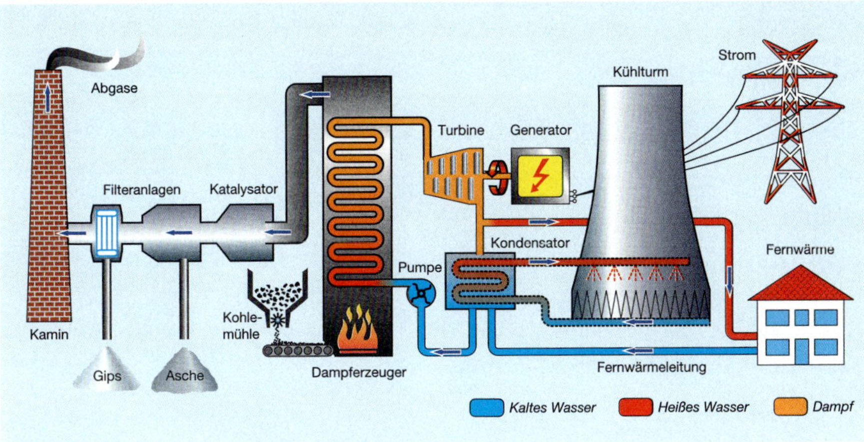

So funktioniert ein Wärmekraftwerk (Steinkohle)

zungszone auch eine Währungsreform durchgeführt. Von nun an gab es zwei Währungen in Deutschland: die DM-West und die DM-Ost. Die Währungsreform war der Antrieb für das Wirtschaftswunder der 50er-Jahre in der Bundesrepublik Deutschland (▶ Inflation, EURO).

Wald, vorherrschende Vegetationsform der Biosphäre. Er bedeckt heute weltweit 27 % der Landoberfläche. Wälder sind nicht nur eine wichtige ökonomische ▶ Ressource, als bedeutender Speicher für Kohlendioxid nehmen sie Einfluss auf das globale ▶ Klima. Durch vielfältige menschliche Eingriffe werden Wälder in ihren ökologischen Funktionen beeinträchtigt oder zerstört. Abgase der Kraftwerke, Industriebetriebe und Kraftfahrzeuge bilden dabei zusammen mit dem Regen Säuren, welche die Nadeln, Blätter und Wurzeln der Bäume angreifen und zu ihrem Absterben führen.

Wanderfeldbau, landwirtschaftliche Anbauform in der tropischen Zone. Die Felder werden nach einigen Jahren aufgegeben, da der Boden ausgelaugt ist (▶ Bodenermüdung). Durch ▶ Brandrodung werden neue Flächen für die Landwirtschaft gewonnen. Die verlassenen Felder werden schnell wieder vom ▶ tropischen Regenwald überwuchert.

Wärmekraftwerk, Kraftwerk, das mithilfe von Wärmeenergie elektrischen Strom erzeugt. Durch die Verbrennung von Kohle, Erdöl oder Erdgas entsteht Wärme(energie), die wiederum in mechanische Energie zum Antrieb der elektrischen Generatoren umgewandelt wird. Im weitesten Sinne sind auch Kernkraftwerke Wärmekraftwerke. Sie nutzen die bei einer Kernspaltung frei werdende Energie zur Dampferzeugung.

Warschauer Pakt, ehemaliges militärisches Bündnis, das 1955 unter der Führung der ▶ Sowjetunion entstand. Die Gründung erfolgte in der polnischen Hauptstadt Warschau. 1991 löste sich der Warschauer Pakt als Militärbündnis auf (▶ NATO).

Wasserscheide bildet die Trennungslinie zwischen den Einzugsgebieten von zwei Flusssystemen. Meist verläuft sie auf Kämmen, Bergketten oder anderen Erhebungen.

Weltkulturerbe Kloster Maulbronn (Baden-Württemberg)

Watt, Teil des Meeresbodens an einer Gezeitenküste. Er besteht aus Sand und Schlick. Im Wechsel der ▶ Gezeiten fällt er bei Ebbe trocken und wird bei Flut wieder überspült. In Deutschland liegt das Watt zwischen den Nordfriesischen, Westfriesischen und Ostfriesischen Inseln und dem Festland.

Weidewirtschaft, Form der ▶ Viehwirtschaft, bei der die Tiere überwiegend auf Weiden und Wiesen gehalten werden. Eine spezielle Form der Weidewirtschaft ist die Almwirtschaft in den Alpen.

Weimarer Republik, ▶ Exkurs (S. 197)

Weimarer Verfassung, am 11. 8. 1919 von der Nationalversammlung in Weimar beschlossen, war sie die erste demokratisch-republikanische Verfassung in Deutschland. Eines ihrer Probleme war das Verhältniswahlrecht, das keine ▶ Fünf-Prozent-Klausel enthielt. Das führte zu einer Parteienzersplitterung und erschwerte Regierungsbildungen. Ebenfalls problematisch war der Artikel 48 (▶ Notverordnung), der dem ▶ Reichspräsidenten eine starke Stellung gegenüber dem ▶ Reichstag einräumte. Das ▶ Ermächtigungsgesetz Hitlers vom 24. 3. 1933 setzte die Verfassung faktisch außer Kraft.

Weltkulturerbe, Kunstwerke, Baudenkmäler, Kultur- und Naturlandschaften, die von der ▶ UNESCO als schutzwürdig erklärt wurden und deren Restaurierung und Erhaltung unterstützt

Weimarer Republik

Die erste demokratische Staatsform in Deutschland erhielt ihren Namen nach der Stadt Weimar. Wegen politischer Unruhen in Berlin tagte dort 1919 die Nationalversammlung, um für die neue Republik eine Verfassung zu verabschieden.

Aufbau und Gefährdung (1918–23)
Am 9. 11. 1918 übernahm der Sozialdemokrat Friedrich Ebert nach der Abdankung Kaiser Wilhelms II. die Regierungsverantwortung. Mihilfe des Heeres gelang es ihm, Unruhen niederzuwerfen und den Weg für eine ▶ parlamentarische Demokratie zu ebnen. Die Wahlen zur Nationalversammlung 1919 waren für die demokratischen Parteien ein großer Erfolg. Ebert wurde erster Reichspräsident, im August des Jahres trat die ▶ Weimarer Verfassung in Kraft. Die Unterzeichnung des Vertrages von ▶ Versailles mit seinen harten Bedingungen führte zu erneuten Unruhen, zumal durch Inflation und Reparationszahlungen immer weitere Bevölkerungsschichten verarmten.

Stabilisierung (1924–29)
1924 setzte eine Phase der Entspannung ein. Mit dem Abschluss des Locarno-Vertrages 1925 verbesserten sich die Beziehungen zu Frankreich, da Deutschland die neue Westgrenze endgültig anerkannt hatte. 1926 wurde das Deutsche Reich in den ▶ Völkerbund aufgenommen. Auch innenpolitisch beruhigte sich die Lage, vor allem wegen sozialpolitischer Reformen und wirtschaftlicher Erfolge. Diese „Goldenen Zwanzigerjahre" waren ebenfalls geprägt von einem vielfältigen kulturellen Leben. Doch die Wahl Hindenburgs zum Reichspräsidenten 1925 zeigte bereits einen wachsenden Einfluss konservativer und nationalistischer Kreise, deren radikale Gruppen die Republik bekämpften.

Niedergang (1930–33)
Die Weltwirtschaftskrise 1929 markierte den Schlusspunkt dieser relativen Stabilität. 1930 zerfiel die letzte von demokratischen Parteien getragene Koalitionsregierung. Künftige Kanzler stützten sich nur noch auf das Vertrauen des Reichspräsidenten und regierten mit ▶ Notverordnungen. Arbeitslosigkeit und wirtschaftliche Not radikalisierten die Wähler; NSDAP und KPD hatten immer größere Erfolge. Der Ruf „weg von Weimar" wurde lauter. Auf Drängen einflussreicher Kräfte aus Wirtschaft und Großgrundbesitz ernannte Hindenburg am 30. Januar 1933 schließlich Hitler zum Reichskanzler.

Arbeitslose vor einem Arbeitsamt in Hannover

wird. In der „Liste des Welterbes“ stehen zurzeit ca. 600 Denkmäler aus 114 Staaten wie z. B. die Akropolis von Athen, die Tempelanlage von ▶ Abu Simbel in Ägypten oder die Stadt Venedig. In Deutschland gibt es 20 Welterbestätten. Dazu gehören die Hansestadt Lübeck, das Schloss und der Park von Potsdam-Sanssouci, der Kölner Dom und die Fossilienlagerstätte Grube Messel bei Darmstadt.

Weltmacht, ein Staat, der durch seine räumliche Ausdehnung, Bevölkerungszahl, Wirtschaftskraft und seine politische und militärische Bedeutung eine große Machtstellung innerhalb der Staatengemeinschaft hat. Die USA ist zurzeit die führende Weltmacht.

Weltzeit. Die ▶ Zonenzeit, die für den Nullten Längengrad in Greenwich gilt, wurde zur Orientierung als Weltzeit festgelegt. In Richtung Westen nimmt die Zeit von hier aus pro ▶ Meridian um eine Stunde zu, in Richtung Osten um eine Stunde ab.

Wende bezeichnet die friedliche Revolution im Herbst 1989 in der ▶ DDR, als hunderte von Menschen in die westdeutschen Botschaften in Prag und Warschau flüchteten, um ihre Ausreise in die Bundesrepublik Deutschland zu erzwingen und tausende zu Protestkundgebungen in den einzelnen Städten zusammenkamen, um für eine Wiedervereinigung zu demonstrieren. Die Wende wurde von der politischen Führung der Sowjetunion geduldet. Sie führte schließlich zum Fall der Mauer und zur Wiedervereinigung der beiden deutschen Staaten (▶ Einigungsvertrag, Wiedervereingung).

Montagsdemonstration in Leipzig

Wendekreise, die beiden ▶ Breitenkreise 23,5° nördlicher Breite und 23,5° südlicher Breite. Über den Wendekreisen steht die Sonne jeweils einmal im Jahr im ▶ Zenit, bevor sie ihren Zenitstand wieder in Richtung ▶ Äquator verschiebt.

Westfälischer Friede, ▶ Exkurs (S. 199)

Westjordanland (auch „Westbank“ genannt), Gebiet am Toten Meer, das westlich des Jordan liegt. Das Westjordanland, das 1948 von Transjordanien (heute Jordanien) besetzt worden war, wurde im ▶ Sechs-Tage-Krieg von israelischen Truppen besetzt. Im Abkommen von Wye vom Oktober 1998 wurde ein Teilrückzug der israelischen Truppen aus dem Gebiet vereinbart (▶ Israel).

Wetter, der aktuelle Zustand bzw. die kurzfristige Veränderung der ▶ Atmosphäre an einem bestimmten Ort der Erde hinsichtlich Kälte, Wärme, Regen, Schnee, Bewölkung, Sonnenschein oder Wind. In Wetterstationen wird das Wetter überall auf der Erde beobachtet. Meteorologen (Wetterforscher) sammeln die Ergebnisse und tauschen sie untereinander aus. Daraus entstehen die Wettervorhersagen. Satellitenbilder unterstützen die Sicherheit dieser Vorhersagen.

Westfälischer Friede

Der Westfälische Friede beendete 1648 den Dreißigjährigen Krieg. Im Friedensvertrag von Münster und Osnabrück wurden unter anderem folgende Bestimmungen ausgehandelt:

1. Religiöse Bestimmungen hinsichtlich des Deutschen Reiches:
Die Kompromissvereinbarungen des ▶ Augsburger Religionsfriedens von 1555 wurden erneut bestätigt. Die Calvinisten wurden in diese Regelungen einbezogen. Bekenntniswechsel sollten von nun an von der Obrigkeit geduldet werden.

2. Verfassungsrechtliche Bestimmungen hinsichtlich des Deutschen Reiches:
Die kaiserlichen Rechte (Gesetzgebung, Verträge) waren seit dem Westfälischen Frieden an die Zustimmung des Reichstags gebunden. Seit 1663 war dieser Reichstag ein ständig in Regensburg tagender Gesandtenkongress. Das Deutsche Reich bestand nun aus mehr als 300 selbstständigen Teilen ohne ein gemeinsames Reichsgefühl. Die Reichsstände kamen sogar in den Besitz der vollen Souveränität (Selbstständigkeit) durch ein eigenes Bündnisrecht und konnten nach eigenem Ermessen Verträge mit ausländischen Staaten schließen. Auf eigenem Gebiet hatten die Reichsstände von nun an das volle Recht der Gesetzgebung, Steuerzahlungen und Truppenaufstellung inne. Damit erhielten sie sowohl außen- als auch innenpolitisch eine größere Bewegungsfreiheit gegenüber dem Kaiser.

3. Politische und territoriale Bestimmungen:
- Die Schweiz wurde unabhängig,
- die Vereinten Niederlande wurden unabhängig,
- Maastricht wurde niederländisch.

Schweden erwarb folgende Teile des Reiches: Vorpommern mit Stettin und Rügen, Wismar, Herzogtum Bremen und Verden. Schweden hatte damit Kontrolle über die Mündungen der deutschen Flüsse Weser, Elbe und Oder und erhielt zudem Sitz und Stimme im Reichstag des Deutschen Reiches.
Frankreich erwarb folgende Teile des Reiches: Sundgau, das Vikariat über die Bistümer Metz, Toul und Verdun sowie die Vogtei über 10 elsässische Reichsstädte (Landau, Weißenburg, Hagenau, Rosheim, Ober-Ehnheim, Schlettstadt, Kolmar, Kaysersburg, Türkheim, Münster). Frankreich war damit bis an die Rheingrenze vorgestoßen.
Deutsche Fürsten: Einige erhielten Kriegsentschädigungen in Form von Territorialgewinnen wie z.B. Bayern die Oberpfalz oder das Kurfürstentum Sachsen die Nieder- und Oberlausitz.

Urkunden zum Westfälischen Frieden

Widerstand, allgemeine Bezeichnung für eine Opposition gegen einen diktatorischen Staat. Im Grundgesetz der Bundesrepublik Deutschland ist in Artikel 20 ausdrücklich das „Recht auf Widerstand" verankert. Hintergrund war die Willkürherrschaft des ▶ Nationalsozialismus, gegen die Gruppen der Arbeiterbewegung (SPD, KPD, Gewerkschaften), Intellektuelle, Mitglieder der Kirchen, Offiziere, das Bürgertum sowie Jugend- und Studentengruppen Widerstand leisteten. Besondere Beachtung finden immer wieder die Geschwister Scholl, die in München Flugblätter gegen die Regierung und den Krieg verteilten, und das Bombenattentat von Claus Graf Schenk von Stauffenberg, der am 20. Juli 1944 Hitler durch eine Bombe töten wollte (▶ Diktatur).

Wiedervereinigung war nach 1949 das politische Ziel der Bundesrepublik Deutschland, sich mit der DDR zu einem Gesamtstaat zu vereinigen. Dieses Ziel war ausdrücklich in der Präambel des Grundgesetzes festgehalten und wurde nach der friedlichen Revolution in der DDR am 3. Oktober 1990 verwirklicht (▶ Einigungsvertrag).

Windpark

Wiener Kongress, Versammlung europäischer Monarchen und Staatsmänner in Wien 1814/15. Ziel des Kongresses war die politische Neuordnung in Europa nach dem Sturz ▶ Napoleons. Um ein Gleichgewicht der Mächte zu erreichen, wurden Ländergrenzen geändert. Anstelle eines Deutschen Reiches wurde der ▶ Deutsche Bund, ein lockerer Zusammenschluss, geschaffen. Ziel der Fürsten war es auch, die Zustände vor der ▶ Französischen Revolution wiederherzustellen und die Herrschaft legitimer Monarchen zu gewährleisten.

Wilson-Plan, Programm für die künftigen Beziehungen der Staaten, besonders in Europa, das der amerikanische Präsident Wilson 1918 aufstellte. Zu den insgesamt 14 Punkten gehören unter anderem die Abschaffung der Geheimdiplomatie, die Freiheit der Meere und des Handels, die Räumung der von den Mittelmächten besetzten Gebiete, die Wiederherstellung Belgiens, die Autonomie für die Völker ▶ Österreich-Ungarns, die Errichtung eines unabhängigen polnischen Staates mit Zugang zum Meer und die Bildung eines ▶ Völkerbundes.

Windenergie, mithilfe von Windrädern erzeugte mechanische und/oder elektrische Energie zum Antrieb von Pumpen/Mühlen (mechanisch) oder Generatoren (elektrische Energie). In der Bundesrepublik Deutschland entfielen 1998 knapp ein Prozent der gesamten Energiegewinnung auf Windenergie.

Windpark, (computergesteuerte) Anlage von mehreren Windrädern zur Erzeugung von Strom. In Deutschland befinden sich die meisten Windparks in Küstennähe (▶ Windenergie).

Wittelsbacher, bayerisches Herrscherhaus, das von 1180 bis 1918 beträchtliche

Gebiete im Deutschen Reich regierte, unter anderem das Kurfürstentum Bayern. 1623 erhielten die Wittelsbacher die pfälzische Kurwürde. Das Erzbistum Köln stand vom Ende des 16. Jahrhunderts bis zur Mitte des 18. Jahrhunderts unter bayerischen Erzbischöfen.

Wolken, die Ansammlung von schwebenden Wassertropfen oder winzigen Eispartikeln in der ▶ Atmosphäre. Wolken entstehen, wenn sich aufsteigende warme Luft mit zunehmender Höhe abkühlt. Infolge dieser Abkühlung steigt die relative Luftfeuchtigkeit und es bilden sich schließlich durch Kondensation des Wasserdampfes Wassertröpfchen.

WTO (**W**orld **T**rade **O**rganization, Welthandelsorganisation), Organisation der UNO, die den Welthandel fördern und die gemeinsam ausgehandelten Prinzipien und Verabredungen überwachen soll. Das ▶ GATT-Abkommen wurde in die WTO, die 1995 gegründet wurde und ihren Sitz in Genf hat, überführt. Die 134 Mitgliedsstaaten müssen unter anderem Handelshemmnisse abbauen oder die Investitionen ausländischer Firmen erleichtern. Bei Handelskonflikten soll die WTO den Streit schlichten.

Wüste, vegetationsarme bis vegetationslose Gebiete der Erdoberfläche. Die Ursachen für das Entstehen von Wüsten sind entweder Wassermangel (Trocken-, Hitzewüste) oder Wärmemangel (Eis-, Kältewüste). Trockenwüsten liegen innerhalb der Tropen und Subtropen, die außertropischen Kältewüsten im Hochgebirge und in den polnahen Bereichen der Erde. Eiswüsten sind immer von Schnee und Eis bedeckt. Nach der Oberflächenbeschaffenheit unterscheidet man bei den Trockenwüsten Sandwüsten (Sahara: „Erg“), Geröll- und Kieswüsten (Sahara: „Serir“) und Fels- und Gesteinswüsten (Sahara: „Hamada“).

Trockenwüste: Erg

Trockenwüste: Serir

Trockenwüste: Hamada

Z

Zar, offizieller Titel der russischen Herrscher bis 1917. Das Wort Zar leitet sich vom lateinischen Wort „Caesar“ ab.

Zehnt. Mit dem Zehnt bezeichnete man im Mittelalter die Abgabe eines Anteils des erwirtschafteten Ertrags (z.B. Getreide), den der Hörige an den Grundherrn zu leisten hatte. Ursprünglich war dies der zehnte Teil (▶ Abgabe, Frondienst, Leibeigener).

Hörige liefern den Zehnt ab

Zeitzonen. Auf der Erde sind international 24 Zonen (Meridianstreifen) festgelegt, die jeweils 15 Längengrade umfassen. Innerhalb einer Zone gilt die gleiche Zeit. Der Zeitunterschied von einer Zone zur nächsten beträgt eine Stunde. Aus praktischen Gründen erfolgt die Abgrenzung der ▶ Zonenzeit oftmals an Ländergrenzen und nicht immer entlang der ▶ Meridiane.

Zenit, gedachter Punkt am Himmel, der sich senkrecht über einem Beobachtungspunkt auf der Erde befindet (Scheitelpunkt). Steht die Sonne im Zenit, d.h. treffen ihre Strahlen senkrecht auf die Erdoberfläche, spricht man auch vom Sonnenhöchststand.

Zenitalregen, starke tropische Niederschläge, die nach dem Sonnenhöchststand (Zenit) einsetzen oder ihr Maximum erreichen. Die Gebiete der inneren Tropen haben dabei zwei ▶ Regenzeiten jeweils nach den Tagundnachtgleichen (21. März und 23. September). In den äußeren Tropen (wechselfeuchte Tropen) gibt es eine einfache Regenzeit, die etwa einen Monat vor dem Zenitstand der Sonne beginnt (21. Juli oder 21. Dezember) und etwa drei Monate dauert.

Zeugenberg, ein Einzelberg vor einem Gebirgsrand, der in seinem Gesteinsaufbau die ehemalige Ausdehnung des Gebirges anzeigt. Beispiele hierfür sind die Zeugenberge der Schwäbischen Alb wie Hohenstaufen und der Hohenzollernberg mit der Burg Hohenzollern bei Hechingen.

Zins. Der Begriff Zins bezeichnete im Mittelalter allgemein die Abgabe an den Grundherrn (▶ Frondienst, Grundherrschaft, Leibeigener).

Zionismus, eine politische Bewegung des Judentums, die zum Ziel hatte, einen jüdischen Staat in Palästina zu gründen und somit den über die ganze Erde verstreuten Juden eine Heimstatt zu bereiten. Mit der Gründung des Staates Israels 1948 ging die Hoffnung in Erfüllung.

Zitrusfrüchte, Früchte der Zitruspflanze, die in den subtropischen Gebieten beheimatet ist. Zu den Zitrusfrüchten zählen Zitronen, Apfelsinen (Orangen), Pampelmusen (Grape Fruits), Mandarinen, Clementinen, Limetten und Pomeranzen. Zitrusfrüchte benötigen viel Wärme und Wasser und werden oft in

Zuckerrohrernte auf Jamaika

Plantagen kultiviert. Die meisten Zitrusfrüchte gedeihen an der spanischen Mittelmeerküste im ▶ Bewässerungsfeldbau in den ▶ Huertas.

Zonenzeit ist die Zeit, die in einer ▶ Zeitzone gilt. Die Einteilung ist so gewählt, dass diese jeweils um volle Stunden von der Weltzeit abweicht. Für Deutschland ist die Zeit des 15. Längengrades östlicher Länge als Mitteleuropäische Zeit (MEZ) festgelegt. Wird die Zeitzone in westlicher Richtung verlassen, muss die Uhr um eine Stunde vor, in östlicher Richtung um eine Stunde zurück gestellt werden. Durch einen politischen Beschluss wurde die um eine Stunde abweichende Mitteleuropäische Sommerzeit eingeführt. Zwischen März und Oktober wird dabei die Zonenzeit um eine Stunde vor gestellt.

Zuckerrohr, tropische Süßgraspflanze, die nur in Kulturen bekannt ist. Ihre Staude wird bis zu 7 m hoch und hat ungefähr 5 cm dicke Halme, die weißes Mark enthalten. Das Mark enthält 13 bis 20 % Rohzucker. Das Zuckerrohr wird durch Walzen gepresst, der Saft im Verdampfer eingedickt und dann kristallisiert. Aus den ausgepressten Halmen wird Karton und Papier hergestellt. Die größten Zuckerrohranbaugebiete liegen heute in den tropischen und subtropischen Gebieten Lateinamerikas und Asiens.

Zuckerrübe, eine sehr anspruchsvolle ▶ Hackfrucht, deren Züchtung als ▶ Nutzpflanze vor etwa 200 Jahren begann. Sie ist die bedeutendste Kulturpflanze Mitteleuropas mit den größten Hektarerträgen. In Deutschland wächst sie besonders in den ▶ Börden, Auen und ▶ Gäulandschaften, also auf sehr guten Böden. Die Zuckerrübe benötigt eine Wachstumszeit von 200 Tagen. Während dieser Zeit muss der Boden mehrfach gelockert werden. Um die Böden vor einseitigem Nährstoffentzug zu schonen, nimmt man beim Anbau der Zuckerrüben ▶ Fruchtfolgen mit Getreide vor. In den Subtropen gedeiht sie auch im ▶ Bewässerungsfeldbau.

Zunft, Zusammenschluss von Handwerkern in einer ▶ mittelalterlichen Stadt. Zünfte entstanden im Laufe des 12. Jahrhunderts und dienten zur Kontrolle der Warenqualität, der Preise und der beruflichen Ausbildung der Lehrlinge (▶ Gilde).

Zunftwappen

Zweibund. Zum einen versteht man darunter das geheime Verteidigungsbündnis von 1879 zwischen Deutschland und Österreich-Ungarn für den Fall eines russischen Angriffs; zum anderen das Militärabkommen von 1894 zwischen Russland und Frankreich, einem Verteidigungsbündnis gegen Deutschland.

Zweiter Weltkrieg, ▶ Exkurs (S. 204/205)

Zweitstimme. Sie wird bei der Bundestagswahl für die Landesliste einer ▶ Partei abgegeben. Die Zweitstimme ist ausschlaggebend für die Anzahl der Kandidatinnen oder Kandidaten dieser Partei im Parlament. Im Deutschen ▶ Bundestag erhält dann jede Partei in demselben Verhältnis Sitze, in dem sie die Stimmen der Wahlberechtigten bekommen hat (▶ Verhältniswahl).

Zyklone, Tiefdruckgebiete mit wirbelartigem Einströmen der Luft. Dabei fließt Polarluft zum Äquator und Tropenluft polwärts. Es bildet sich eine Warmluft- und eine Kaltluftfront mit typischer Bewölkungsentwicklung und Niederschlagsbildung aus. Zyklone sind äußerst wetterwirksam. Ihr Haupteinflussbereich liegt über den Westteilen der Kontinente.

Zweiter Weltkrieg

Mit dem Überfall auf Polen durch die deutsche Wehrmacht begann am 1. September 1939 der Zweite Weltkrieg. England und Frankreich erklärten zwei Tage später Deutschland den Krieg. Nach der Kapitulation Polens teilten Deutschland und die Sowjetunion das Land unter sich auf.

Ausweitung des Krieges
In Blitzkriegen besetzten deutsche Truppen 1940 Dänemark und Norwegen, Belgien, Holland, Luxemburg und schließlich Frankreich. Nach heftigen Luftangriffen auf London und andere Industriestädte musste Hitler die Invasion Englands aufgeben. Deutschland, Italien und Japan schlossen den Dreimächtepakt. Als italienische Truppen Griechenland angriffen, kamen ihnen 1941 deutsche Soldaten zu Hilfe und besetzten Jugoslawien und Griechenland.

Ohne eine Kriegserklärung abgegeben zu haben, ließ Hitler im Juni 1941 die Sowjetunion angreifen. Wenige Monate später zerstörten japanische Bomber – ebenfalls ohne Kriegserklärung – die amerikanische Flotte in Pearl Harbor (Hawaii), worauf die USA in den Zweiten Weltkrieg eintraten. Mit der Kapitulation der 6. Armee bei Stalingrad 1943 begann der Rückzug der deutschen Truppen. Der harte Winter, der Nachschubmangel und die Übermacht der russischen Truppen hatten die entscheidende Niederlage herbeigeführt. Im selben Jahr landeten die ▶ Alliierten in Italien und zwangen es zur Kapitulation. Im Sommer 1944 landeten sie ebenfalls in Frankreich (Normandie). Sie verschärften den Krieg und flogen Bombenangriffe auf viele deutsche Städte, so z.B. im Februar 1945 auf Dresden. Die russische Armee überschritt die Grenzen zu Deutschland.

Das Ende des Zweiten Weltkrieges
Hitler mobilisierte noch einmal alle Kräfte und erklärte den „totalen Krieg“. Ein Attentat von Offizieren scheiterte im Sommer 1944. Am 30. April 1945 entzog sich Adolf Hitler der Verantwortung durch Selbstmord. Wenige Tage später besetzten russische Soldaten Berlin. Am 7./8. Mai kapitulierte die deutsche Wehrmacht. Damit war der Zweite Weltkrieg in Europa zu Ende. Der Abwurf der ersten Atombomben auf Hiroshima und Nagasaki zwang Japan ebenfalls zur Kapitulation. Am 2. September 1945 endete der Zweite Weltkrieg in Asien. Insgesamt starben 55 Millionen Menschen in diesem Krieg und 35 Millionen wurden verwundet. Allein die Sowjetunion zählte 20 Millionen getötete Soldaten und Zivilisten.

Zerstörung Hiroshimas im August 1945

Soldaten der Roten Armee hissen im Mai 1945 die sowjetische Fahne über dem Reichstag

Bildquellenverzeichnis

action press, Hamburg:
145.1
Agentur Albert und René, Paris:
84.1
Archiv für Kunst und Geschichte, Berlin:
3.1, 33.1, 42.1, 46.1, 60.1, 65.1, 67.1, 101.1, 105.1, 117.1, 135.1, 143.1, 154.1, 157.1, 157.2, 171.1, 197.1, 199.1, 202.1
Archiv Gerstenberg, Wietze:
106.1
Astrofoto, Leichlingen:
89.1, 160.1
Bavaria Bildagentur, Gauting:
6.1, 38.1, 87.1, 107.1, 126.1, 134.1, 142.1, 152.1, 182.1
Big Dutchman, Calveslage:
122.1
Bildarchiv Preußischer Kulturbesitz, Berlin:
2.1, 10.1, 21.1, 22.1, 55.1, 91.1, 108.1, 121.1, 130.1, 132.1, 156.1, 205.2
Bishofs, Maris:
93.1
Bricks, Erfurt:
70.4, 176.1 b
Brunnet Werbeagentur, Bremen:
191.1, 195.1
Bundesbildstelle Bonn:
125.1
Deutsche Luftbild GmbH:
20.1, 25.1, 28.2
Deutsche Messe AG, Hannover:
133.1
Deutsche Welthungerhilfe, Bonn:
100.1
Deutsches Schiffahrtsmuseum, Bremerhaven:
17.2
digital stock:
9.1
dpa GmbH, Frankfurt:
5.1, 11.1, 26.1, 28.1, 32.1, 34.1, 37.1, 37.2, 39.1, 41.1, 50.1, 76.1, 82.1, 84.2, 88.1, 92.1, 94.2, 110.1, 122.2, 128.1, 129.2, 140.1, 151.1, 164.1, 172.1, 178.1, 180.1, 183.1, 184.1, 198.1, 200.1, 203.1
Englert, Freiburg:
102.1
Fischer, Hannover:
121.2
Ford-Werk, Saarlouis:
80.2
Gebel, Mönchengladbach:
24.1
Gesamtverband des deutschen Steinkohlebergbaus, Essen:
22.2
Härle, Wangen:
45.1, 61.1, 162.1
Heidolph, Eching-Ammersee:
13.1, 13.2, 13.3, 15.1, 17.1, 27.1, 30.2, 43.1, 43.2, 43.3, 44.1 a, 45.2, 49.1, 50.2, 51.1, 52.1, 53.1, 57.1, 58.1, 59.1, 62.1, 62.2, 63.1, 69.1, 71.1, 73.1, 74.1, 77.1, 78.1, 86.1, 86.2, 95.1, 96.1-3, 103.1, 114.1-2, 115.1, 119.1, 123.2, 127.1, 137.1, 139.1, 139.2, 141.1, 144.1, 146.1, 146.2, 147.1, 150.2, 155.2, 159.1, 161.1, 163.1, 165.1, 166.1, 169.1, 173.1, 174.1, 176.1 a, 177.1, 179.1, 181.1, 186.1, 187.1, 191.2, 194.1
Henkel, Edingen:
97.1
Jahn, Breidenbach:
4.1, 112.1
Jung, Hannover:
18.1, 31.1, 36.1, 75.1, 76.2, 90.1, 99.1, 136.1, 189.1, 192.1, 193.1, 193.2, 193.3
Krupp Stahlwerke, Essen:
89.2
Landesbildstelle Berlin:
120.1
Landesbildstelle Württemberg, Stuttgart:
44.1 b, 196.1
Landesmedienzentrale Rheinland-Pfalz, Koblenz:
81.1
Marth, Berlin:
118.1
Mauritius Bildagentur, Mittenwald:
94.1, 150.1
Meyer, Dresden:
201.1
Mitschke, München:
109.3
Müller, Bartensleben:
7.1

Bildquellenverzeichnis

Müller, Berlin:
54.1, 71.2
Museum Hauff, Holzmaden:
63.2
Niedersächsisches Landesmuseum, Hannover:
30.1
Picture Press, Hamburg:
138.1, 205.1
Rheinbraun AG, Köln:
153.2
Schmidtke, Melsdorf:
29.1, 52.1, 64.1, 64.2, 66.1, 70.1, 70.2, 70.3, 72.1, 72.2, 80.1, 98.1, 109.1, 109.2, 111.1, 112.1, 124.1, 129.1, 131.1, 163.2
Schroedel-Archiv, Hannover:
8.1, 19.1, 19.2, 21.2, 23.1, 23.2, 29.2, 30.3., 35.1, 68.1, 81.2, 83.1, 98.2, 104.1, 113.1, 116.2, 123.1, 155.1, 155.3, 158.2, 158.3, 158.4, 161.1, 175.1, 178.2, 190.1, 204.1
Schuchardt, Göttingen:
14.1
Silvestris Fotoservice, Kastl:
48.1
Smithsonian Institution Press, Washington D. C.:
185.1
Süddeutscher Verlag, München:
12.1, 16.1, 23.3, 40.1, 85.1, 85.2, 153.1, 165.1, 170.1, 188.1
Taubert, Springe:
201.2, 201.3
Thorbecke, Lindau:
116.1
Toso Foto, Venedig:
18.2
Ullstein Bilderdienst, Berlin:
148.1, 158.1
Verkehrsmuseum Nürnberg:
47.1
Waldeck, Dannenberg:
172.2
Wetzel, Freiburg:
78.2

Trio Lexikon

Fachwörterbuch für Erdkunde,
Geschichte und Politik

Erarbeitet von Christa Forster, Eckhard Hanke, Dorothea Hansen, Alfons Heuker, Harald Mertins, Dr. Michael Miedaner, Wolfgang Mühlberger, Günter Reinhart, Friedrich Schöpflin, Dr. Hans-Jürgen Smula und Bernd-Wolfgang Vahldiek

Unter Mitarbeit der Verlagsredaktion

CHLORFREI

Gedruckt auf Papier, das nicht mit Chlor gebleicht wurde. Bei der Produktion entstehen keine chlorkohlenwasserstoffhaltigen Abwässer.

ISBN 3-507-**01295-2**

Druck A 5 4 3 2 1/Jahr 2004 2003 2002 2001 2000

Alle Drucke der Serie A sind im Unterricht parallel verwendbar, da bis auf die Behebung von Druckfehlern untereinander unverändert.
Die letzte Zahl bezeichnet das Jahr des Druckes.

Umschlaggestaltung: Boros, Wuppertal
Innenlayout: Lutz Engelhardt, Hildesheim
Satz und Repro: klr mediapartner, Lengerich
Druck: klr mediapartner, Lengerich